公共哲学とはなんだろう

What is Public Philosophy?
A New Perspective on Democracy and Market
［増補版］
enlarged edition

民主主義と市場の新しい見方

桂木隆夫［著］
KATSURAGI Takao

勁草書房

増補版への序文

本書を世に問うてから十年あまり過ぎました。当時は公共哲学とか公共性がいわれ始めた頃で、その内容はいまだ漠然としてはいましたが、一九八九年十一月にベルリンの壁が崩壊して冷戦の時代が終わりを告げて十五年以上がたち、数年前の二〇〇一年九月十一日のニューヨーク同時多発テロがやや暗い影を差していたとはいえ、全体としては明るい希望のもと、公共哲学や公共性が論じられていました。そして私もそうした雰囲気のなかで、公共哲学、公共性とはなにかを論じ、私なりの答えとして、「公共性とは開かれた民主主義とフェアな市場経済を維持することである、それを擁護することが公共哲学の課題である」と主張しました。

この考え方はいまも変わっていないし、その意味では増補といっても本書の基本的内容に変更はありません。けれども現在、公共哲学や公共性を取り巻く環境は、楽観論が鳴りをひそめて悲観論に染まりつつあります。

公共性が危機に瀕しています。民主主義は冷静な議論どころか、対立する政治勢力の非難の応酬に終始し、また大衆の感情をあおり立てる劇場型政治と結びついて、排他的で偏狭なナショナリズムを生み出しつつあります。発展途上国のみならず成熟した民主主義の先進諸国においてさえ、開かれた民主主義に背を向けた自国中心主義の民主主義が蔓延しつつあるのです。また、市場経済はフェアな競争を通じた市場による平和どころか、格差の拡大による対立と争いの激化を生み出し、絶望的な貧困とグローバルテロリズムの温床にもなっています。グローバルなマーケットだけでなくナショナルなマーケットにおいても弱肉強食的なイメージが蔓延しています。市場は平和の種をまくどころか、争いの種をまき散らしているという認識が広がりつつあるのです。

こうした認識に立ちつつ、しかし同時に、公共性の危機は見方を変えれば、本書で繰り返し述べている公共性の試行錯誤的生成の一場面でもありうるのではないか。開かれた民主主義もフェアな市場経済も直線的に生成発展するものではなく、ジグザグなプロセスをへて生成発展するのです。現在の公共性の危機はそのジグザグの一場面ではないか。そのように考えられないでしょうか。

ただし、公共性の危機を克服して、開かれた民主主義とフェアな市場経済の方向性を取り戻すためには、現在の民主主義や市場経済が見失いつつあるものを再認識する必要があります。それは一言でいえば、責任倫理です。民主主義や市場経済に参加する一人一人がそれぞれの行為に責任を持つということです。それはなにも難しいことではありません。政治家は政治家らしく、有権者は有権者らしく民主主義に参加する。企業家は企業家らしく、消費者は消費者らしく市場に参加する。一人一人の生活者がそれぞれの生活の現場で生活者らしくそれぞれの行為に責任を持つということです。そうした実践の積み重ねが「意図せざる結果として」民主主義をより開かれたものにし、市場経済をよりフェアなものにしてゆく。このことを本文のなかでよりはっきりと表現しようと考えたのが、増補版の主たる動機です。

以下、本書の加筆修正箇所について簡単に触れておきます。まず、細かな字句の修正や十年という時間の経過に伴う記述の変更を別として、いま述べた増補の目的にかかわる部分は主に第四章と第八章、第九章です。第四章「モラルサイエンスの公共哲学」（これは私の公共哲学の主張ですが）では、公共性の生成とは、単に制度を整備することだけでなく、政治、経済、社会のそれぞれの領域における責任倫理の生成のことであるという主張を明確にするために、いくつか加筆修正を行っています。またこの点で、他の各章との連携を図りました。たとえば、第六章「民主主義」の相互尊重的熟議民主主義のところなどですが、より重要なのは、第八章「寛容」と第九章「公共精神」のところです。

第八章では、第四章の議論と連関させつつ、責任倫理の生成には試行錯誤における寛容（勝ったり負けたりの習慣づけ）が必要であることを説いています。そしてそれが日本では近世以降、「ならぬ堪忍するが堪忍」という堪忍の観念として共有されてきたと指摘しています。第九章では、そのようにして生成する責任倫理を戦後日本という文脈で〈平和と民主主義〉と表現して、それを開かれた公共精神として一層強化発展させる必要性を説いています。〈平和と民主主義〉は特定の立場と結びついた主義主張ではありません。それは、さまざまな主義主張のいずれもが〈平和と民主主義〉に依拠しながら議論を展開するための共通の価値基準であり、またそうした自由で節度ある論争を通じてより強固でより開かれたものになってゆく公共精神なのです。

最後に、今回の多数におよぶ細かな字句の修正やいくつかの実質的な加筆を含めて、私の多岐にわたる要望を辛抱強く受けとめて増補版という形でお認めくださった勁草書房編集部の宮本詳三様に深く感謝申し上げて筆をおくこととします。

二〇一六年十月

桂木隆夫

まえがき

公共哲学とはなんだろう？　といわれると、読者の中には、自分たちにその問いが投げかけられていて、著者である私がその問いに答えを与えるのだろうと思う人がいるかもしれません。でも、本書の題名はそういう意味ではないのです。この問いは、私自身に向けられているのです。私自身が、公共哲学とはなんだろう？　と自問自答して、「それは民主主義と市場についての新しい見方を示すことではなかろうか」と自分なりの一応の答えを出してみたいというのが、本当のところなのです。

いま、いろいろなところで、公共とか公共性が語られるようになっています。いのちの公共性とか自然環境の公共性、国際平和と国際公共性などがしきりに論じられ、また、公共性という言葉が必ずしも使われていなくても、街づくりの会合で人と人のつながりが強調されたり、企業のあり方をめぐって会社は誰のものかが論じられたり、教育改革をめぐって愛国心が主張される場合には、暗黙のうちに公共性が問われていることが多いのです。

公共哲学という学問の背景にはこうした社会の問いかけがあるのですが、率直にいって、公共哲学がこれらの問いかけに満足な答えを与えているとはいえません。いや、満足な答えを与えることはもともと無理なのですが、人々の問いかけに対して考え方の方向性を示すことも十分にできていないというのが現状だと思います。そして、こうした現状を踏まえて、人々の問いかけに答える前に、まず自分にその問いをぶつけて自分なりに考え方を整理し、自分なりの一応の答えを出してみようとしたのが本書です。そのねらいは次の二点です。

ひとつは、公共哲学の役割が、民主主義や市民社会を論じるだけでなく、市場についての新しい見方を示すことでもあるのではないかということです。本書で論じていることですが、ハーバーマスやアーレントなど、これまでの公共哲学が、市場についての考察を等閑視しあるいは経済学に委ねて、もっぱら市民社会論や民主主義理論に傾注するといったイメージであったのに対して、もっと市場の公共性や市場と民主主義の関係について掘り下げて考える必要があるのではないかと思うのです。

もうひとつは、公共性について、これまでは人権の保障とか安定した秩序の実現とか、あるいは愛国心の涵養などといった、なにか特定の基本的な価値を実現することであると考えられていたのに対して、公共性というのは、そうした特定の価値の実現ではなく、むしろ、様々な基本的な価値のバランスを追求することではないかということです。本書の第六章と第七章で示した民主主義と市場のイメージ図には、この思想のエッセンスが凝縮されているのですが、民主主義と市場はそうしたバランスを模索し維持する仕組みであると思うのです。

私はこれまで、自由社会についていろいろな角度から論じてきました。一九八八年刊行のヒューム哲学を論じた『自由と懐疑』（木鐸社）から始まって、『自由社会の法哲学』（弘文堂）、『市場経済の哲学』（創文社）、『自由とはなんだろう』（朝日新聞社）と、論じ方は様々ですが、いずれも、**民主主義と市場が支える自由社会**を擁護しようとしたものです。本書もその試みの延長線上にあるものですが、私としては、この基本テーマのポイントがより明瞭になってきたと感じています。そのこともあって、本書では、これまでの著作と比較しても、この基本テーマに関して、誤りを恐れず、かなり踏み込んで自分の考えをいくつか述べています。読者諸兄の率直なご批判をいただければと思っています。

＊

ここで本書の体裁について少し述べておくと、本書は注を付していません。本文中の引用は著者名と頁数を記しましたが、それは巻末の文献一覧に対応しています。これは、全体を通読するときの読みやすさを考えてのことです。本文中にいくつかコラムを入れたのも、そうした配慮によるものであり、本文に強調（太字）を付したのも、議論のポイントを示すことで理解の助けになればと考えたからです。また、目次に数多くの見出しを立て、巻末の索引は最小限にとどめました。これは、通読の余裕はないが興味あるところだけをみてみたいという読者の便宜を考えてのものです。もしこれらの工夫が、私の期待に反して読者に読みにくい印象を与えるときには、ご海容いただきたいと思います。

＊

最後に、本書が成るにあたっては、勁草書房編集部の徳田慎一郎氏に大変お世話になりました。徳田氏からは、本書全体の構成や議論の基本的な流れ、個々の文書表現、また本書の題名について、多くの貴重なアドバイスをいただきました。ここに記して感謝を申し上げます。

二〇〇五年六月

桂木隆夫

公共哲学とはなんだろう
民主主義と市場の新しい見方
増補版

目次

目次

第一部　公共哲学の諸潮流

第一章　公共性とはなにか

公共性と協力

公共哲学は公共性とは何かを考える学問です。公共性という言葉は、後で見るように、多義的でいろいろな要素を含んでいるのですが、さしあたり、「公共性というのは公共の利益ということである」と理解してください。その場合、ポイントは二つあります。ひとつは、公共性というのは「一人でやるのではなく、**みんなで協力する**」ということを意味しているということです。もうひとつは、公共性というのは、無秩序ではなく、**秩序を求める**という志向性を含んでいるということです。この協力と秩序の話から始めましょう。

まず、**協力について**ですが、公共性は一人で実現することはできません。なんらかの形でお互い協力するということが必要です。その場合、お互い相手のことを考えて、自発的に協力するのであれば、それはみんなのために協力する、つまり**利他主義的な協力**ということになります。しかし、現在のわれわれの社会を考えた場合、大体において自分だけの利益を考える、つまり利己主義的な人間が集まって生活しています。その場合、自分の利益になることであればともかく、人のために何か協力するということにはなりにくい。まして自分の不利益になることについて協力を求められても、それに応じるということにはならないでしょう。しかし、これではお互い協力するということは実現しないし、人それぞれバラバラに行動するのでは、公共性を実現するということも不可能になります。

そこで、**非自発的な協力あるいは強制的な協力**、つまり協力しない場合には、何らかの制裁を加えることにして、協力を調達するという考え方がでてきます。この非自発的な協力の典型は、われわれのような社会では、法律に基づく制裁によって協力を促すということです。制裁といってもいろいろあり、刑罰というもっともドラスチックなものや、課税という比較的マイルドなものまで、幅が広い。刑罰という強い手段に訴えても協力を引き出さなければならない場合というのは、非協力によって社会的害悪が生じることが明白な場合です。

例えば、社会の基本ルールにみんなが協力して従っているのに、一人だけがその基本ルールを守らないという場合には、その非協力な行為に対して、**刑罰という制裁**を加えてルールを守らせるようにする。排気ガスについての環境基準値を、みんなが協力して守っているのに、みんな守っているなら一人ぐらいいいだろうと考えて、環境基準値をはるかに越える排気ガスを放出しながら、車を運転するドライバーに対して、一定の処罰を加える。これに対して、この環境基準値を守ろうといろいろ努力しているのだけれども、それがなかなか難しい。基準値を達成しようとすると経済的負担が大変なので、ついつい基準値をオーバーする車を走らせるという場合には、刑罰よりも**税という、よりマイルドな制裁**を課することによって、間接的に協力を引き出す。あるいは、政府や地方自治体と地域の自治会などが、交通安全週間などの期間を設定して、いわば官と民が一体となって、人々に交通ルールを守るように促す場合などは、課税よりもさらにマイルドな仕方で人々の協力を引き出そうとしている。これは、人々が自発的に協力するという面もあるでしょうが、お上が音頭をとって周りを盛り上げて、みんながその気になっているので自分だけその輪に加わらないのはバツが悪いと思って、いわば周りから圧力を受けて協力しているので、社会的な制裁を使って協力を求めるという意味で、自発的な協力というよりは、やはり非自発的な協力といえます。

こうした広い意味での非自発的な協力に対して、自発的な協力というのは、人々の利他心に訴えて協力を引き出すというものです。これは先ほど述べたように、われわれの社会が利他心よりも利己心を強調しがちであることを考えると、限られたものであるといわざるを得ません。ただ、人々は、自分の身近な存在に対しては、いわば自然に利他心や思いやりを発揮するものであること、また**利他心や思いやりは、人々が外の世界と広範に関わることによって、広がる**ものであることなどを考えると、たとえささやかなものであっても、自発的な協力を継続的に行い、それを少しずつ広げていくことによって、利他心や思いやりが少しずつ広がり、それがまた、より広範な自発的協力を引き出すということは、十分考えられるでしょう。

これらの非自発的な協力と自発的な協力の間に、**競争による意図せざる結果としての協力**というものが考えられます。競争が協力に含まれるかどうかについては、意見の対立があるでしょう。競争がしばしば協力を阻害することは事実です。競争は自分の利益を実現するために相手と競うことであり、自分と相手とは対立関係にある。競うといっても争っているのであり、主観的に見る限り互いに協力しているとはいえません。

しかし他方で、十八世紀の**デビッド・ヒューム**（David Hume, 1711–1776）や**アダム・スミス**（Adam Smith, 1723–1790）が考えたように、競争という枠組の中で競うことによって、人々は、個々人の主観とは別に、いわば意図せざる結果として、公共の利益＝社会の富の増大を達成するのです。アダム・スミスは『国富論』（一七七六年）の中で、これを「神のみえざる手 invisible hand」と表現しています。つまり人々は、競うことによって、神のみえざる手に導かれて、公共の利益を達成するというのです。これを、われわれの身近な例に照らして考えれば、よきライバルによって名勝負が生まれ、双方の技量の上達を生むということでしょう。

現在では、**自由な経済競争は市場経済と呼ばれています**。そこでは、国が経済を管理しているのではなく、様々な個人や企業が、自己の利益を実現するために、競い合っています。これらの個人や企業は、利己的な動機に基づいて行動しているけれども、そうした行動の集積によって、結果的に、技術革新とか社会的富の増大という公共の利益が実現されます。

もちろん、市場経済では競争が行われているのであり、その結果として勝者と敗者が生まれます。これは貧富の差が生み出されているということです。この側面だけに着目すれば、市場経済は公共の利益に適う制度とはいえないでしょう。実際、もし競争が勝者と敗者を生み出し、しかも**勝者は常に勝ち続け、敗者は常に負け続けるならば、市場経済は弱肉強食の場と化し、**富裕層と貧民層の階層の固定化と格差の拡大が進んで、秩序が不安定となり、**市場経済の公共性は失われる**でしょう。

だが現実の市場経済では、少なくともそれが健全な姿で機能している限り、今日の勝者が明日の敗者となり、昨日までの敗者が明日の勝者となるというように、勝ったり負けたりという事態が生じています。勝者は、自分の勝ち方を相手にさらすことによって、いわばハンデを負う。敗者は、勝者の勝ち方を模倣し、それに新しい技術を加えることによって、明日の勝者となる。さらに、こうした勝ち方や新しい技術が、社会に共有され、社会の進歩を促します。さらに、こうした**「勝ったり負けたり」という事態が習慣化**して、それについての認識が人々に共有されてくると、人々の間に自由な競争への信頼が生まれ、それは秩序の安定化につながります。これが市場経済の公共性ということです。

実際、日本社会において、いわゆる高度成長の時代には、確かに官僚主導の経済運営という側面があったとはいえ、勝ったり負けたりという事態もそれなりに存在したし、自由な競争への信頼も、部分的にせよ生じていたと思います。もっとも、同時に心に留めておかなければならないのは、いわゆる**冷戦以後の世界におけるグローバル・エコノミーの展開が、南北の間の深刻なあるいは絶望的な経済格差を生み出しつつある、**ということです。そこには勝ったり負けたりという事態が生じる余地はますます狭まりつつあり、それによって、**自由な競争への信頼の喪失と弱肉強食としての市場経済という観念が、勢いを増しつつあります。**

そしてこれに対して、主に**平等主義的な立場からの批判**が生じています。それによれば、意図せざる結果としての協力という観念に含まれる、「競争すれば協力していることになる」という考え方は、利己主義を助長し、協力の観念に本来含まれている利他主義および平等主義を弱めることになり、弊害が多いというのです。ただし、社会主義経済が崩壊して、国家（共産党）の主導の下での、統制経済による平等化の図式が信頼を失った現在では、社会主義的な平等主義のインパクトが弱まっていることは否定できません。貧富の差の是正や平等の実現のために、公正や福祉などの観念が唱えられますが、いずれも、市場経済を前提にせざるをえないのです。他方で、発展途上国などでは民族主義のインパクトが強まっていて、その背景には少数民族の経済格差と不平等感の増大があり、それが弱肉強食としての市場経済観と結びついているという現実があります。

以上のような考察に立って本書では、**広義の協力という考え方**を採用し、意図せざる結果としての協力という観念を含めつつ、利他主義的な協力や平等主義の要請と合わせて、公共性問題を考えていくことにします。

ここで、ここまでの議論をまとめておきましょう。まず、協力には、自発的な協力と非自発的な協力があります。自発的な協力というのは、主として利他的な動機に基づくものです。これに対して、非自発的な協力というのは、法的なあるいは社会的な制裁という手段によって可能となるものです。さらに、協力には、意図的な協力と意図せざる結果としての協力があります。この後者の、意図せざる結果としての協力というのは、市場経済における自由な競争によって可能となるものです。人々は利己心から、自分の利益を実現しようとして行動するのですが、それを越えて、相互の利益が達成されるのです。

公共性と秩序

公共性を考えるときに、協力と並ぶもう一つのポイントは、**秩序ということ**です。お互いに協力するということは、確かに秩序と結びつく。しかし、秩序の形成というのは、それだけではありません。まず、一回だけの協力、あるいは断続的な協力では、秩序の形成というには、十分ではありません。**協力が継続的に行われ、さらに、社会慣習として定着している必要**があります。これはなかなか難しい。

社会の中で自発的な協力が継続して得られない場合、権力（権威）によって法秩序を形成し、維持することは可能です。むしろ、いわゆる**秩序問題は、これまで、主として権力**（権威）**の問題であると考えられてきた**ように思います。そして、この場合には、**公共性の担い手は国家**ということになります。国家が、公共的な秩序を維持し形成するための主体としてまず考えられている。議会が法律を作ってそれを施行する。行政が、法律に基づき、細則を定めてそれを実施する。あるいは、司法が、法律に基づいて、裁判を行い判決を下す。こうした国家の公権力の行使によって、公共的な秩序が維持され形成される。これは、いわば**上からの公共性、上からの秩序形成**ということです。

他方、最近における公共的な秩序形成の議論として、下からの公共性、下からの秩序形成ということがいわれます。この下からの秩序形成の可能性が、どの程度のものなのかということについては、論者によって意見が分かれています。国家主義の立場によれば、公共的な秩序の担い手は国家であり、かつ国家によって独占されるべきである。下からの秩序形成の動きというのは、しばしば国家による秩序形成を批判するものであり、いわば国家の足を引っ張るものであるから、マイナス要因であり、基本的に否定されるべきものと考えられる。したがってそれは、国家による公共的な秩序形成の動きを支持する場合にのみ、副次的なものとして評価されうる。この考え方は、いわゆる**公**（おおやけ）**と私**（わたくし）**の二分法**に立つものです。日本でもお上という考え方は、この二分法に立つものであり、私（わたくし）による下からの公共性の動きは、公共的な秩序の維持にとって、危険なものとして見なされる場合が多いのです。

これに対して、本書の立場は、**下からの公共性、下からの秩序形成をできるだけ認めようという考え方**に立っています。したがって、ここでは、公共的な秩序形成に関して、公（おおやけ）と私（わたくし）の二分法はとりません。それに代えて、**「公」―「公共」―「私」の三分法**を採用します。この三分法については、後に詳しく述べることになりますが、ここではただ、下からの公共性について、三分法のうちの「公共」を中心として考えること、また「公共」によって、民主主義の実践だけでなく市場経済の実践を含む、**広義の市民社会**を考えていることだけは指摘しておきましょう。

例えば、一九九五年に阪神淡路大震災が起きたときに、様々なボランティア活動が行われて、被災者の人々の生活を支えたということがありました。その流れは二〇一一年の東日本大震災、二〇一六年の熊本地震におけるボランティア活動へとつながって現在に至っています。これは、ここでいう市民社会からの、下からの公共性、下からの秩序形成と考えることができます。しかし厳密にいえば、こうしたボランティア活動が下からの公共性といえるためには、それが、一回限りのものではなく、継続的な活動として定着する必要がある。一過性の流行のようなものではなく、様々な活動が有機的に結びついて、恒常的な運動として、社会の中で一定の役割を果たし続け、社会慣習として定着する必要があります。実際、阪神淡路大震災におけるボランティア活動の高まりがひとつのきっかけとなって、一九九八年にいわゆるＮＰＯ法（特定非営利活動促進法）が成立施行されましたが、それだけでは市民社会からの下からの公共性があるということはできません。ＮＰＯ法は、法律である以上、上に述べた三分法の「公」の部分であって、「公共」の形成に必ず結びつくというものではありません。むしろ、この法律が刺激となって、**「公共」の領域におけるＮＰＯ活動が活発化し、それが東日本大震災のときにいわれた、失われた絆をとり戻す、例えば年中行事としての地域社会の祭りの再興などにつながっていくことが期待されている**のです。この意味では、日本社会における市民社会の形成、下からの公共性形成というのは、今後の課題として残されています。

　また、政党の活動、例えば自民党や民主党などの**政党の活動が市民社会の形成、下からの公共性形成とどのように結びつくのかという問題**もあります。現在の政党は、選挙で国民の投票によって候補者を当選させ、議会に代表を送り込んで、「公」による上からの秩序形成を図ることを主たる目的としています。その限りでは、政党の活動が、ここでいう市民社会の形成に結びついているとはいえません。むしろ政党は、これまで基本的に上昇志向なのであって、法律の制定や国家予算の配分などにおいて一定の役割を果たすことに主たる関心がありました。

しかし、例えば、日本社会がこれから高齢化社会に向かっていくときの介護という問題を考えたときに、法律の充実や福祉予算の充実を図る一方で、そうした制度や予算をしっかり受け止めることができる社会の受け皿の形成、法律や福祉予算が有効に活用されるための、社会のネットワークの形成が重要となります。制度だけ作っても、それが形骸化したり、予算をつぎ込んでも、それが砂に水がしみこむように消えてなくなってしまうというのでは問題です。こうしたことのないように、「公」と「私」の間に、両者を媒介する「公共」の領域を形成して、有機的な連関を図る。こうした社会のネットワークの形成に、現在の政党がどこまで関心を示しているかは、疑問であるといわざるを得ませんが、今度の政党の役割として、「公」の形成と並んで、「公共」の形成に一定の役割を果たすこと、あるいは、「公共」が、民間のNPO活動の集積といった別の形で、形成されつつあるときには、少なくとも**「公」と「公共」の橋渡しをするという役割が、政党に求められる**ようになるでしょう。いずれにせよ、公共性が秩序の形成と結びついているというとき、それは必ずしも、「公」というレベルで形成に限られません。「公」―「公共」―「私」の三分法という観点からは、「公共」という秩序の形成もまた、あるいはむしろ「公」という秩序の形成以上に、現代社会における公共性の問題を考える上で重要なのです。

開かれた公共性と他者性

公共性の観念について、協力と秩序という二つの基本要素を含むと考えたときに、協力や秩序形成の主体の問題を考える必要があります。つまり、誰が誰と協力するのか、誰が誰と秩序を形成するのかという問題です。この場合、もし協力するということが、お互い仲間同士で協力するということに限られ、秩序の形成ということが、お互いに価値観を同じくするもの同士で秩序を作るということであるならば、そこに成立する公共性は、外に対して閉じた構造のものとなります。しかし、こうした閉鎖的でしばしば排他的な公共性は、避けねばならないでしょう。そのためには、協力や秩序形成の主体は、お互いに仲間同士のものたちばかりでなく、他者という存在も含まれていなければなりません。**公共性が外に対して開かれた構造を持つためには、他者と協力するという視点、他者と秩序を形成するという視点が絶えず求められる**のです。

例えば、仲間同士ということで家族や身内を考えてみましょう。一般に、家族や身内のもの同士が協力するというのは、当然であると考えられています。そこには何らかの秩序が形成されているでしょう。この場合、もしその家族や身内が、徹底して仲間同士での協力と秩序形成を図ろうとすれば、いわゆる戦前の家制度や、あるいは強い団結力を誇る派閥などのように、閉鎖的で外に対して排他的なものとなるでしょう。他者という存在も含めて公共性を考える場合には、こうした閉じた協力や秩序の形成は、決して好ましいものではありません。むしろ、公共性というのは、家や家庭の秩序から子供が自立しようとするときに、親とコミュニケーションするその仕方の中に現れるものであり、強固な派閥が他の派閥と連携したり、あるいは内部から分裂するときに、そのコミュニケーションの仕方に現れるものです。このようなときに、**これまで仲間同士であったものが、いかに他者として協力し新しい秩序を形成するか**。ここでは、公共性の概念をこのような角度から考えようというのです。

国民がお互いに協力して秩序を形成する場合でも、お互い身内として協力するということだけでなく、身内としての国民という存在を越えて、他者として同じ国の人々と、あるいは他の国の人々と協力し秩序を形成するということがなければ、そこに開かれた公共性が現れているとはいえない。ある国や社会において、そうした契機が少なくなればなるほど、開かれた公共性は失われてゆくということです。この場合、他者がどのような姿で現れるかは、それぞれの文脈によって異なるでしょう。

同じ仲間、同じ国民同胞であると思っていたら、同じ国民同胞であるより前に、一個の個性を持つ人間であったと認識することもあるし、自分とは異なる民族性や文化、宗教を持った存在であると気づくこともある。また、他の国の人々は、多くの場合、国籍を異にするだけでなく、民族性や文化、伝統、宗教、言語が異なっています。**日本という国民国家が開かれた公共的な秩序であるという意味**は、同胞としての日本国民相互の協力と秩序形成ということだけでなく、それぞれ個性を持った人々や、異なる国籍や民族性、文化、宗教を持つ人々との協力と秩序形成がなされているということです。それが、日本という社会が開かれた公共性を持つということです。

国際公共性ということが最近よくいわれます。国際公共性というのは、多様な個性を持った人間や多様な民族、文化、宗教、言語がお互いに協力して秩序形成すること、つまり国際平和ということです。したがって、**国際平和**というのは、お互いに他者であるもの同士がどのように協力してどのような秩序を形成するかということでしょう。それがいま問われている。それが、**国際公共性には他者の視点が必要だ**ということなのです。そしてこれは、国際公共性だけでなく、公共性一般にいえることなのです。

いま、アフガニスタンやイラクの問題、アラブとイスラエルの問題、シリアの内戦と難民問題、南北問題の深刻化とISに象徴される国際テロリズム、さらには国際平和を主導するはずの先進諸国においてさえ排他的ナショナリズムが勢いを増しつつあるなど、国際公共性つまり国際平和は、危機に直面しているといえるでしょう。これらの問題はいずれも、われわれ人間がお互い他者として協力し秩序を形成することの難しさを示している点で共通しています。そう考えたとき、われわれはしばしば悲観的になって、他者として平和を築くことができないのならば、せめて仲間同士で平和を築くほうがよいという考え方に傾きがちです。しかし、こうした閉鎖的で排他的な公共性の考え方は、やはり危険です。もしこうした考え方が優勢となるならば、国際公共性は失われ、世界規模の戦争の危機が現実化するでしょう。われわれは、こうした事態だけは避けなければなりません。そのためには、他者との公共性形成が疑われているいまこそ、自分たちの社会や国家が実は他者の視点を許容し、他者との協力と秩序形成によって成り立っていることをしっかりと認識する必要があります。それによって、異なった国と国との間という、より困難な文脈における、開かれた公共性の可能性が生まれるのです。

公共性と生成

ところで、『日本国語大辞典』（小学館、二〇〇一年）によると、公共とは「社会一般、公衆、おおやけ」とあって、また別の意味では「公衆が共有すること、社会全体がそれに関わること」とあります。また、公共性とは「ある事物、機関などが広く社会一般に影響や利害を及ぼす性格、性質」とあり、公共心とは「公共のために尽くそうとする心、公共的、社会的連帯を自覚する心」となっています。これらの定義は、私がこれまで述べてきた公共性の概念に含まれている、協力と秩序形成という要素を含んでおり、その限りで、公共性についての一般的な理解としては、そのとおりです。

ただこれらの定義について、私が感じるのは、それらがすでに、公共という存在を前提にしているのではないかということです。公共および公共性の定義では、いずれも社会一般という存在が前提されているし、また公共心の定義では、すでに公共の存在が前提となっている。この定義に従えば、例えば、国際公共性や国際平和という場合、そこにすでに国際社会というものがあると前提されていて、国際社会の平和を維持することが、みんなの共通の関心事であり、それがイコール公共性であるということになります。そしてこの国際社会という存在は、その中に、国際平和についての明確な理念や規範を有しているけれども、それが現在無視され、破られている。それが、国際公共性や国際平和の問題として問われている。そういうことになるでしょう。

これに対して、本書では、**公共性を生成するもの**として考えたい。これは、**公共性を独立した、絶対的な存在とは考えない**ということです。従来の「公（おおやけ）」と「私（わたくし）」という考え方には、

「公（おおやけ）」という絶対的な存在、例えば江戸時代であれば幕府であり、戦前であれば天皇制であり、また現在では、官僚制がそれに近いものと考えられていますが、そうした絶対的な存在があって、それが「私（わたくし）」を支配するという観念が含まれていたと思われます。このような従来の考え方に対して、ここでは、いわば「公（おおやけ）」と「私（わたくし）」の間に、「公共」という領域が広がっていて、これら三者は、お互いに相補的な関係に立っていると考えます。

このような考え方が、従来の考え方とどこが違うかというと、従来の考え方は、「公（おおやけ）」は絶対的なものとされていたので、「少しでも公共的な要素が含まれている事柄であれば、それは『公』に属する問題であるから私人には判断させない」という考え方でした。それに対して、ここでの考え方は、狭義の「公（おおやけ）」に属する領域は別として、**「公共」の領域はあらかじめ存在するというより、人々の自由な活動の集積から生成する**ものであり、そこでは、何が公共性かについては、人々の自由な判断に任されているということです。その結果、何が公共性かについて意見が分かれることになる。つまり、**「公共」の領域では、意見の違いがあってそれを認め合うことが公共性の観念と結びつくことになります。**そこで、意見の違い（公共性そのものではないけれども、公共性の要素を含んでいる）を無視して、上から「公」によって特定の意見を正当化する（押しつける）よりは、意見のぶつかり合いの中から、公共性について合意を形成することのほうが望ましいと考えられることになります。「公」が、比較的はっきりとした制度的な裏付けを持った存在であるとするならば、「公共」は、そうした制度によって特徴づけられるのではなく、むしろ多様な活動の集積として、必ずしも一貫性を有するものではないが、自発的で持続的な生成として理解できる。

この新しい考え方に立って考える場合には、国際平和（国際公共性）の問題は、国際社会の存在を前提にするのではなく、むしろ、国際社会の生成が問われているということです。国際平和といっても、国際社会という明確な存在を維持することではなく、むしろ**国際社会の姿がまだはっきりとは見えない中で、他者との協力と秩序形成による国際平和の生成が問われている**ということです。国際情勢が不安定化しつつある現在、国際平和は手探りの状況にあります。そうしたときに、例えば超大国であるアメリカが、強大な軍事力を背景に、国際平和の姿はこれこれであると示しても、それで国際公共性（国際社会のルール）が明らかになり、国際平和が維持されるわけではないでしょう。むしろ、国際公共性の生成は、超大国の独走は、アメリカだけでなく、国連の枠組、国際的なNGOの活動の蓄積などを多角的に組み合わせることで可能になるのではないか。だがそれはいまだ曖昧な輪郭にとどまっていて、どのようなものに結実するかは明らかでない。国際社会という明白な存在から導き出される、国際平和や国際公共性についての明確な規範があるわけではない。それは、アメリカや国連やNGOなどの諸力がぶつかりあう中で、生成しつつあるということになります。

＊

さてここで、これまでの公共性とは何かについての議論をまとめておきましょう。まず、公共性の概念を構成する主な要素として協力という要素と秩序という要素がある。また、公共性という場合、権力による上からの公共性だけでなく下からの公共性を考えると、「公」―「公共」―「私」という三分法的な視点が重要である。また、協力したり秩序を形成する場合には、仲間という視点だけでなく、他者の視点を組み入れる必要がある。そして、公共性の存在性格としては、公共性というのは、あらかじめ明白な理念や規範として存在するのではなくて、程度の差はあれ、不確実な要素を含んだ状況における諸力のぶつかりあいにより生成しつつあるものである。

以下では、こうした諸論点をいろいろな角度から論じてゆくことになりますが、そこでまず、最近の公共哲学の議論の流れについて、以上の議論を踏まえながら、見てゆくことにしましょう。

†公共哲学と法哲学

個人的な話で恐縮ですが、私は公共哲学のほかに、法哲学という学問も専門にしています。公共哲学という分野は比較的新しい学問分野なので、私も大学で公共哲学という講義を担当する前は、ずっと法哲学の講義をしていましたし、今でもしています。公共哲学については、二〇〇〇年に東京大学出版会から『公共哲学』のシリーズが刊行されたり、公共哲学に関する著作が数多く出されて、関心が高まってきています。また、日本でも、公共政策系の大学院がいくつか作られるようになってきましたが、公共哲学はその基礎的な学問として位置づけられています。

そこで、近ごろ私が考えるのは、公共哲学と法哲学の関係ということです。

法哲学は、欧米の学問の歴史の中でも古くからある学問で、日本でも西洋法が継受された明治以来の伝統があります。そこでのもっとも基本的な問題は、**「法とは何か」という問題**でしょう。これに対して、**公共哲学**の基本問題は、この章で見てきたように、**「公共性とは何か」という問題**です。それでは、法と公共性とは同じかというと、似ているところもあるけれども違うところもある。法の特徴はなんといっても、国家権力との結びつきが強いということでしょう。もっとも、法は社会的正義の観念とも結びついていますから、単純に国家権力を正当化するためだけの道具ではありません。これに対して、公共性はというと、やはり国家権力と結びついています。しかし、特に本書が主張するような「公」―「公共」―「私」という三分法の観点からすれば、公共性は「公」という国家権力と結びつくだけでなく、「公共」という社会領域とも結びついています。そして、この**「公共」という社会領域には、社会的正義の観念だけでなく、経済活動や文化活動、また宗教、民族などの多様な要素が含まれています。**

法が国家権力や社会的正義の観念と深く結びついていることは、法の概念が、その中心に、**正当性や妥当性の要求**を含みがちであることを示しています。なんといっても、権力は「正しく」用いられなければならないし、また、正義の観念は普遍的に妥当することを、そしてときには絶対的に妥当することさえ、求めるからです。これに対して、公共性の概念は、権力の公共的な行使の要求だけでなく、**「公共」という社会領域における（他者を含む人々の）信頼**の観念を含んでいます。そして、公権力の行使でさえ（他者を含む人々の）社会的な意識に根ざすものでなければならないことを考えると、**公共性の概念の中心には信頼の観念がある**ように思います。

このように、公共哲学と法哲学の問題領域は重なり合う部分が多いけれども、問題に対する関心の仕方あるいはウェイトの置き方が違います。そしてそれが両者の議論の仕方の微妙な違いを生み出しています。

第二章　ハーバーマスとアーレント

1　ハーバーマスの公共哲学

公共性の構造転換

最近の公共哲学に関する議論には、いくつかの基本的潮流があります。それらについて概観してみましょう。まず、これらの諸潮流に共通する特徴は、それらがいずれも、上からの公共性ではなく、下からの公共性に着目している点です。前述した「公」―「公共」―「私」の三分法でいえば、「公共」のレベルに着目している。**市民による下からの公共空間の形成が、公共性を支えているという視点**です。

この点を踏まえたうえで、まず、第一の潮流を代表する思想家としては、**ユルゲン・ハーバーマス**（Jürgen Habermas, 1929-）を挙げることができます。公共哲学に関するハーバーマスの著作として重要なものは、**『公共性の構造転換』第二版**です。特に、第二版への長い序文において、市民による下からの公共性形成についての、彼の基本的な考え方が明らかにされています。この本の初版は一九六一年に出されましたが、その後、一九九〇年に第二版が出されました。この両者の内容は、その本文についてはほとんど変わっていません。ただ、第二版の序文において、彼は、初版で示した公共性についての考え方を自己批判して、新しい公共性についての考え方を明らかにしています。

そこでまず、一九六一年の時点で、ハーバーマスが公共性について、どのような議論をしていたかを見てみましょう。そこでの彼の議論の中心は、十七世紀から十八世紀にかけてのヨーロッパ、特にイギリスにおいて成立したとされる、**市民的公共性**の概念でした。彼が注目したのは、当時ロンドンで流行った**コーヒーハウス**です。彼によれば、このコーヒーハウスで、公論すなわち教養ある市民の討議の空間が、形成されたのです。このコーヒーハウスから市民的公共性あるいは市民社会が形成されたという議論は非常にわかりやすいものであったし、また非常に魅力的でもありました。ハーバーマスによれば、十七世紀の中頃に、紅茶やコーヒーといった飲み物が日常生活に浸透し、十八世紀の初め頃に、コーヒーハウスが徐々に作られるようになり、十八世紀の最初の十年のうちに、ロンドンではコーヒーハウスがすでに三〇〇〇軒を越えていたといいます。そしてこのコーヒーハウスにおいて、現在でいう評論活動のようなものが行われていた。つまり、当時のいわゆる新思想が、そこで披瀝されていたのです。あるコーヒーハウスでは、その店の入口にライオンの顔の形をした置物が置かれて、その口にお客である読者たちが感想文を入れるという習慣になっていたそうです。これが、**新**

思想とその批評という、公共的な討議の空間の具体的な形を示すものでありました。

ハーバーマスは、これを公論（パブリック・オピニオン）と呼んでいます。これは、市民的な法治国家の理念、すなわち**「すべての国家活動は、公論によって公認された諸規範の体系によってコントロールされるべきである」という理念**と結びついています。公論をパブリック・オピニオンというと、現代のわれわれは、それは世論のことであると理解してしまいます。そして、われわれにとって世論とは、現代のいわゆる大衆社会に広く流布している意見を指しています。けれども、ハーバーマスが公論という場合、それはもう少し厳密な、もしくは限定的な概念です。少なくとも、理念としての公論とは、世間一般の声ではなく、**判断力を持った公衆の論議**を指しています。彼は、公論と単なる意見（オピニオン）とを区別しました。単なる意見は、世間の評判や偏見、嫉妬などと結びつきやすいものであり、公論に含まれている真理を求める姿勢や理性と教養、およびこれらを支える財産と対立するものです。ハーバーマスによれば、十八世紀のイギリスのコーヒーハウスで行われた批評活動では、**真理が問われていた**のであり、そこでは、理性的な議論が重視されたのです。また、そこに参加する人々は、**教養と財産を有する知識人**でありました。例えばハーバーマスは次のように述べています。

十七世紀の中頃に初めて広まった紅茶だけでなくチョコレートとコーヒーが、少なくとも住民のうち有産階層の日常飲料となったあとで、さるレヴァント商人の御者が最初のカフェ・ハウスを開いた。十八世紀の最初の十年のうちに、ロンドンにはそのような店がすでに三〇〇〇軒をこえ、それぞれが内輪の定客を持っていた。ドライデンがウィル軒に陣取って若い世代の文筆家サークルで「古代人と近代人」について論争し、アディスンとスティールがやや遅れてバトン軒で彼らの小元老院をひらいたように、すでにロータ・クラブではミルトンの庇護者の司会下でアーヴェルとペピイズがハリントンと会合し、たぶんハリントンがここで彼の「オセアナ」の共和主義的思想を披瀝していたのである（ハーバーマス　五二頁）。

この引用に出てくるハリントン（James Harrington, 1611–1677）は古典的共和主義の代表的な思想家で、彼の主著である『オシアナ共和国』（一六五六年）は、アメリカ独立革命に多大な影響を与えたといわれています。

十八世紀初頭のロンドンの様子については、上田辰之助も、バーナード・マンデヴィルについて論じた『蜂の寓話——自由主義経済の根底にあるもの』（一九五〇年）の中で、次のようなエピソードを紹介しています。それは、アメリカ独立期を代表する政治家・哲学者であり、電気の研究でも知られるベンジャミン・フランクリンの回想ですが、次のようなものです。

ライオンズ博士は……私をチープサイドの小路にある薄暗い居酒屋ホーンズに連れていって、『蜂の寓話』の著者マンドヴィル博士に紹介した。博士はそこにクラブを持っていたが、実に軽妙で面白い話相手だったので、クラブの生命ともいうべき中心人物であった（上田　一四頁）。

おそらく、こうした情景は当時のコーヒーハウスのごく普通のありさまであったと思われます。そしてこうした出来事のひとつひとつが、公論の形成の原動力であったのです。

日本社会という文脈と市民的公共性

このハーバーマスの描く市民的公共性について、われわれの**日本社会という文脈に移して考えてみる**と、たとえば、**一九六〇年代から七〇年代にかけて**、**学生運動**が活発であった頃に、当時の喫茶店と呼ばれる場所で、学生や若い労働者たちが盛んに議論をし、政府を批判し「革命」を夢見ていた、ということがあります。これは、ハーバーマスのいわゆる十八世紀的な市民的公共性とは異なるものです。当時の学生や若い労働者たちは、教養と財産を有する知識人とはいえませんでした。彼らが身につけていたのは社会主義の「教養」であり、あまり広い教養とはいえなかったし、また、彼らは財産を持たないことを誇りにしていました。したがって、そこから生まれる議論は、情熱的なものであったとしても、ハーバーマスのいうような真理を探究する理性的な議論ではありませんでした。しかし同時に、彼らの議論には、世論や政府の意見とは異なる、批判的な要素が含まれていたことも、確かでした。彼らの議論には世論や政府の意見に対する批判だけでなく、社会主義というイデオロギーに対する批判も含まれていたということです。いずれにせよ、八〇年代以降、こうした学生たちの議論は下火となり、彼らの議論の空間も消滅していきました。

日本という文脈における市民的公共性ということで、もうひとつの例を考えてみると、日本の社会で選挙が行われて、ある政党、例えば自民党が第一党になった場合に、この選挙の結果はわれわれの国民感情に反するものだ、といった受け止め方がしばしばなされます。この**国民感情が市民的公共性を表現しているか**というと、やはり否定的でしょう。国民感情は、感情という言葉が示すとおり、情緒的なものであり、しかもそれは、学生運動が発揮したような情熱のようなものではなく、もっと穏やかな日常生活に即した感覚ともいうべきものです。しかも、この生活感覚は、多様化した現代生活を反映して、一様ではなく、複雑な様相を呈しています。そこから、国民感情といっても一様ではなく、複数の国民感情が互いに対立するという状況も生まれています。しかし他方で、国民感情は、国民という言葉が示すとおり、単なる私的なものではなく、公共的な要素を含んでいます。そしてそれは、政府の意見ともマスコミが作り出す世論とも異なるという意味で、批判的な要素を含んでいるといえるでしょう。

市民的公共性の再生プロジェクト

ハーバーマスの公共哲学は、いま述べた意味での、一九六〇年代、七〇年代の学生運動の情熱とも、よくいわれる国民感情とも異なる市民的公共性を、現代社会において再生させようとするプロジェクトである、と考えることができます。齋藤純一『公共性』（二〇〇〇年）は、これについて、ハーバーマスの公共哲学は「十八世紀の市民社会が育んだ公共性の潜勢力を」再びよみがえらせようとする企てである、と述べています。また、姜尚中《カンサンジュン》も、同じような趣旨で、ハーバーマスの試みが「未完のプロジェクトとしての近代」の現代における徹底化である、と述べています。

そこでまず、市民的公共性の概念について、あらためて考えてみましょう。この概念の特徴は、**対話的合理性という考え方**にあります。つまり市民的公共性とは、市民がお互いに対話的合理性を発揮しつつ社会的実践を行っているとき、そこに市民的公共空間が形成されているという考え方なのです。

それでは、対話的合理性とはどういうものかというと、ハーバーマスによれば、それはマックス・ウェーバー（Max Weber, 1864-1920）のいわゆる**目的合理性とは区別される**ものです。目的合理性とは、ある目的を達成するために合理的な手段は何かを考える思考法です。われわれは日常生活においていろんな問題に直面したり、自分の人生の目的を実現しようと努力しています。そのような場合に、問題を解決するための合理的なあるいは効率的な手段は何かと考えたり、人生の目的を実現するために自分はいま何をなすべきかを問うたりしています。この場合、当面の問題を解決するために合理的な手段を求めるのは、短期的なあるいは戦術的な合理性といえるでしょう。また、人生の目的を実現するために、いま何をなすべきかを問うことは、長期的なあるいは戦略的な合理性といえるでしょう。ハーバーマスは、この二つの合理性を含めて目的合理性を考えていると思われますが、この広い意味での目的合理性と区別される概念として、対話的合理性を主張しています。

対話的合理性は、目的（成功）を志向する合理性ではなく、**他者理解**（合意）**を志向**する合理性であるといわれます。他者をある目的のための手段（「あいつは使える」）と考えるのではなく、他者を他者そのものとして理解し尊重し、それによって他者との合意に達しようとする思考法です。**他者を手段とみなすのではなく、自律した人格として尊重する**という考え方は、ハーバーマスのカント主義的な立場を示しています。

このことと関連しますが、対話的合理性のもうひとつの特徴は、人々が対話において自分の主張を述べたり、批判に対して反論するときに、十分な理由を示して自分の議論を正当化しなければならないという点です。この十分な理由とは、自分だけの都合のよい理由ではなく、あるいは、「あなたの利益にもなりますから」といって他者の歓心を買うような言い訳でもなく、**自律した存在としての他者を説得しうる理由**でなければなりません。ハーバーマスは、**理想的対話状況**という概念をしばしば主張しますが、これは、対話的合理性のこの特徴がいかんなく発揮された状況であり、対話の当事者たちがそれぞれ、**あらゆる立場にある他者を説得しうるような理由を示しながら、お互いに議論し合意に達するような状況**を意味しています。

こうした対話的合理性によって形成されるハーバーマス的な討議の空間について、齋藤純一は次のように述べています。

ハーバーマスは、公共圏のあるべき姿を、合意を形成していくための討議の空間としてとらえている。討議は、「よりよい論拠（理由づけ）」のもつ力以外のあらゆる権力の作用が無効にされているコミュニケーションの反省形態である。そこでは、金銭にものを言わせること、権力のサンクションを持ち出すことはもちろん禁じられているが、のみならず、「みんながそうしているから」とか「それが当たり前だ」といった仕方で既存の文化的コードに訴える言説も効力を失う。討議に参加する者は、より合理的と思われる論拠のみを受け容れ、それを自らの意思形成の動機づけとするのでなければならない。参加者がそうした「合理的動機づけ」をもつ限り、不合理な論拠はしだいに退けられ、やがては参加者の間に一定の合意が形成されていくはずである（齋藤　三三―三四頁）。

ハーバーマスは、一九六一年に『公共性の構造転換』を書いたときに、このような対話的合理性によって形成される公共的な討議の空間が、たとえ不十分な形ではあれ、十八世紀のイギリスのコーヒーハウスにおける財産と教養ある市民たちの対話の実践によって形成されていたと考えていたように思われます。しかし彼は、十八世紀以降、この公共的な討議の空間は変質したと考えました。その理由は、ひとつには、十九世紀および二十世紀における**大衆社会の出現**があり、もうひとつには、当初は市民的公共性を担っていた財産と教養ある市民たちが、自分たちの**既得権**（階級的利益）のみを追求するようになり、暴力的な資本主義と市場経済の弱肉強食的な変質を推し進めていったということがあります。したがってハーバーマスは、少なくとも六〇年代初めの時点では、現代のわれわれの社会において、対話的合理性に基づく公共的な討議の空間、すなわち市民的公共性を再生することについて懐疑的であったように思います。

しかし九〇年の第二版においては、現代社会における大衆化の進展という事実は否定しえないことを認めつつも、そうした大衆化の進展に対処しうる力とそうした対抗力の担い手について、ハーバーマスは積極的に発言するようになっています。それは、現代の大衆社会の中に形成されつつある**新しい市民社会**であり、その担い手である生活世界における人々（生活者）の連帯の主張です。この新しい市民社会とその担い手である生活市民（もっとも彼は生活市民という言葉そのものは用いていません）について、例えば次のように述べられています。

近代を特徴づけるものとしてヘーゲルやマルクス以来慣例となっている「政治的市民社会 societas civilis」から「脱政治的・経済的市民社会 bürgerliche Gesellschaft」への翻訳とは異なり、市民社会 Zivilgesellschaft という語には、労働市場・資本市場・財貨市場を通じて制御される経済の領域という意味はもはや含まれていない。……市民社会の制度的な核心をなすのは、自由な意思に基づく非国家的・非経済的な統合関係である。もっぱら順不同にいくつかの例を挙げれば、教会、文化的なサークル、学術団体をはじめとして、独立したメディア、スポーツ団体、レクリエーション団体、弁論クラブ、市民フォーラム、市民運動があり、さらに同業組合、政党、労働組合、オールタナティブな施設にまで及ぶ（ハーバーマス　第二版への序文）。

この引用において、「政治的市民社会 societas civilis」と「脱政治的・経済的市民社会 bürgerliche

Gesellschaft」から区別されたものとして、市民社会 Zivilgesellschaft が考えられていることに注意する必要があります。新しい市民社会は、政治的に活動する市民でも、経済的利益を追求する市民でもなく、**日常の生活世界において連帯する生活市民の活動の積み重ねから形成されるもの**であると考えられています。その活動は引用にあるように多種多様ですが、その共通の性格はいわゆるボランティア活動であり、最近ではNPO活動とかNGO活動と呼ばれているものです。このような生活市民が連帯して行う活動の積み重ねによって、新しい市民社会が形成される。そしてそれが、国家の福祉政策やマスメディアが生み出してきた文化的標準化、いわゆる上からの大衆社会化の圧力に対する対抗力となりうるというわけです。

ただし、ボランティア活動やNPO、NGO活動であれば、なんでもよいというわけではありません。これらの活動は、ハーバーマスのいわゆる**討議民主主義の内実**を持っているものでなければならない。それは要するに、ボランティア活動に携わる生活市民がお互いにきちんと討議をし、できるだけ普遍的な立場に立ってお互いの主張を出し合って、そのうえで合意をして物事を取り決めていくということです。この討議民主主義については、後に民主主義を論じるところで改めて取り上げるので、ここでは詳しく論じることはしません。ただ、討議と、民主的決定に不可避の多数決の関係について、ハーバーマスの考えを引用するにとどめたいと思います。

たとえば〔討議民主主義における〕多数決の原則は、可能性としては究極的に真理を志向する討議を通じての意見形成を、限られた時間で意思形成を行うべしとする強制力と両立させるための取り決めとして理解できる。議論の実践には多数決のほかにも制度上の安全対策（たとえば、根拠づけの強制、立証責任を分担するという規則、数次にわたる法案の読会など）が含まれており、討議理論の立場からすれば、多数決による決定は、こうした議論の実践と内的な関連を保っていなければならない。多数決による決定が成立したと認められるのは、問題の正しい解決をめざしつつも、それが決定を下さなければならないという圧力のもとで暫定的に打ち切られる討論の成果である以上、決定の内容は、合理的な動機にもとづいてはいるが誤っているかもしれない成果であると受けとめられる場合に限られる（ハーバーマス　第二版への序文）。

対話的合理性が現実に意味するもの

ハーバーマスの議論は一般的に理想主義的ですが、いま引用したハーバーマスは珍しく現実主義的な態度を示しています。徹底した討議も、限られた時間の中で決定を下さなければならないという現実がある以上、多数決原理を受け入れざるをえない。しかしそれは、多数決による決定が誤っているかもしれないという認識を、討議に参加する人々が共有している場合に限られるというわけです。**討議と多数決と試行錯誤**というこの考え方に、私も異存はありません。本書も、後に述べるモラルサイエンスの公共哲学において、試行錯誤の重要性を繰り返し説いています。

ただ、ハーバーマスは、討議と多数決と試行錯誤のうち、多数決と試行錯誤に比較して、明らかに討議にウエイトをおいている。しかもこの討議は、前述した対話的合理性、すなわちあらゆる立場の他者を説得することができるという意味で、**「究極的に真理を志向する討議」**です。われわれが普通行っているような、目的合理性を志向する議論ではありません。当面の（短期的な）利益を戦術的に確保するための合理的な手段をめぐる議論では、もちろんありません。さらには、自分たちが将来的にめざす（より長期的な）目的を戦略的に実現するための、試行錯誤も視野に入れた、より広い意味での合理的な議論ですらありません。

対話的合理性に基づく討議を重視することは、ハーバーマスにとって二つの意味を持っているように思います。ひとつは、徹底した討議の末に、現実の秩序と安定を求める意見が勝ちを占めて、対話的合理性に反する政治的決定がなされたとしても、その**決定の勝者は敗者の抵抗に対して寛容でなければならない**ということです。その理由は、討議に参加したすべての当事者は、対話的合理性に基づく討議を徹底して行うことによって、「本来ならば対話的合理性に基づく決定がなされるべきだけれども、秩序と安定という現実の必要性によって、それとは別の決定がなされざるをえなかった」という認識を共有しているからです。それゆえ、もし決定に対する抵抗が対話的合理性によって明らかにされた根拠に基づくものであるならば、その抵抗は少なくとも抑圧するべきではないということになります。そしてこうした考え方は、実際上、野党の与党に対する抗議活動や、反体制的な抵抗運動に対して、より寛容な立場を導くように思われます。

もうひとつは、対話的合理性に基づかない、いわば**見せかけの討議に基づく決定の危険性**を強調することです。見せかけの討議とは、もっぱら目的合理性という観点からの議論に終始するということであり、短期的な利益を確保するための議論であれ、長期的な目的を実現するための議論であれ、そこではすでに短期的な利益や長期的な目的は所与であり、暗黙の前提であり、そもそもそうした利益や目的が妥当性を有するのかを問うことは認められていません。ハーバーマスによれば、こうしたいわば利益誘導型の議論とそれに基づく決定を安易に容認することによって、いったん決まった決定がいわば一人歩きして、たとえその決定が誤ったものであったとしても、訂正や修正が加えられることなく、なし崩し的に既成事実が積み重ねられるという危険が生じます。ハーバーマスのいわゆるダム決壊論は、こうした見せかけの討議と決定による、**なし崩しの危険**を強調しています。

ハーバーマスのダム決壊論

ハーバーマスのダム決壊論というのは、**滑り坂理論**（slippery slope argument）とも呼ばれるものです。ダムの擁壁に最初はごく小さな穴が開いただけだったのに、それが水の圧力を受けてどんどん大きく広がり、ついにはダムそのものを決壊させてしまう。それと同じように、最初は議論の方向が少しずれただけだったのに、その議論のずれによってなされた決定が一人歩きし始めて、議論のずれがどんどん大きくなり、ついには全く非人道的な政治的決定が平然となされるようになってしまう。まさに、いったん滑りやすい坂を転がり始めたら、あとは行き着くところまでいってしまうということですが、ここにナチス問題と呼ばれる、ナチスによるユダヤ人の大量虐殺というドイツの苦い歴史的経験が強く影響しています。

ナチス問題について、米本昌平はこう言及しています。ナチスドイツによる犯罪がどんなに大きなものであったとしても、その発端は些細なものでした。そもそもの始まりは、不治の病に対する安楽死について医者の基本姿勢の力点が少しずれたということです。最初は、生存に値しない生命の安楽死の対象は、重篤で慢性の病気の患者だけであったのが、次第に社会的生産能力がない人から、思想的に好ましからざる者、人種的に望まれざる者へと広がり、終にはすべての非ゲルマン人になってしまったのです（米本　一三頁）。

ハーバーマスのダム決壊論は、このナチス問題というドイツ的文脈を下敷きにして、それを対話的合理性という観点から論じようとしたものです。つまり、人間を人格としてではなく、人間を何か別の目的にとって有用な存在としてとらえ始めるならば、終には人間の尊厳が失われ、人間は単なるモノあるいは道具としてしかみなされなくなってしまうというわけです。

彼はこの議論を**バイオテクノロジーの発展とヒトES細胞研究**（クローン技術研究）をめぐる論争の中で用いています。つまり、いちどヒトES細胞（胚性幹細胞）研究が認められ、人の生命が操作の対象になるならば、いのちの道具化がどんどん進行し、ついには人間の尊厳が失われてしまうというわけです。ヒトES細胞というのは、ヒト胚（ヒトの受精卵の細胞分裂の初期の段階）をバイオテクノロジーによって操作して作成されるもので、ヒトES細胞作成の技術が確立されれば、自分と全く同じ遺伝子の構造を有する、したがって拒絶反応の全くない臓器を人工的に作り出すことができ、移植医療の大きな進歩につながると同時に、ヒトＥＳ細胞作成の技術は、クローン人間作成の可能性につながる危険性を有しているといわれています。

これについてハーバーマスは、ヒトＥＳ細胞研究に反対する立場から、次のように主張しています。ヒト胚を、移植医療のためである、人類を救うためであると称して道具化し、バイオテクノロジーの操作の対象とすることによって、われわれは「人類社会の倫理的基盤をなす自己了解、すなわちわれわれは道徳的に判断し行動する存在なのだという自己了解を危うくする」ことになる。ヒト胚をつぶす研究を積み重ねるごとに、人間性に対するわれわれの感覚が鈍くなっていく。**「いのちの道具化を許せば、やがては、人間が人間として暮らす道徳的基盤が崩壊することになるだろう」**。

これが、いわゆるダム決壊論と呼ばれるものです。

これに対して、京都大学の山中伸弥を中心に進められているｉＰＳ細胞（人工多能性幹細胞）研究は、ヒト胚をきずつけるという倫理上の問題をクリアしうる研究として評価されていますが、ハーバーマスの立場からすれば、ｉＰＳ細胞研究といえども、それが道徳存在としての人間という自己了解を危うくすることはないのかどうか、絶えずチェックする必要があるということになるでしょう。

ハーバーマスの寛容とテロリズム

ハーバーマスの寛容の概念を、９・11同時多発テロ以後のテロリズムの問題に適用するとどうなるでしょう。これについて彼は、『テロルの時代と哲学の使命』（二〇〇四年）という対談集の中で、９・

11以後の世界の政治状況について語っています。それは、私なりの解釈も含めて要約すれば、次のようなものです。まず、現代の日本の社会のように立憲民主制が成立している社会では、憲法の枠内で行われる反体制的な行動は、非暴力的なものである限り、有意義なものとして積極的に認められなければならない、とハーバーマスは主張します。というのは、そうした反体制派の運動は、一見すると体制派にとって敵対的なものであるように見えるけれども、実際には立憲民主制というプロジェクトを支えているのであり、その意味で、体制派にとって「明日の真の友」なのです。

それでは、こうした反体制派の運動を越えたテロリストたちの行為はどうか。この点について、**ハーバーマスの態度はアンビバレント**（両義的）です。一方で彼は、テロリストたちの行為が犯罪であり、特に同時多発テロのような「怪物的な犯罪」を政治的な行為として（つまりどんなに些細であれ、大義名分ある行為として）理解することは、いかなる方法によっても不可能であると主張します。しかし他方で彼は、彼らの行為が、通常の刑事裁判で裁かれるような犯罪とは別のカテゴリーに属していると述べています。それと同時に、同時多発テロに対して「対テロリズム戦争」を呼びかけた当時のブッシュ大統領の行為を「規範的にも実際的にも重大な誤りであった」と主張します。しかし彼は、テロリストたちの犯罪がどのような別のカテゴリーに属しているのか、また、ブッシュ大統領は「対テロリズム戦争」を呼びかけるのではなく、何をすべきだったのかについて、語ってはいません。

おそらくハーバーマスは、このような主張において、テロリストたちが生まれ育った生活環境や社会状況を見ているのではないか。それは、非立憲民主制的な政治体制であり、差別と貧困と暴力に満ちた窮乏と悲惨が渦巻く社会的文脈である。このようなテロリストたちの政治的社会的文脈に対して、ブッシュ大統領のように立憲民主制を移植するための「正義の戦争」を仕掛けることは誤っている。かといって、彼らの窮乏と悲惨に対して、国際的な経済支援を行うことも十分ではない。むしろ、立憲民主制に生きるわれわれがなすべきことは、立憲民主制と共にわれわれに豊かな生活をもたらしている資本主義が、発展途上国やイスラムの国々に対してますます暴力的に振る舞うようになっているという事実を率直に反省し、**暴力的な資本主義を立憲民主制によって「政治的に飼い馴らす」**ことではないか。テロリストたちの行為は犯罪であり決して許されるものではないが、彼らの自暴自棄のふるまいを、立憲民主制に生きるわれわれは自らの反省のきっかけとして謙虚に受けとめるべきではないか。ハーバーマスの主張しようとしたことは、このようなことではないかと私には思われます。

2　ハンナ・アーレントの公共哲学

ハンナ・アーレントのポリス的公共性

ハンナ・アーレント（Hannah Arendt, 1906–1975）は『**人間の条件**』（一九五八年）という書物のなかで、二つの三分法を示しています。一つは、**人間の行為形式を、労働と仕事と活動の三つに区分する**という考え方です。このうち、活動 action は人間の最も高次の行為形式です。それは、人間の複数性と多数性に基づく直接的コミュニケーション、つまり**言論活動によって、政治生活を構成する**原動力です。

これに対して、労働と仕事は、より低次の行為形式と考えられています。

もう一つの三分法は、**私的領域と公的領域の間に社会的領域を考える**というものです。そして、アーレントの議論のポイントは、人間の低次の行為形式である労働と仕事によって形成される社会的領域に対して、より高次の行為形式である活動によって形成される、公的領域の優位と重要性を主張するところにあります。私的領域とは、家族という自然の共同体、あるいはプライバシーの領域です。**公的領域とは、ポリス＝政治的自由の領域**です。公的領域では、人々は支配することも支配されることもありません。いわば人々は、互いに平等な市民として、暴力ではなくことばと説得によって、政治を運営し、それによってポリスが形成される。私的領域と公的領域に対して、社会的領域というのは、近代以後の特徴です。それはいわば、経済が自立した形で展開される領域です。そして、アーレントの議論の特徴は、この社会的領域あるいは経済社会の領域に対して、批判的ないし否定的なのです。

アーレントによれば、現代社会の特徴は、社会的領域の拡張すなわち経済社会の拡大ということです。この経済社会の拡大は、**大衆社会化**という現象を伴っています。大衆社会化は、一方で、経済が家族やプライバシーの領域に侵入するということです。他方でそれは、公的領域つまり政治の領域に、経済の論理が持ち込まれるということでもあります。こうした動向は、アーレントにとって、社会全体が**画一化**していくということにほかなりません。それは、大衆消費社会と政治の大衆化をもたらし、それによって、公共性の喪失という事態を生み出します。大衆社会に特有の画一主義というものが、人々から自発的な活動力を奪い、人々は受動的な生活に満足するようになる。それは一方で、プライバシーの領域を守ろうとする人々の意欲が奪われるということ、他方で、公的領域における自発的な政治活動の気風が失われるということを意味しています。

ここで前提となっているのは、公共性概念を考えるときの、社会的領域の害悪と公的領域の優位ということです。その場合、公的領域とは何かといえば、アーレントのいわゆるポリス的公共性です。人々が自発的に政治にかかわり、自発的に意見を表明し交換し合う、あるいはたたかわせる場が形成されている、ということです。また、ここでは、人間の複数性と対話性が、人間の本性として想定されています。

人間の複数性という概念はさしあたり、人間の画一性という考え方に対立しています。それは、全体主義的な社会の傾向に対抗しうるものとして考えられています。また、人間の複数性と人間の多様性とは、並行的なものとしてとらえられている。人間は、単に数から見て複数であるだけではなく、それぞれの人間がそれぞれの個性を有している。その意味で人間は多様である。そうした多様性あるいは個性を自発的に主張し合い、対話という枠組の中で生活を送っていく。それがポリス的な公共性というものだというわけです。

このポリス的な公共性というのは、**紀元前五世紀の古代ギリシャのアテナイというポリス**、都市国家において成立したと考えられています。アーレントは、それを強く支持しています。ただ、ここで、私の観点から、つまり後の第四章で述べるモラルサイエンスという観点から、注意しておかなければならないのは、古代ギリシャのポリスの民主制あるいは公共性の空間が、奴隷経済という制度によって支えられていたということです。つまり、ポリスの公共空間において活動する市民は、奴隷経済という制度によって、経済活動から免れていたということです。こうした経済活動から自由な市民が、公共的な事柄すなわち政治について互いに対話することで、公共的な空間が形成されていた。アーレントの考える公共性は、経済活動から自由な（免れている）社会における公共性であり、しかしわれわれが現在生きている社会は、経済活動が自由な社会です。そして、この自由な経済社会における公共性問題を考えるときには、ややきつい言い方をすれば、アーレントの主張は時代錯誤あるいはアナクロニズムといえなくもない。

他方で、公共哲学の議論の展開のなかで、アーレントの哲学がこれだけ注目を浴びているのは、アーレントが、ポリス的公共性を強調することによって、現代社会における画一主義、さらには全体主義的な傾向に、警鐘を鳴らしたという側面があるからです。こうした画一主義や全体主義的な傾向に対して、自発的な公共空間を作っていかなければならないという主張に、重要な真理が含まれていることは認めなければならないでしょう。

悪の凡庸さについて

こうした画一主義や全体主義への警鐘に対しては、画一主義や全体主義の何が問題なのか、という素朴な疑問が生じるかもしれません。少なくとも、全体主義はもちろんのこと、画一主義も絶対にだめであって、それを避けるために、ポリス的な公共性を生み出さなければならないという強い主張をするためには、それなりの根拠が必要です。

これについてアーレントは、**『イェルサレムのアイヒマン』**（一九六三年）という本のなかで、**「悪の凡庸さ」**という指摘をしています。アイヒマンはナチス親衛隊の中佐で、何百万人というユダヤ人をガス室に送り込み、大量虐殺した責任者です。アーレントは、アイヒマンが「冷酷非情の怪物」などではなく、徹頭徹尾「凡人」であったこと、「凡人」であるがゆえに、ヒットラー総統の意志（ユダヤ人絶滅計画）を徹底して実行しえたことを指摘します。「悪の凡庸さ」とは、凡人の無思想性がときとして、人間の悪の本能のすべてがもたらす以上の猛威を振るうことがある、ということを意味しているのです。

アーレントは、「凡人」アイヒマンがいかにしてユダヤ人絶滅計画に慣らされていったのか、という経緯を明らかにしています。その重要な転機となったのは、当時のドイツ国家機構のエリートたちが一堂に会した。一九四二年一月のヴァンゼー会議でした。この会議の目的は、ユダヤ人に対する〈最終的解決〉について、意思統一をするというものでした。アイヒマンもこの会議に「書記」として出席していました。彼自身は、この問題について自分で判断を下せるような人間ではない、自分自身の考えを持てるような人間ではない、と考えていました。そして彼は、上層部のエリートたちが、競って〈最終的解決〉への支持を表明するのをその目で見、その耳で聞いたのです。アイヒマンはこのときのことについて、「あのとき私は**ピラトの味わったような気持ち**を感じた。自分には全然罪はないと感じたからだ」と述べています。ピラトは古代ローマのユダヤの総督だった人で、イエス・キリストの裁判で、無罪を認めつつも、ユダヤ教徒の圧力によって十字架刑を定めたとされています。

アイヒマンの記憶するところでは、その後は何もかもまずまず順調に進み、間もなく慣習的な仕事になってしまった。以前〈強制的移住〉の専門家だった彼はたちまち〈強制移動〉の専門家となった。一国が終わると次の国へという調子で、次々にユダヤ人は登録させられ、すぐそれとわかるような黄色のバッチをつけるように命じられ、そして狩り集められ、移送され、東部のあれこれの絶滅収容所でその時々の収容能力に応じて異なる人数が振り向けられた（アーレント 1963 九〇—九一頁）。

もうひとつ、アイヒマンに決定的な影響を及ぼしたこととして、アーレントは、ヒットラーの最初の戦時命令、すなわち「殺害ではなく、慈悲によって死なせるのである」という規定を指摘しています。それによって、アイヒマンの頭には、「許すべからざる罪は人を殺すことではなく不必要な苦しみを与えることだ」という考えがしっかりと根をおろしたというのです。

戦争が激しくなり、いたるところで狂暴な凄惨な死が荒れ狂っていたとき、アウシュビッツやヘウムノ、マイダネクやベルゼク、トレブリンカやソビボールのガス室は、〈慈悲による死〉の専門家たちが名付けた通りまさに〈公共医療のための慈善施設〉の観を呈したに違いない（アーレント 1963 八六―八七頁）。

こうしてアイヒマンは、総統（ヒットラー）の意志に基づく新しい国法に従って、自分の義務を実行しました。アーレントによれば、アイヒマンはこれについて、カントの道徳哲学に基づくものであると理解していたといいます。もちろんこれは、アーレントも述べるように、カント哲学についての明らかな誤解に基づくものです。カントは、人間が自分自身の実践理性に基づく定言命法に従って行為すべきことを主張したのであって、誰か自分とは別の、上からの（総統の）意志に従って行為せよとはいっていません。

カントの定言命法は、少しわかりやすくいい直すと、次のようなものです。「あなたの生活ルールが普遍的な生活ルールとなることを、あなたが自分自身で本当に意思しうる場合にのみ、その生活ルールによって行為しなさい」。つまり、自分がどのような肌の色をしているのであれ、自分がどのような民族に属し、どのような宗教を信仰するのであれ、また、男であれ女であれ、富んだ者であれ貧しい者であれ、自分があらゆる境遇におかれたと想像して、それでもなお、その生活ルールを尊重すると意思できるような、そういうルールに従って行為すべし、とカントは述べているのです。それでは、そのような生活ルールとは何か。それは、あらゆる人間の基本的権利を尊重すべし、つまり、人権を尊重すべしというものでしょう。そしてこれは、アイヒマンのカント理解とは、似ても似つかないものなのです。

だが、アイヒマンはカントを、意図的にではなく、いわば無意識に歪曲しました。それによって、アイヒマン自身のことばによれば、**「凡人の日常の用に供するためのカント解釈」**が可能となったのです。そこでは、カントの実践理性の定言命法のかわりに、上からの第三帝国の**総統の「定言的命法」**が妥当するのです。**「ヒットラー総統が汝の行動を知ったとすれば是認するように、行動せよ」**。そして、アイヒマンは、この「命法」に忠実に従って、ユダヤ人絶滅計画の義務を履行したのでした。

アイヒマンをめぐる「悪の凡庸さ」と服従の心理についての、アーレントの分析には優れたものがあります。アーレントの分析は、例えば日本のオウム真理教の事件を引き起こした要因が、信者たちの「悪の凡庸さ」であり、教祖麻原彰晃の「定言命令」に従う服従の心理であったこととぴったり重なり合っています。そしてそれは、現代日本社会の画一主義と、それが生み出す全体主義の危険、つまりわれわれのような普通の人間が、**無思想性と現実感覚の麻痺と結びついた服従の心理にとらわれたときの危険性**について、認識を新たにさせてくれます。われわれの社会には、「悪の凡庸さ」が威力を発揮する機会が、いたるところに存在しているのです。普通の人々が時代に流され、空気にとらわれて、自分たちの思考を停止した結果として、巨大な悪が生み出される。そういう危険が、大衆社会には常に存在しているのです。

他者に対して開かれた共同体

　では、こうした大衆社会がはらむ危険を、われわれはどう克服しうるのか。これに対するアーレントの答えは、われわれ普通の人間が凡庸さと無思想性を克服することによってである、というものでしょう。アーレントはそれを、人間の複数性と対話性が十分に発揮されうるような、公的な領域の形成と活性化に求めています。アーレントにとって、この公的領域とは、**異なる他者が対話によって共存する、新しい共同体**を意味しました。そこでは、**他者に対する応答責任**を引き受けることが、政治のもっとも基本的な条件となります。これについて、森川輝一はアーレントの共同体を論じて、次のように述べています。

　人間は各々が新しく出生してくるがゆえに他者と新たな関係性を結ぶ自由を有するが、まさにそれゆえに他者の存在に自発的に応答する責任を課せられているのである。かかる責任を引き受ける人々が相互に連帯するとき、既存の共同体の統合原理は解体され、私的な属性（民族的出自のような）を違える人々の間に公的自由を実現しうる新しい故郷が創設される（森川　一三九—一四〇頁）。

　ここでは、他者、共存、共同体ということばが、キーワードになっています。人間の複数性と対話性を根拠とする他者は、敵ではない。なぜならば、敵という概念には、応答責任を引き受けることを含む対話性が欠けているからである。この敵ではない他者が、互いに対話によって共存の道を探り、そこに共同体が形成される。だから、ここでいわれている共同体というのは、友と敵の二分法を前提とした上での、友＝同胞からなる共同体とは異なるものです。むしろそれは、自分とは異なる他者と対話することによって形成される共同体です。それは、確かに敵に対して開かれてはいないかもしれないけれども、他者に対して開かれた共同体なのです。

では、「他者に対して開かれた」とはどういう意味か。これについてアーレントは、それは他者を有用な存在、役に立つ存在として、手段として認めるということではない、と考えています。自分とは考え方が違うけれども、彼あるいは彼女は役に立つから（使える人間だから）、彼あるいは彼女と付き合おう（認めてやろう）というのではない。そういう有用性という観点からではなく、他者それ自体という観点から、彼あるいは彼女と付き合おう（認めよう）というのが、「他者に対して開かれた」ということが意味するものです。このような開かれた対話の空間が、われわれの社会に形成され、しかもそれが自律的な、他の領域（例えば社会的領域）からの影響を受けない、それ自体独立した公的領域として存在するということです。このような公的領域が、大衆社会の持っている画一主義や全体主義的な傾向に対する、したがって悪の凡庸さが生み出す巨大な悪に対する防波堤となるのだ、とアーレントは考えていたのです。

齋藤純一も、アーレントの思想に言及しながら、公共空間は他者を有用かどうかで判断する空間ではないこと、**他者を一つの始まりとみなす空間**であり、他者に対する完全な期待をあきらめることによって生じる空間である、と述べています。そして、このような公共空間によって、世界に対する真に多様なパースペクティブが可能となるのであり、それによって、世界をただ一つの観点から説明しつくそうとする全体主義的思考や、大衆社会・消費社会の同化主義的傾向に対する防波堤を築くことができる、と指摘しています（齋藤　四二―四三、四六―四七頁）。

しかし、こうした議論にもかかわらず、私の考えでは、他者それ自体という観点から他者を認めること、そのような他者との対話によって成立する共同体とはいかなるものかについて、残念ながら、アーレントはあまりはっきりした答えを与えてはいないように思います。藤原保信も、アーレントを論じた文章のなかで、アーレントの描く「近代」つまり公共空間は絶望的であることを指摘して、次のように述べています。

ではアレントにとってここからの脱出口は可能であろうか。この問題を考えるとき、我々はかなりの困難に逢着する。というのも、プラトンやルソーと異なって、アレントは現実に絶望したとき、その現実の外に理想を立てることをしないからである。むしろそのような方法を意識的に拒否するのである（藤原　三〇一頁）。

したがって、私としては、**アーレントの批判的意義**は十分に認めるとしても、アーレントが何か公共哲学の構想について積極的に明らかにしたかどうかについては、懐疑的にならざるをえません。

アーレントの公共的な秩序構想

ただし、アーレントが公共的な秩序の構想をまったく持っていなかったかというと、それはそうではありません。これについて、川崎修『アレント　公共性の復権』(一九九八年)は、次のように述べています。アーレントにとって、公共的な秩序とは、エゴイストではなく、公共の生活へと決意した人間、公的人間たらんと決意した市民が、公的問題に参加しうるような秩序である。しかし、こうした観点から、ヨーロッパの多党制であれ英米の二大政党制であれ、政党制全般を評価すれば、否定的にならざるをえない。そこで、アーレントが持ち出してくるのが、評議会制です。「アーレントは一九五〇年代後半以降、参加という観点から政党制全般にたいして否定的な評価を下し、それに評議会制(council-system)を対置するようになる」(川崎　三一五頁)。

川崎によれば、**アーレントの評議会制の構想**は、一九五六年のハンガリー「革命」(未完の革命でありハンガリー動乱とも呼ばれる)における、様々な場での評議会の自発的な成立が大きく影響しています。こうした状況において、たとえ少数ではあっても、政治的活動(革命)への情熱に燃え、公共の生活へと決意した人間が、自発的に評議会を形成する。そして、こうした公的人間の永続的な情熱と決意に支えられた評議会が、世界のいたるところで成立する。つまり、「評議会制による連邦制が世界大へと拡大すること」が、真の公共的な秩序を可能にするというのです。川崎は、これについて、「具体的な参加が可能な規模の小集団を基礎単位としてそれが積み重ねられた、相当程度まで普遍的な連邦制という秩序構想」（川崎　三六〇頁）と表現しています。

こうしたアーレントの公共的な秩序構想には、川崎も指摘するように、多くの困難が含まれています。たとえば、いったん成立した評議会が長期にわたって存続するかどうかを考えてみましょう。アーレントの評議会とは少し性格が異なるかもしれませんが、日本でも十五世紀の終りから十六世紀にかけて、加賀の一向一揆が百年ほど続いたことを考えると、それはありえないことではないかもしれません。しかし、評議会や一揆が具体的な参加が可能な小規模の集団（数万から数十万人程度）を単位として成立することを考えると、**世界規模で連邦制が成り立つためには、無数の評議会や一揆が必要となる**でしょう。そのようなことは、果たして可能なのか。また、たとえ可能であったとしても、そのような無数の評議会が、宗教や民族、文化や伝統、言語の違いを乗り越えて、連邦制のもとに終結することができるのか。さらに、この連邦制を支えるための管理のノウハウや財政的な手当てなどの能力は、評議会を支える公的人間の政治的な情熱や決意とは異質な、いわば官僚的な資質であり、両者は必然的に衝突せざるをえないのではないか。こうした疑問が、次々と湧いてくるでしょう。

他方で、こうした疑問や批判が、アーレントの公共哲学の価値を少しも減ずるものではないということは、あらためて指摘しておく必要があります。とりわけ、閉鎖的で排外主義的なナショナリズムや国民国家の秩序構想に、われわれが依然として引きずられているという現実を考えると、こうした**閉じた秩序構想の限界を指摘し、いわば開かれた、かつ下からの自発的な公共性の可能性を明らかにしようとした点**で、アーレントの公共哲学の持っている意義は大きいといえます。川崎も、これに関連して、アーレントの公共的な秩序構想をパレスチナ問題に重ねつつ、次のように述べています。少し引用してみましょう。

ナショナリズムと国民国家は、ヨーロッパのなかでさえ普遍的に運用可能な秩序原理ではありえず、それがまさに多数の「難民」を作り出すことになったという歴史を踏まえて、アレントはナショナリズム・国民国家の限界を認識していた。そしてそのことが彼女に、パレスチナ地区における国民国家としてのイスラエルの建国が、アラブ世界との対立・紛争を解決不能にしてしまうことを、イスラエル建国以前の時期において早くも認識させ、あえてユダヤ・アラブの連邦制によるパレスチナ国家建国の必要性を主張するに至らしめたのである（川崎　三六〇頁）。

この**ユダヤ・アラブの連邦制によるパレスチナ国家建国**というアイデアを、現在の絶望的に悲惨なイスラエルとパレスチナの対立状況において、非現実的だとして、否定することはたやすいことです。しかし、閉鎖的なナショナリズムと国民国家の秩序構想が、相互不信と憎悪、そして対立の激化という悪循環をもたらすことを考えると、政治のなかにこそ、開かれた、かつ下からの自発的な公共性の要素を見出していかなければならないというアーレントの指摘は、経済活動を軽視しているという難点を有しているとはいえ、決して無意味なものではないと思われます。

アーレントがみ（ようとし）なかったもの

アーレントは、現代の画一主義や全体主義的な傾向、「悪の凡庸さ」が生み出す弊害について指摘し、また、画一主義や全体主義的な傾向と結びついた閉鎖的なナショナリズムと国民国家の限界を明らかにしました。しかし、こうした弊害を除去し、また限界を克服するための処方箋、すなわち、評議会制による世界大の連邦制の構想は、あまりに理想主義的であり、結局現実的な処方箋とは成りえないといえます。それでは、われわれはどう対処したらよいのか。ここではアーレントの思想を取り上げているので、この問いに対して、ここで詳しく論じることはできません。ただ、アーレントとの関係で一言だけ述べておきたいと思います。

私の考えでは、この問いに対する答えのヒントは、アーレントの考え方のなかに示されています。（もっとも以下、私が述べる考え方に対しては、アーレントはおそらく同意しないと思われますが。）つまり、アーレントが他者という存在の重要性を指摘し、開かれた公共空間の必要性を説いたことは、正しい。しかし、他者に対して開かれた共同体あるいは公共空間とは、**他者を他者**（自分とは異なる公的人間）**として認識するだけでなく、他者を有用な存在**（自分とは異なる経済活動あるいは生活を行っている存在）**として認めつつ、そのような他者と対話し、そのことによって、公共性を形成する**ということではないか。画一主義や「悪の凡庸さ」に対する防波堤として、われわれが形成することを求められている公共性というのは、われわれが、アーレントのいわゆる狭義の公共性と、経済あるいは生活におけるバランス感覚を発揮して、他者とコミュニケーションを行い、対話することによって形成される公共性とを合わせたものではないかということです。アーレントのいうように応答責任を重視することは正しい。だが、応答の中味には有用性のアピールが含まれているということです。確かに、他者を有用な存在として単なる手段としてだけしかみないならば、それはいわば相手を食い物にするということになりかねず、そこに公共性が形成されるとはいえないでしょう。しかし、他者を他者としてその存在を認めよ、といきなりいわれても、われわれは戸惑うだけであり、むしろ不信感さえ抱くかもしれません。他者を有用な存在だ、使える存在だと思って付き合っていたら、あるときその他者が、「自分は使えるだけの、有用なだけの存在ではない、自分は人間であると同時に、新たな地平を切り拓くより高い有用性への可能性を秘めた存在だ」と強烈に主張する。そのことによって、われわれは他者を他者それ自体として認めることが可能になるのであり、そのような形で他者との公共空間を共有することができるのではないか。だから、**公共性の形成には、他者の有用性と他者の人間性の相互承認についての、バランス感覚が発揮される必要がある**ということです。私が、後に第七章で述べる市場についての議論のなかで、市場経済が正常な姿を維持しうるためには、利潤の追求だけでなく、人間のための（その意味で公共的な）経済活動であるという認識が必要であり、市場経済はこのようなバランス感覚に基づく経済（市場平和）の模索である、といっているのも、このことと結びついています。ただ、ここはこの議論を展開するところではないので、これだけにしておきたいと思います。

アーレントとポリス的市民

ハンナ・アーレントのポリス的公共性の議論についていつも感じるのは、この**公共性を担うポリス的市民のイメージ**がわかりにくい、あるいは漠然としているということです。例えば、川崎修はアーレントを論じた前述の書物の中で、このポリス的市民のイメージについて、「政治に自ら積極的に参加し、公共的な役割に献身し、いざ戦争のときには国のために勇敢に命を捧げることができる」ような市民として描いていて、このような市民からなる国として、アーレントは古代ギリシャのポリスを考え、また古代ローマの共和政を考えていた、としています。

私が気になっているのは、ポリス的市民をこのようにイメージした場合、古代ギリシャに即していえば、このような市民からなるポリスは、アーレントにとって、**スパルタなのか、それともアテナイなのか**、どちらなのか、あるいはそのどちらでもないのか、ということです。

スパルタの市民もアテナイの市民も、アーレントのポリス的市民のイメージに合致する、「政治に自ら積極的に参加し、公共的な役割に献身し、いざ戦争のときには国のために勇敢に命を捧げることができる」ような市民でした。この点に変わりはありません。しかし、スパルタの市民は農本主義的で閉鎖的な社会を形成したのに対して、アテナイの市民は商業主義的で開かれた社会を生み出しました。

まず、アーレントが商業活動や私的利益を追求する活動を否定的に考えているところからみると、川崎も指摘しているように、アーレントのポリス的市民は、農本主義的な社会、つまりスパルタ的な社会に生きる市民のように思えます。しかし他方で、アーレントは、古代ギリシャの商業国家アテナイの民主制の最盛期を担った政治家であるペリクレスに、ポリス的市民の理想的なイメージを求めています。そして、ここがまたわかりにくいところなのですが、アーレントは、アリストテレスの「大きな家」（完全に自足的な政治共同体）における政治的実践を、ポリス的市民が専念すべき公共的な活動として評価していて、その限りで、閉鎖的で（つまり完全に自足的で）農本主義的な社会に生きる人々を、ポリス的市民のイメージとして考えているようにも思えるのです。

おそらく、これらの議論から引き出される結論は、アーレントのポリス的公共性を担う市民のイメージとは、スパルタ的な市民でもないしアテナイ的な市民でもないということでしょう。それは、あえていえば、**農本主義的で開かれた社会に生きる市民というイメージ**だと思います。しかし、それはどういう市民のイメージなのでしょうか。

ここからは、私のまったくの想像ですが、アーレントのポリス的市民とは、独立自営農民であって、同時に、様々な国と国とのあいだを行き来する**交易の民**でもあるような人々なのではないかと思います。一般には、農民のイメージと交易の民のイメージとは結びつかないと考えられているでしょう。しかしそれは、江戸時代の身分制度の下での「土地に縛られた農民」という固定観念が、あまりに強いからではないでしょうか。この固定観念に対して、網野善彦が明らかにしたように、**日本でも中世において農民はしばしば海民**であり、日本海を渡って、東アジアなどの国々と交易を行っていたようです。また、十五世紀から十六世紀において、加賀の国の農民たちが主導した自治支配である一向一揆は、約百年続いたといわれていますが、彼らは同時に、軍人でもあり、交易の民でもありました。さらに、現代における農民は、農業に従事する人々であるだけでなく、産直運動や食の安全運動をリードする企業家であり、交易の民でもあります。

このように考えれば、アーレントのポリス的公共性を、その実現可能性はともかくとして、独立自営農民の開かれた公共性として理解することは、あながち無理なことではないように思えます。しかしこの場合、彼らは、自分たちの国を自治的に支配する民であり、自分たちの国を他国の侵略から守る軍人であると同時に、他国とのあいだを自由に行き来する交易の民でなければなりません。交易の民といっても、必ずしも資本主義的な商業の民である必要はないでしょう。ポリス的市民は、自分の利益のために、他国との商業的な取引をする必要はないし、するべきではない。しかし、自分たちの国の利益のために、他国と交易をする必要があるし、するべきなのです。

アーレントのポリス的公共性の概念に欠けていたのは、この公共的交易の民という要素であり、**ポリス的市民が、自分たちの国の利益のために行う、政治的活動としての交易**であったように思われます。そして、このことが、アーレントのポリス的公共性とポリス的市民の概念をわかりにくくしているように思われるのです。

第三章　アメリカにおける公共哲学

公共哲学の二つの流れ

一九九〇年代以降のアメリカにおける公共哲学の流れを考えるときに、その出発点となる思想家としてまず名前が挙げられるのは**ウォルター・リップマン**（Walter Lippmann, 1889-1974）です。彼は一九五五年に『公共哲学』を書いています。この本の中で彼は、自由な民主主義社会と公民の伝統（tradition of civility）の結びつきを説き、西欧の民主主義社会がこの公民の伝統を失いつつあるところに、西欧の危機をみています。この公民の伝統とは、リップマンによれば、「まじめな質疑と合理的な討論によって、真と偽、正と邪を見分け、人間的諸目的の実現に導く善と、公民道の破壊と死に導く悪とを識別」しうる合理的な秩序が存在するという信念、および立憲主義の理念からなるものです。

最近の**マイケル・サンデル**（Michael Sandel, 1953-）らを中心とする公共哲学の主張も、このリップマンの思想を基本的に受け継いでいるといえます。ここでもまた、公民の伝統（公共性）の再生が強く唱えられています。そして、公民の伝統の衰退をもたらしたものとして、リベラリズムが批判されています。サンデルは一九九六年に『民主政の不満』という本を書いています。これには、「公共哲学を求めるアメリカ」という副題がついています。これは英語でいうと、*America in search of a public philosophy* です。つまり、a public philosophy であって、the public philosophy ではない。サンデルの意識としては、唯一の正しい公共哲学を示そうというのではなく、むしろ**アメリカにはこれまで別のリベラリズムという公共哲学が通用していた。しかしこれからは、それとは別の新しい公共哲学を目指すべきである**。こういう意識がサンデルにはあります。ここでいわれている公共哲学とは、広く社会に通用し人々の共通の生き方となっている思想とでもいうべきものであり、抽象的な哲学体系といったものとは異なります。

サンデルの主張は次のようなものです。「これまでアメリカの生き方、公共哲学はリベラリズムであった。しかし、リベラリズムはいま多くの弊害を生み出している。だからこれからわれわれは、リベラリズムとは異なる、**共同体主義**（コミュニタリアニズム）**という公共哲学**あるいは生き方を目指すべきである」。したがって、サンデルの議論は、アメリカという文脈における政治文化論であるといえなくもありません。実際われわれは、以下に見るサンデルの議論を、そうした意味で、やや距離をおいてみる必要があるでしょう。しかし他方で、アメリカという社会が、現代の立憲主義的な民主主義のひとつの典型をなしていることを考えると、そこでの議論が、アメリカという文脈に限らず、例えば日本という文脈でも重要な意味を持っていることは否定できません。

さて、サンデルの議論は、これまでのアメリカの公共哲学、生き方であった**リベラリズムの批判**から出発します。ここでいわれているリベラリズムは、われわれが普通日本で自由主義を指していう場合のリベラリズムとは、ややニュアンスが異なります。というのは、アメリカでリベラリズムという場合、自由主義というよりは、むしろ平等主義といった方がより適切だからです。つまり、アメリカ社会のなかで様々に存在する、マイノリティや社会的弱者の人々の権利や自由を平等に尊重すべきだという考え方です。いわばそれは、アメリカ的な平等主義なのです。

アメリカでは、このリベラリズムとは別に、平等よりも経済的自由をより重視する経済的自由主義の考え方があり、リバタリアニズム、自由放任主義ないし自由尊重主義と呼ばれています。この考え方によれば、自由な経済活動によって貧富の差が生じるのは当然であり、自由な経済活動はむしろそれ以上に社会全体の富を増大させることによって公共性に適っているとされます。主として一九八〇年代以降、レーガン政権やイギリスのサッチャー政権によって、いわゆる小さな政府という考え方が力を増してきましたが、これはその流れに沿った考え方です。アメリカ的文脈では、これらの二つの考え方、つまりリベラリズムとリバタリアニズムを区別する必要があります。そのうえで、本書で論じるサンデルのリベラリズム批判は、リバタリアニズムを念頭においているのではないということです。もっとも、サンデルの共同体主義（コミュニタリアニズム）は、リバタリアニズムに対しても批判的であることを指摘しておきます。

サンデルのリベラリズム批判

さて、サンデルのリベラリズム批判の背後には、**アメリカ社会における自治の喪失とコミュニティの崩壊に対する危機感**があります。サンデルのリベラリズム批判を、いくつかの論点に分けてみてみましょう。

第一の論点は、リベラリズムが、寛容の精神や個人の権利の尊重を強調することによって、価値の相対化や公共的価値についての無関心を生み出し、利己主義的な考え方を助長しており、それによって、自治の精神やコミュニティの存立を危うくしているというものです。これに対して、サンデルは、共同体主義の公共哲学の立場から、**「自由にはコミュニティ意識や公共心が必要である」**と主張し、人々の公共的関心や社会への帰属意識、地域社会やコミュニティとの絆の重要性を説いています。これはいわば、リベラリズムの公共哲学と共同体主義の公共哲学の基本前提の違いに関わるものであり、**個人の権利の尊重か公共心あるいはコミュニティとの絆の重視か**という、公共哲学の基本問題と結びついています。

第二の論点は、これら二つの公共哲学の人間観に関わるものです。リベラリズムはしばしば、寛容の精神を価値に対する中立性と解釈することによって、あらゆる道徳的価値や目的に対して中立的に振る舞うことが、自律した個人のあるべき姿であると考えてきました。確かに、多様な宗教や多様な民族の存在が多くの宗教対立や民族対立を生み出し、宗教的民族的狂信主義と不寛容を生み出してきたという歴史的現実を前にすると、「あらゆる宗教的価値や民族的価値に対して中立的に振る舞うことが、人間が自律した人格であるということだ」という考え方が生まれます。例えば、イマヌエル・カント（Immanuel Kant, 1724-1804）のリベラリズムは、こうした考え方に立って、世界市民の理念やコスモポリタン的自我の概念を明らかにした、としばしば解釈されています。

これに対してサンデルは、**リベラリズムの自我概念を、空疎な自我概念、「負荷なき自我」として批判**します。あらゆる道徳的目的に対して、中立的に振る舞う自我というのは幻想である。カント的世界市民やコスモポリタン的自我は、自律した存在などではなく、根無し草である。むしろ、われわれはみな、われわれの社会の歴史と道徳を背負った自我であることを、率直に認めるべきである。そして、そうした「負荷ある自我」を育てる、地域社会やコミュニティの重要性を認識すべきであるというわけです。

第三の論点は、正義と法の概念に関わるものです。リベラリズムは、裁判における公正な手続と個人の権利尊重を主張し、たとえ不正義不道徳と思われる目的や行為に対しても、中立であるべしと説くことによって、悪しき相対主義あるいは道徳的無関心に陥っているというものです。例えば、リベラリズムの立場からは、「裁判においては、加害者の人権も被害者の人権も共に尊重されるべきである」と主張され、さらに、「加害者は、国家権力によって裁かれるのだから、弱い立場にある（冤罪の恐れがある）」とされ、そこから「加害者の人権の保護をより重視すべきである」という見解が導き出されます。

これに対して、共同体主義によれば、加害者の人権を過度に重視することは、悪しき相対主義である。むしろ犯罪被害者およびその家族の被った心の傷を修復するために、**国家はいわば道徳的な観点から、より積極的に介入すべき**であり、「加害者は被害者に対して直接的に罪を償う（謝罪する）べきである」という要請に応えて、加害者の人権を制限すべきであると主張します。加害者の人権という観点ばかりでなく、犯罪の被害者に対する道徳的責任という観点を重視すべきであるというわけです。

第四の論点は、**政治的合意のために、中絶や同性愛などに関する道徳的論争を括弧に括るべきか**、という問題にかかわります。リベラリズムの立場では、現在の民主主義社会は道徳的宗教的価値の多元性が特徴であり、これは道理に適った（reasonable）ことであり、是認すべきであるとされます。なぜならば、人間は知識を持てば、ものの見方が広がり善き生活についての考え方が多様になるからです。そうであるとすれば、われわれは、善き生活の多様性の問題と正義（法）の問題を区別して、多様な善についての相互尊重＝政治的合意に基づく社会生活を目指すべきである。これがリベラリズムの立場です。

これに対して、共同体主義の立場は、善の多様性つまり生活信条や生活文化の多様性の問題といえども、そうして多様性を認めることがコミュニティの存立を危うくするような場合には、相互尊重というような曖昧な理由によってそうした多様性を認めようとする政治的合意に委ねられるべきではないというものです。中絶や同性愛などを曖昧な政治的合意によって放任すれば、人々の宗教観や家族観が傷つけられ、コミュニティの存立によって不可欠な公共心が失われることになる。このように深刻な宗教的道徳的問題に対しては、人々は公共心を持った市民として、実践的に関わる（自らの宗教的道徳的信念に従って主張する）べきであり、そのための公共的な議論の空間の形成に努めなければならないと主張します。そして、このように深刻な宗教的道徳的問題に対して、手続的な寛容＝マイノリティの権利保護を安易に主張するリベラリズムには、**民主主義的生活によって重要な、人々の道徳的エネルギー**を引き出す力はないと批判しています。

加害者の人権と被害者の人権

国家権力がなぜ加害者の人権を保護するのかについては、近代における人権概念の成立の歴史を遡って、考察する必要があります。**人権というのは本来、市民と市民の間に成立するものではなく、国家と市民との間に成り立つ**ものです。最近、プライバシー権が人権として認められるようになり、これは市民と市民との間に成り立つ人権として考えられていますが、このような人権が認められるようになったのは、比較的最近のことです。ですから、人権というのは、国家という強大な権力に対して、市民の生命や財産を保護するための制度なのです。近代において絶対主権国家が成立したときに、国家が物理的な権力を独占するという事態が生じました。卑近な言い方をすれば、それ以前は、社会の様々な人々や集団が武器を持っていたということです。しかし絶対主権国家が成立したときに、武力すなわち軍事力や警察力というものが、国家に一元化され独占されました。それによって、**強力な国家権力と裸の個人という事態**が、社会に生じたわけです。

それ以前の社会の状態というのは、いわば群雄割拠の状態であって、たとえば現在でも、アフガニスタンのような社会では、国家が成立したといっても各地に武器を持った部族が勢力を維持していますが、それは、よくいえば分権的な状態、悪くいえば社会が分裂した状態であるわけです。そういう状態から脱出して、国家が社会を統合するためには、豊臣秀吉の刀狩りではないけれども、まず武器を人々から取り上げて、その上で、立憲主義的民主的な手続に従って統治していく必要があります。ところが、歴史上最初に絶対主権国家が実現したときには、立憲主義的な手続や民主的な国家というものは、まだ存在していませんでした。むしろフランスのブルボン王朝のような絶対主義国家が歴史の現実でした。そこでは、人々はまさに裸の個人であり、国家に対してまったくの無力であったわけです。その結果、いわば必然的に、国家による権力の乱用や人々に対する圧政が行われました。フランス革命はこうしたブルボン王朝の圧政に対する人々の怒りから生まれたものであり、しかし、そのフランス革命によって成立した政権は、ロベスピエールの恐怖政治を生み出しました。こうした悲劇や害悪を教訓として、**国家権力の乱用から人々を守る防波堤として、立憲主義と人権という制度**が徐々に成立してきたわけです。

したがって、犯罪者あるいは刑事被告人といっても一人の人間であり、その人間が国家によって裁かれる以上、人権という制度は、犯罪者を国家権力の乱用から守る防波堤として機能しなければなりません。もちろん犯罪者は、一般の市民と同様の人権を享受できるわけではありません。しかし、人間として公正な裁判によって裁かれるために、最小限度の人権が憲法によって保障される必要がある。刑事裁判における適正な手続きを刑事被告人に対して保障する必要がある。これが立憲主義と人権というものの基本的な考え方です。

そして、この基本的な考え方の上に立ちつつも、いわば**国家対個人という観点とは別の、個人対個人という新しい観点**から、つまり犯罪者対犯罪被害者という観点から、犯罪被害者の人権をどう認めていくのかが、最近論じられるようになってきているわけです。

公共心に支えられた自治の精神

それでは、右に述べたようなリベラリズム批判に基づく共同体主義（コミュニタリアニズム）の公共哲学の構想とは、どのようなものでしょうか。それはまず、**自治の精神**を重視しています。この自治というのは、自由に自分の意見を発言するということですが、勝手気ままに自分の考えを表明するということとは異なります。それは、公共心を持って自分の意見を述べることであり、その意味で、自分の発言に（共同体の一員として）責任を持つということです。したがって、自治の精神は、自由や自律の観念を含んでいますが、同時に公共心あるいは公共精神に支えられたものです。

自由な発言も、公共心に支えられていなければ百害あって一利なしである。したがって、自治の精神が息づくためには、**公共心あるいは公共精神の陶冶**が必要である。ただし、公共心の陶冶は、法律や社会の強制によってなされるべきではない。それはむしろ、コミュニティや学校や教会、家族といった、社会の各部分からの説得と習慣づけによってなされていくものである。このように主張されます。

ここでまず、共同体主義の公共哲学の構想の第一の特徴として、公共心の重視と、**説得および習慣**

づけによる公共心の陶冶ということが出てきます。これは、コミュニティの一員としての自覚を持つべきだということです。それを説得と習慣づけによって達成しようとする。しかし、説得や習慣づけといっても、結局それは強制になってしまうのではないか、少なくともそれは、法律的な強制ではないにせよ、社会心理的な圧力や強制が加わるということではないかという疑念が生じるでしょう。

これについてサンデルは、自分が考えている説得とか習慣づけというのは、**トクヴィル**（Alexis de Tocqueville, 1805–1859）**やJ・S・ミル**（John Stuart Mill, 1806–1873）**のいう「民主主義の学校」**つまり、コミュニティの実践それ自体が学校であり、民主主義や自治の精神つまり公共心を育てるという考え方を念頭においているといっています。そして、トクヴィルやミルの「民主主義の学校」の観念と、**J・J・ルソー**（Jean Jacques Rousseau, 1712–1778）**の公共精神としての市民宗教という考え方**を区別しています。ルソーは、よく知られているように、有名な『社会契約論』（一七六二年）の最後のところで、市民宗教という考え方を持ち出して、自分が考える市民社会が成り立つためには、人々は市民宗教という公共精神を共有しなければならないと主張しました。そして彼は、この市民宗教のモデルを、古代ギリシャのスパルタに息づいていた軍事精神や奉仕の精神、祖国愛といったものに求めています。

確かにサンデルのいうように、トクヴィルやミルの「民主主義の学校」とルソーの市民宗教とは異なるでしょう。トクヴィルやミルは公共心の陶冶に人々の自発性と実践を重視するのに対して、ルソーは市民宗教という言葉からもわかるように、公共心が歴史や伝統に支えられていること、公共心が過去から引き継がれて来たものであることを重視しているようにみえます。公共心の陶冶が人々の自発性に支えられていれば、人々はそれを強制であると感じることは少ない。これに対して、歴史や伝統に支えられた公共心を受け継ぐという場合には、人々はそれを社会心理的な圧力あるいは強制と感じる場合がより多いといえるでしょう。しかし、公共心の陶冶が人々の自発性に支えられている場合でも、**草の根民主主義が草の根全体主義に変質する危険**ということを考えればわかるように、最初自発的であったものが、気がつくと、大きな空気となって社会全体を支配するということがしばしば生じます。特に、われわれが生きている大衆社会にはそうした危険が大きい。すでに述べたように、アーレントはこうした空気の支配について、全体主義の危険として警鐘を鳴らしたのです。このように考えるならば、サンデルのいう説得や習慣づけによる公共心の陶冶という考え方の中にも、問題がないわけではありません。

共同体主義と福祉政策

さて次に、もう少し具体的に、共同体主義の公共哲学の構想の特徴について考えてみましょう。**共同体主義の公共哲学は、リベラリズムの説く福祉政策に批判的**です。リベラリズムの考え方はこうです。人々はいろんな考え方や生き方を持っている。そして、それぞれの考え方や生き方は等しく尊重されるべきである。したがって国家は、そうした多様な考え方や生き方に対して、寛容（ここでは中立という意味です）でなければならない。これは、具体的に国家の福祉政策に即していえば、社会的弱者や少数者のどんな考え方や生き方であっても、福祉は平等でなければならないということです。しかし、共同体主義の公共哲学からすれば、これは悪しき相対主義であり、ひいき目にみても、リベラリズムの福祉政策は、社会的弱者の依存心を強めることにしかならないし、悪くすれば、社会的に有害な考え方や生き方を、福祉政策によって助長することにもなりかねない。これは例えば、日本の生活保護の制度についてよくいわれる批判、すなわち、生活保護制度は、よくて受給者の依存心を高めることにしかならないし、悪くすると、不正受給など不道徳で無責任な行為に利することになっている、という批判などを考えてみればわかるでしょう。これに対して、共同体主義の公共哲学では、例えば**職場を持つこと**（働くこと）**を条件に、生活保護の受給資格を与えるべき**ということになります。それは、国の財政負担を軽減するためではなく、生活保護を受ける人といえども、労働を通じて社会に貢献するという意味で、**責任ある公民としての自覚**を持つべきである、という考え方によるものです。

また、共同体主義の公共哲学は、給付行政としての福祉政策だけでなく、**教育の荒廃や犯罪の増加などの社会問題や道徳問題、また家庭の問題などを、福祉政策の中心的な問題として、積極的に取り上げるべき**であると考えています。ただし、これらの問題を取り上げる際に、国家は、いわば独断的に、国民の生活に介入して規制を行うべきではない。むしろ、家庭や学校、教会やコミュニティが主役となって、人々の公共心に訴えて、それによって人々が自発的にこれらの問題の解決に当たるべきであり、国家はその際、人々の自治的な活動を手助けするという意味で、副次的な役割を果たすべきである、とこのように主張します。

公共性を定める基準

リベラリズムの公共哲学と共同体主義の公共哲学の違いは、少し難しい言葉でいうと、公共性を定める基準は何かについての考え方の違いであるということができます。人々が共通の関心を払うべき事柄を、どういう基準でもって定めるのか。みんなが善いことだと考える事柄が、公共的な事柄であるのか。それとも、みんなが正しいことだと考える事柄が、公共的な事柄であるのか。これは、公共性の基準に関する正と善の区別という問題です。この場合、正というのは積極的な正義、大きな正義のことではなく、消極的な正義、小さな正義つまり人権を大切にするということです。**人権を守る、人権が侵害されないようにすることが、公共性の基準**（唯一のあるいは少なくとももっとも大事な基準）**であるのか**。いやそうではなく、**コミュニティの基礎にある社会道徳つまり公共善の観念こそが、公共性の基準であるのか**。

マイケル・サンデルは、この後者の立場です。彼はハーバード大学の政治学の先生ですが、同じハーバード大学の哲学の先生に――先年亡くなりました――、リベラリズムの代表的思想家である**ジョン・ロールズ**（John Rawls, 1921–2002）がいて、彼は前者の立場を展開しました。彼は一九七一年に有名な『**正義論**』という書物を公刊しました。彼はこの本の中で、公正としての正義という考え方を示しています。これは、人権を守るということが正義ということであり、公共性の基準であるという主張です。この本は、一九五〇年代の後半から六〇年代にかけて行われたアメリカの公民権運動、黒人の市民権解放運動を背景として書かれています。

それ以前のアメリカは、とくに南部を中心として黒人は奴隷に近い状態にありました。北部でも、南部ほどではないにせよ、黒人が劣悪な状況に置かれていたことに変わりはなかったのです。そのころの白人の生活はどうだったかというと、多くの人々は道徳的に善い生活をおくっていました。彼らはとても道徳的に性格の善い人たちであり、子供に愛情を注ぎ、社会的にも正直で勤勉でありました。ただ、彼ら白人の道徳的に善い生活は、黒人の奴隷状態つまり不正な状態を下敷きにして、成り立っていたわけです。道徳的に善き人々が、不正な社会に暮らしている。しかし、これでは本当の意味での公共性、すなわち下敷きにされている人々との間の、本当の意味での信頼と協力（第一章）は得られない。このことをみてロールズは、本当の意味でアメリカ社会が公共性を実現するためには、つまり白人と黒人が対等の立場で協力できる社会を実現するためには、道徳的善という基準よりも根本的な基準、不正を正す基準、**マイノリティの人権保障という基準**が必要であると考えたわけです。そしてこれ以後、「マイノリティの人権保障という基準が、公共性の第一原理（つまりアメリカ社会という、様々な考え方を持った人々からなる社会において、そうした多種多様な人々が協力するための基本原理）である」と考えるリベラリズムの考え方が優勢となり、黒人の解放運動から女性の解放運動つまりフェミニズムの運動へ、さらにはアメリカにもともと住んでいた少数民族インディアンの権利保護や同性愛者の解放運動など、様々なマイノリティの人権保障のための運動が活発化していきました。

これを少し難しい言い方で、**善の多様性と正義の基底性**といいます。つまり白人の生活や黒人の生活、女性の価値観やインディアンの歴史や文化、同性愛者の価値観などの、善の多様性とそれらの共通の基礎にある人権保障の原理ということです。それぞれの生き方はそれぞれに善きものであり、それぞれの権利保護以上に、それぞれの生き方に対して干渉したり口を出すのは止めようというものです。こうした考え方が、従来のつまりサンデルなどの共同体主義の公共哲学が出てくる以前の、いわばリベラリズムの公共哲学の考え方でありました。

しかし、サンデルなどの共同体主義からみると、こうした考え方は、道徳的な問題を政治的に、例えば国会などの場で議論することを回避しようとするものである。そして、これに対するいわば揺り戻しとして、公共善という考え方が主張されます。**アメリカの公共生活、アメリカの民主主義にとって重要なのは、人々の道徳的エネルギーである。**人々がアメリカ社会において道徳的に善い生活とは何かを追求する意欲である。したがって、アメリカの公共生活とアメリカの民主主義を活性化させるためには、**公共善**（アメリカ人にとって善き生活とは何か）**という観点から、**リベラリズムの擁護する多様な道徳的生き方についても、**公共的な論争を行うべきである。**これに対して、リベラリズムには、アメリカの民主主義的な生活にとって重要な、人々の道徳的エネルギーを引き出す力はないというわけです。

リベラリズムは悪しき相対主義か

リベラリズムが悪しき相対主義であるか否かという問題は、公共哲学の重要な論点を含んでいます。例えば、マイノリティの人権を尊重すべきであるとリベラリズムは主張します。しかし、マイノリティといっても様々である。これに加えて、経済的自由権や精神的自由権、社会的人権、さらには環境権など、様々な人権が主張されます。もちろん、リベラリズムは、これらの人権に対してまったく中立であるというわけではありません。少なくとも、経済的自由権については、他の人権と比較して、その評価は低いのです。しかし、その他のさまざまな人権の間の優劣については中立的であり、優劣について積極的な議論を展開してはいません。これでは依然として、悪しき相対主義の域を出ないというわけです。

これに対して、リベラリズムからいわせれば、自分たちは、**経済的自由権を除外したうえで人権の尊重をいっているのだから、悪しき相対主義ではない**。むしろ「これが正義だ」と積極的に主張する悪しき正義論を避けるための、**消極的な正義論**ということになります。しかし、共同体主義あるいはコミュニタリアニズムにいわせれば、単なる人権の尊重をいうだけでは、消極的な正義論としても十分ではない。**人権の中でも、家族や教会、あるいはコミュニティにおける人々の自発的な活動と結びついた人権と、そうでない人権、さらにはそれに反するような人権とを区別して、そのうえで、人権の尊重を主張するべきである**。それが本当の正義論であるというわけです。

例えば、アメリカでよく議論になる問題の一つに、**同性愛者＝マイノリティの権利を認めるかどうか**という問題があります。同性愛については道徳的な観点から賛否両論があって、同性愛は、個人の自由な意思に基づく限り認められるべきだという意見がある一方で、人類のモラルを侵すものである、聖書の教えにそむくものであるという強い反対意見があります。もし、リベラリズムが主張するように、こうした道徳的な問題に国家はコミットするべきではなく、国家はただ手続的な公正（中立性）

の問題だけに関わるのだとして、結果的に同性愛を認めてしまい、それが社会に蔓延するならば、男女の性的営みによって子孫が生まれ人類の存続が可能になるという、家族の自然的基盤や生命の神秘が失われる。そして、人々の公共心や道徳心が失われ、終には**人類が人工的に再生産されるという反道徳的な事態になりかねない**。そのような行為まで容認するのは、悪しき相対主義であって、本当の意味での正義論とはいえない。共同体主義からこのような主張がなされるかもしれません。

だが、このような主張に問題がないわけではありません。コミュニティの実践と結びついた人権を高く評価することが、消極的な正義論を超えて、「これが正義だ」と積極的に主張する悪しき正義論に陥る危険はないのでしょうか。**草の根の道徳運動が、いつの間にか空気の支配を生み出して、草の根の全体主義に変質してしまう危険性**を考えると、この問題を軽視することはできないでしょう。例えば、同性愛に反対するコミュニティの実践が、いつの間にか、「同性愛者は無用の存在だ」「同性愛者は社会の敵だ」という風潮を生み出し、そうした空気に支配されて、人々が同性愛者を排除し迫害するというような、草の根の全体主義に変質する危険性は常に存在しています。

以上、リベラリズム批判という観点から共同体主義の公共哲学の特徴をみてきたわけですが、そこで次に、より積極的に共同体主義の公共哲学がどのような制度的な構想を具体的に持っているのかについてみてみることにしましょう。

ロールズの政治的リベラリズム

ロールズは一九九三年に公刊された『**政治的リベラリズム**』の中で、次のような考え方を述べています。われわれの生活しているような社会（つまりロールズの生活しているアメリカ社会）では、道徳的および宗教的な多様性多元性が根本的な生活事実である。このように様々な道徳的考え方や宗教的な信仰を持った人々の間で社会秩序を形成しようとするならば、善の多様性が尊重されなければならない。多様な善についての相互尊重が必要である。この多様な善についての相互尊重つまり正義の観念によって、相互性（reciprocity）に基づく公正な協力（fair terms of cooperation）が可能となり、安定した社会秩序が形成される。

一見するとこの考え方は、一九七〇年代初めの彼の正義論の考え方とあまり変わりはないようにみえます。しかしよくみると、七〇年代の正義論では、正義の基底性（第一原理）ということがいわれていたのに対して、『政治的リベラリズム』では、正義の観念は、相互性に基づく公正な協力と安定した社会秩序の形成という目的を達成するための、いわば副次的な原理として考えられています。実際ここでは、正義の観念は、**「重層的な合意**（overlapping consensus）**」という観念**と結びつけられて理解されています。それは、あらゆる社会に妥当する普遍的な原理というよりは、多種多様な道徳的主張や宗教上の信仰の重なり合う共通部分ということです。それは結局、お互いの考え方の違いを認め合うという意味で、善の多様性の相互尊重ということになります。そして、この相互尊重に基づく公正な協力という観念には、「公正」という普遍主義的な観念が含まれているようにみえますが、実際のところ、お互いの道徳的宗教的違いの相互尊重に基づく「いやいやながらの」協力という側面は否定できません。

実際、『政治的リベラリズム』に下された評価は、リベラリズムの側からも、共同体主義の側からも、否定的なものでした。特に、「重層的な合意」という考え方は、きびしい批判にさらされました。リベラリズムの立場からは、この観念が正義の基底性（あるいは普遍性）を放棄するものとみえたのでしょうし、共同体主義の立場からは、この考え方では、人々の道徳的エネルギーを引き出すのに十分ではないとみえたのだと思われます。

多元的共同体主義

マイケル・サンデルが提起した公共哲学は、**多元的共同体主義**といわれます。これは、基本的にコミュニティを公共性形成の基礎に据える考え方ですが、**コミュニティの内容について、多様なものを含めている点**が特徴的です。教会であるとか、学校であるとか、もちろん家族も、これに含まれます。それぞれの地域における**ローカルな公共心、つまりグローバルなレベルではなくて、それぞれの地域社会における公共的な事柄に対して積極的に関わる姿勢を活性化させるという考え方です**。自分たちの生活に身近な事柄について、互いに話し合って決めていくという習慣を身に付けてこそ、健全な公共心を育成することができるのだ、そして、その延長線上にグローバルな公共精神が可能になる、という考え方です。

この考え方には、二つの要素が含まれているように思います。一つは次のような認識です。人間は、生まれながらにしてグローバルなレベルで公共的な関心を持っているわけではない。まず身近な所で、公共心を身に付けるのが大事である。そうでなければ、世界の自分たちから遠いところで起こっている出来事について、関心を持ち続けることは難しい。この考え方は、この限りでは、**人間性についての現実的な認識**に基づいているといえるでしょう。

もう一つの要素は、いわゆる**セルフルールという考え方**です。自分たちの身近な出来事について、自分たちで決めるということです。このことを強調する背景としては、次のような認識があります。すなわち、公共性問題について、一方で、グローバル化の流れ（つまり、環境問題や金融危機の問題などを考えればわかるように、われわれの問題が世界とつながっているということ）があり、他方で、われわれは依然として国民国家の枠組みの中で公共性問題に対処しているという現実がある。けれども、それだけでは不十分である。より根本的な前提として、自分たちのことを自分たちで決めるという気風がなければならない。いわば、**グローバル化や国民国家の力に対する対抗力として、ローカルな公共心を活性化させる必要がある**というわけです。

このようにみるならば、多元的共同体主義には、**多元的な文脈における自治という考え方**があります。これは、二つの意味を含んでいます。一つは、グローバリゼーションという文脈や、国民国家という文脈や、地域社会という文脈などの、多元的な文脈における自治ということです。そしてもう一つは、世界には様々な地域や様々な社会があり、それぞれの地域はそれぞれ独自性を持っているという意味です。つまり、それぞれの地域におけるローカルな公共心と公共活動を活性化し、自分たちのことは自分たちで決めるという気風を育てることが、公共性問題に対して依然として重要な意味を持っている国民国家への忠誠心や、急速に影響力を強めつつあるグローバリゼーションへのコミットメントに対して、反省と対抗力を生み出すことになるということです。

交渉力と忠誠心の葛藤

こうした多元的な文脈における自治（self-government）を担う市民について、サンデルは**「多様に位置づけられた自我**（multiply-situated self）**」**という言い方をしています。それは、アリストテレス（Aristotle, 384-322B.C.）が『政治学』で述べているような、同質的な政治共同体における自治を担う自我ではありません。それでは、サンデルのいう自我、つまり多元的な文脈における自治を担う市民には、どのような能力が求められているかというと、それは交渉力（capacity to negotiate）であるとサンデルはいっています。

この交渉力というのは、いわば複数の文脈において責任を引き受ける能力です。例えば私は、日本人として、国民国家という文脈で一定の責任を負っていると同時に、グローバルな企業で活躍する人間として、グローバリゼーションという文脈で責任を負っている。それだけではなく、生活人として、自分が生活する地域社会という文脈で一定の責任を負っている。それぞれの責任の負い方は異なるし、場合によっては矛盾するかもしれない。グローバルな企業で自分の責任を果たすということが、生活人として地域社会の責任を果たすことと相容れない場合があるし、グローバルな経済人として生きることと日本人として生きることとの間に矛盾を感じる場合もあるかもしれない。

このことについてサンデルは、conflicting royalties という言い方をしています。つまり、**忠誠心の葛藤**ということです。そして、**交渉力**というのは、これら複数の忠誠心の間でバランスをとる能力ということです。忠誠心の葛藤という緊張感のなかで生きる能力ということです。この葛藤の中でよく悩むということです。よく悩みながら忠誠心のバランスをとっていくということなのです。

このサンデルの交渉力という概念は、とても興味深いものですが、普通われわれが交渉という言葉で意味するものとは少し異なっています。つまりわれわれは普通、交渉というのを、自分とは違う他者と交渉するという意味で用いています。しかし、ここでの交渉力というのは、**他者との交渉という ことだけでなく、自分の中の複数の立場を異にする自分との交渉**ということを含んでいます。われわれは、他者との交渉だけでなく、こうした自分との交渉の積み重ねのなかで、交渉力を培っていくのです。そして、このような意味での交渉力が、多元的共同体主義を担う主体に求められているというわけです。

私の考えでは、サンデルの多元的な共同体主義の公共哲学を額面通りに受け取ることは難しいと思います。多元主義と共同体主義は果たして調和するのか、共同体主義を強調する限り、結局は同質的な（アリストテレスの政治共同体的なものであれ、ルソーの市民宗教に基づく同質的な市民社会のようなものであれ）共同体の価値を優先する公共哲学に陥らざるをえないのではないか。そしてそれは、草の根の民主主義に基づく公共哲学であるとはいえ、草の根の全体主義に変質する危険を絶えず抱えており、その意味で内なる排除の論理を克服することができないのではないか。このような疑念が絶えずつきまといます。しかし、このことを別にすれば、サンデルの交渉力という考え方や、忠誠心の葛藤とバランスという考え方は、これからの公共哲学のあり方を考えるうえで、十分傾聴に値すると思います。

狭義のリベラリズムと広義のリベラリズム

一九八九年にベルリンの壁が崩壊して、冷戦時代が終わりを告げてから、しばらくの間は、「自由主義か社会主義かというイデオロギーの対立の時代は終わった。これからはリベラリズムが世界中に行き渡る」という気分が支配的でした。しかしそれも一時的で、そのうち、リベラリズムと欧米、特にアメリカ中心主義、リベラリズムとアジア的価値観、リベラリズムとイスラム、リベラリズムと南北問題の深刻化などの諸問題が盛んに取り上げられるようになり、リベラリズムについての疑問が広がってきました。特に、二〇〇一年の**9・11同時多発テロ以後は、リベラリズムに対する人々の感情は混迷の度合いを深めています。**

公共哲学や政治哲学、法哲学の分野でも、リベラリズムをめぐって様々な議論がなされています。この章で取り上げたリベラリズムと共同体主義（コミュニタリアニズム）をめぐる議論もその一つですが、ジョン・ロールズの政治的リベラリズムをめぐる批判的議論やいわゆるポストモダニズムからのリベラリズム批判、またイマヌエル・ウォーラーステインのポストリベラリズムの議論など実に多彩で、百花繚乱の観を呈しています。

こうしたことから私が感じるのは、リベラリズムをめぐる議論はあまりに錯綜しているので、広義のリベラリズムをめぐる議論のレベルと、狭義のリベラリズムをめぐる議論のレベルを区別する必要があるのではないかということです。

広義のリベラリズムとは、立憲民主主義とフェアな市場経済を自由な社会の最も基本的な制度として守らなければならないという主張です。広義のリベラリズムには、**民主主義**（市民社会）**と市場経済は、それぞれ矛盾を含んでいるという認識**があります。つまり、「民主主義は、多数決原理を徹底すれば少数者の切り捨てにつながるし、全員一致を追及すれば全体主義に陥る危険が避けられない」、「市場経済は、自由放任を徹底すれば、弱肉強食に陥るし、公正な市場を過度に追及すれば、閉鎖市場とブロック経済になりかねない」などといった認識です。こうした認識の背景には、ワイマール期ドイツの民主主義がナチスドイツの台頭を阻止できなかったことや、二十世紀初めのブロック経済の動きが第二次世界大戦につながったという歴史の苦い経験があります。広義のリベラリズムは民主主義と市場経済が抱えるこうした矛盾を、**立憲民主主義とフェアな市場経済を模索する**ことによって、最小限に抑えようとする試みであるといえるでしょう。

これに対して、**狭義のリベラリズムとは、あるべき民主主義**（市民社会）**について、できるだけ整合的な理解を求めようとする試み**です。狭義のリベラリズムをめぐる議論のレベルでは、なんらかの原理や原則に基づいてリベラリズムを正当化しようとする試みがなされます。それらの原理や原則は、自律の原理であったり、寛容の原理であったり、批判的再吟味の原理であったりします。そして、こうした狭義のリベラリズムの主張に対して、共同体主義やポストモダニズムからの批判があり、また政治的リベラリズムや卓越主義的リベラリズムなどの、リベラリズム内部からの自己修正の提案などが、主に先進欧米諸国を中心に、活発になされているわけです。

広義のリベラリズムと狭義のリベラリズムをこのように区別したうえで、われわれは狭義のリベラリズムの様々な主張がいずれも広義のリベラリズムを共有していることを認識し、むしろ**広義のリベラリズム**（つまり民主主義や市場経済が抱える矛盾の自覚化とあるべき民主主義および市場経済の模索）**をめぐる議論を活性化する必要がある**と思います。イスラム諸国と欧米諸国の価値観の対立が先鋭化しつつあることや、９・11同時多発テロやＩＳに象徴されるグローバルテロリズムの激化、南北問題が絶望的なほどに深刻化しつつあることなど、現代世界をめぐる情勢はいずれも、広義のリベラリズムに対する信頼が揺らぎつつあることを示しています。このような状況のなかで、**広義のリベラリズムへの信頼を取り戻す努力が求められている**ということです。そして、次章で主張されるモラルサイエンスの公共哲学は、広義のリベラリズム（つまり矛盾を含む制度としての民主主義と市場経済のあるべき姿の模索）を擁護し、その信頼を取り戻すためのひとつの試みであるといえます。

第四章　モラルサイエンスの公共哲学

モラルサイエンスの二つの特徴

　これまで、第二章ではハーバーマスやアーレントの市民主義の公共哲学を、第三章ではアメリカのリベラリズムと共同体主義の公共哲学をみてきました。そこで次に、公共哲学の第三の潮流として、「モラルサイエンスの公共哲学」をみることにしましょう。この公共哲学の考え方は、私自身の公共哲学の立場と基本的に重なり合うものですが、その基本的発想というのは、モラルサイエンスによって得られた人間についての知識を前提にした場合に、そのような人間が生み出す公共性とはどういうものであるだろうか、あるいは、どういう公共空間を共有できるだろうか、ということです。そこでまず、モラルサイエンスとはどういうものかというと、それは人間学あるいは人間科学ということですが、人間について、および人間が作り出すもの、つまり経済とか社会とか、政治とか法律といったものについて、イデオロギーやイズムにとらわれずに、トータルにかつ率直に考察するという意味で、

経済主義的な哲学的姿勢を含んでいると同時に、人間を実証主義的あるいは没価値的に捉えるのではなく、むしろ**多様な価値的ないし規範的観点**から、人間および人間が作り出すもののあるべき姿を考察しようとする立場です。

つまり、モラルサイエンスには二つの特徴があります。一つは、現在の学問的状況のなかで、社会科学が専門化し細分化してきたのに対して、**政治学や経済学、法律学や社会学などの諸学を横断し、人間についての総合知を求めようとする試み**であるということです。もう一つは、価値の問題を扱うということです。ただしそれは、イデオロギーや原理主義ではありません。むしろ、多様な価値的ないし規範的な観点から問題を扱うということです。自由とか平等とか、福祉とか平和について、多様な観点から議論し、また寛容と不寛容といった、論理的整合性や首尾一貫性が問われるというよりも、むしろ**ジレンマのなかでのバランス感覚が問われる問題を考察の対象とする**ということです。

この二つ目の特徴については、例えばサンデルの**共同体主義の公共哲学**との比較でいえば、確かにサンデルは、忠誠心の葛藤とか交渉力ということをいっていて、その限りで、多様な観点から価値の問題を扱う姿勢をみせているけれども、他方で、彼の議論の力点はやはりコミュニティにおける人々の交渉力の陶冶にあるので、どうしても彼の議論がある種の**濃い同質性を前提にしている**という印象を拭い去ることができません。モラルサイエンスも、公共性の形成のために、人々の間のある種の共通性を前提にしているけれども、同時に、人々の間の多様性という前提に、よりウエイトを置いています。たとえていえば、公共性の形成のために、人々の間に「マナーや礼儀を守る」という姿勢が必要だというのは、共同体主義の公共哲学もモラルサイエンスの公共哲学も変わりがないけれども、そこから一歩踏み込んで、「マナーや礼儀とは何か」と問うたときに、特定の具体的内容を持った（共同体の価値観と結びついた）マナーや礼儀を念頭に置くのか、それとも、多様なマナーや礼儀の存在を認めつつ、「マナーや礼儀を守る」姿勢の必要性を説くのかの違いということです。

また、ハーバーマスやアーレントの**市民主義の公共哲学**との比較でいえば、彼らもまた、人間の多様性や多数性という前提を公共哲学の基礎に置いている。けれども、彼らの議論は、人々の多様性や多数性を**あまりにも理想主義的**に考えているという印象が否めません。つまり、ハーバーマスのコミュニケーション（理想的対話状況）の理論やアーレントのポリス的公共性の理論には、公共性の形成に参加する人々の強い能力、人間のあらゆる多様性や多数性を引き受けつつ公共性の形成を目指すという、**人々の普遍主義的な意志が前提されている**ように思われます。しかし、このいわば「強い個人」を前提とする考え方は、モラルサイエンスの立場とは異なるものです。モラルサイエンスは、人間について経験主義的な見方、あるいは、あとで述べるような懐疑主義的な立場を堅持しています。モラルサイエンスは、「強い個人」に対して「弱い個人」という前提をとるわけではありません。むしろ、「強い個人」も「弱い個人」も（利他的人間も利己的人間も）公共性の形成に参加しつつ、こうした人々の間の相互理解と相互不信の入り交じった状況の中から、公共性が生み出される、という考え方です。

経験主義的で懐疑主義的な考え方

さて、モラルサイエンスのこのような特徴から、公共性についての新しい考え方が導かれます。それは、**公共性についての経験主義的あるいは懐疑主義的な考え方**です。誰もが納得する（全員一致で合意する）「公共性」＝公共の利益や価値というものは存在するのだろうか、という疑問から出発するということです。これには、二つの意味があります。一つは、誰もが納得するという場合、いつの時代でもどんな社会でも通用している普遍的な「公共性」というものは存在するのだろうかという疑問です。もう一つは、ある時代のある社会であっても、誰もが納得するということはないのではないか、顕在化しているか潜在化しているかは別にして、「公共性」について、異論や反対論は常にあるのではないかという疑問です。

これに対して、これまでの公共哲学は、客観的な「公共性」がある（求めることができる）という前提に立っていたように思います。例えば、普遍的な「公共性」でいえば、人権という理念が挙げられます。これは、「人の命は地球より重い」という観念と結びついて、あたかも人権という価値が、普遍的な価値として、客観的に存在するかのような印象を与えています。もちろん、人権という価値が、公共性を考える上で、最も重要な要素のひとつであることは明らかです。けれども、**人権という価値は、人類の歴史の中で発展してきた価値であり、そして現在も発展しつつある価値であること**、また、それは一様な価値ではなく、精神的自由という価値や経済的自由という価値、社会的不平等の是正という価値などの、**多様なしばしば対立する諸価値の集合体であること**などを考えると、人権という理念が、

「公共性」についてのいわば特権的な価値として、客観的に存在すると主張することには、無理があるように思います。

また、**ある社会の全員一致の「公共性」でいえば**、共同体という理念が繰り返し主張されてきました。これは、〈ふるさと〉とか〈我が祖国〉という観念と結びついて、あたかもどこかに、理想的な共同体の理念が客観的に存在し、もしそれが現実となるならば、誰もがその実現に同意するかのような印象を生み出してきました。もちろん私は、われわれの人格形成にとって、またわれわれが社会的責任の意識を身に付けるために、共同体つまりわれわれの生活世界やコミュニティが持っている公共的な価値（重要性）を認めています。けれども、共同体は多様である。例えば日本という国民共同体は多様なふるさと、地域共同体から成り立っている。それに対して、共同体を理想化し、唯一の「本当の」共同体を実現しようとした試みが、ふるさとの多様性を排除する排他的な動きを生み出し、しばしば抑圧的で全体主義的ですらある体制を現実化させてしまったという人類の歴史を考えると、**共同体という理念を、客観的な価値として、特権的に主張することの危険性**を認識せざるをえません。

基本的な諸価値の動態的バランスとしての公共性

モラルサイエンスに基づく公共哲学が、経験主義的なあるいは懐疑主義的な考え方であるということは、**人権の理念や共同体の理念**を否定するのではなく、むしろ、**これらの理念の特権的な性格について疑いつつ、これらの理念のバランスを模索する**ということです。人権の理念や共同体の理念それ自体ではなく、それらのバランスが、それぞれの時代や社会における公共性（公共の利益や価値）のあり方を表現するという考え方です。

モラルサイエンスの公共哲学は、人権の理念について、単一の絶対的な人権という価値は存在せず、したがって、求めるべき公共性は、複数の人権の競合と相互調整の仕組みであり、さらには人権と秩序のバランスであると考えます。また、共同体の理念について、〈ふるさと〉とか〈我が祖国〉という観念の一定の意義を認めます。人々が自分たちなりの仕方で〈ふるさと〉や〈我が祖国〉を大切にするというのは、公共性を考えるときに大事なことでしょう。けれどもそれは、みんなが納得する〈ふるさと〉や〈我が祖国〉が存在するということではないし、まして、権力者がこれこそ本当の〈ふるさと〉や〈我が祖国〉といって、人々に押し付けるものであってはならないでしょう。その意味で、〈ふるさと〉や〈我が祖国〉について、みんなが同じように考える社会、異なった意見や争いのない社会（それはしばしば「楽園」として美化されてきました）は、はるか昔、人間の社会の成立とともに失われたのであり、求めるべきは、〈ふるさと〉や〈我が祖国〉についての異なった意見や争いに開かれた共同体である。モラルサイエンスの公共哲学は、そのように考えるわけです。

さてここで、**公共性とは、客観的な存在ではなく、基本的な諸価値のバランスであるという**場合、注意しておかなければならないのは、バランスとはあらかじめ定まった、予定調和的なバランスではないし、まして、足して二で割るというような機械的なバランスではないということです。またそれは、いったん定まれば後は安定して動かないというような、不動点のようなものでもない。むしろ試行錯誤的に（だから一時的に誤った方向に行きかけたり混乱が生じつつも、バランスを模索するという人々の実践に支えられて）生成するものである。

ここでいうバランスとは、少し難しい言葉ですが、**動態的なバランス**であり、それぞれの状況に依存したバランスであるとともに、生成しつつあるバランスである。この動態的バランスという概念が、わかりにくいということは認めねばならないでしょう。それは、公共性の生成をめぐる実践の積み重ねのなかで、理解されてゆくほかはないように思われます。ただし、それはまったくの無限定な概念ではありません。それはまず、人権と秩序とか、自由と平等といった基本的な諸価値のバランスであり、またそこでは、後に述べるような、囚人のジレンマ的な状況の克服や、寛容と試行錯誤の精神といったものが問われているのです。

デビッド・ヒュームと健全な懐疑主義

さて、モラルサイエンスの公共哲学について、これまでの考えをまとめると、それは、絶対的で客観的な公共性への懐疑であるが、基本的な諸価値の動態的バランスという公共性を模索する点で、前向きであると性格づけることができると思います。そして、この懐疑的であるが前向きである姿勢を、健全な懐疑主義というとすれば、モラルサイエンスの公共哲学は、**健全な懐疑主義の公共哲学**であるといえます。

ここで、健全な懐疑主義について、考察してみたいと思います。健全な懐疑主義を哲学的に基礎づけたのは、十八世紀のスコットランドの哲学者**デビッド・ヒューム**（David Hume, 1711-1776）です。

✝ヒュームの懐疑とピュロンの懐疑

ヒュームの健全な懐疑主義を標語的に特徴づけるとすれば、「**ドグマティズム（独断主義）に陥らないこと。しかしすべてを疑わないこと**」ということになるでしょう。この点で、ヒュームの健全な懐疑は、紀元前四世紀頃のエリスのピュロンの懐疑とは異なっています。両者は次の二つの点に同意します。すなわち、「あらゆる知識は蓋然的（probable）であり、絶対確実なものではない」、「蓋然的知識に疑問を加えていけば、蓋然性（確からしさ）はしだいに減少する」という点です。しかし、この二つの前提から両者が引き出す結論は、全く異なったものでありました。エリスのピュロンは、次のように考えたといわれています。「蓋然的知識に無限に疑問を加えていけば、蓋然性はゼロとなり**全面的な判断の停止**となるから、われわれがなすべきことは、あらゆる物事についての判断を放棄し、目の前の出来事を無頓着、無執着にそのまま受け入れることである」。これに対して、ヒュームは次のように考えました。「われわれはあらゆる判断や意思決定において、常に疑問や用心、慎みを持つけれども、同時に、現実の日常生活が、われわれの蓋然的判断によって成り立っているという常識と反省が、われわれの懐疑を緩和させるから、全面的な懐疑と判断停止に陥ることはない」。これは、**生活の必要と可謬性の認識に基づく批判の精神**ということです。生活を送るという意欲を示すと同時に、自分が誤るかもしれないという謙虚な姿勢、そしてさらに、自分の生活をより良くしていこうという改善の精神、批判（と修正）の精神です。これは、ヒュームの健全な懐疑主義の特徴をよく表しています。

ヒュームは、一七一一年にスコットランドのエジンバラで生まれました。彼は、哲学者であると同時に、歴史家でもあり、また政治や経済、宗教といったテーマについて、社会科学的な考察を行っています。彼の主著は『**人間本性論**』（一七三九―一七四〇年）ですが、大著『**イングランド史**』全六巻（一七五四―一七六一年）を著し、また『政治経済論集』や『**宗教の自然史**』（一七五七年）、『自然宗教についての対話』（一七七九年、死後の出版）などを書いています。これらの著作にはいずれも、健全な懐疑主義という姿勢、つまり物事を特定な観点からだけでみるのではなく、多様な観点から考察するという姿勢が現れています。人間という存在について、理性という観点からだけではなく、感情や情念という観点から考察しようとする姿勢、人間の歴史を、政治の歴史という観点からだけではなく、経済の歴史という観点から考察する姿勢、宗教について、キリスト教という一神教的な観点からだけでなく、古代ギリシャやローマを含めた、多宗教的で多神教的な観点から考察する姿勢は、いずれも、多様な観点から考察するという、ヒュームの基本的な姿勢を示すものです。実際彼は、『人間本性論』に「経験的方法を人間の諸問題（moral subjects）に適用する企て」という副題を付して、それを**人間学**（science of man）と呼びましたが、それは、ここでいうモラルサイエンスとほぼ重なり合うものです。

ヒュームと複眼的なものの見方

ヒュームの人間学と健全な懐疑主義について、もう少し述べてみると、ヒュームは、人間を論じる前提として、**「限られた思いやり**（limited generosity）**」**と**「自然の限りある資源**（natural scarcity）**」**ということをいっています。つまり、人間は、利己的な存在だけれども、自分の身近な存在に対しては思いやりを発揮する存在でもある。また、自然は、豊かであるけれども、人々のあくなき欲望を満たすほどには十分ではないということです。また、彼は、人間がなぜ法に従うべきであるのか、つまり、法の規範性ということについて、法は権威（公的な権力）の命じるものだからという理由を尊重しつつも、同時に、法は、人々が社会的実践（convention）によって、お互いの利益のために自発的に生み出したルールだからという理由を挙げています。いわば、**法の規範性を、権威の原理と相互利益**（自発性）**という二つの原理のバランスによって説明**するのです。

こうした考え方の中に、**多様な観点あるいは複眼的なものの見方**が含まれていることは、明らかでしょう。こうした考え方と比較して、例えば、現在の経済学が前提としている「合理的経済人」の仮説や、法律学が暗黙のうちに前提している利己心仮説や性悪説は、特定のいわば利己主義的な観点から物事を判断しがちであり、それ以外の観点を排除し、そうした別の観点からみえてくる事実をみようとしないという傾向があります。

「合理的経済人」の仮説では、人間は現時点における自己の利益を最大化しようとする、という考え方が根強い。しかし、この考え方では、短期的な利益追求のみが強調されがちであり、人々が中長期的な観点から自分の利益を追求しようとしている事実が、見逃されやすい。また、人々が互いに短期的な利益を追求していると考えると、社会に生じている競争という現象について、いわゆる弱肉強食的な枠組みで理解するようになります。それによって、市場が弱者を排除する（淘汰する）事実のみが強調され、市場が競争のモラルを生み出している、という別の事実が見逃されることになります。こうした問題点についての反省もあって、最近の経済学では、「合理的経済人」の仮説が批判されるようになってきて、それと並行して、ヒュームの人間学やモラルサイエンスの方法が注目されるようになってきています。

また、**法律学の利己心仮説や性悪説**についていえば、法律的な制度の設計や運用を考えるときに、人々がその制度を悪用しようとする事実に目が向けられがちです。だが、そうなると、法律というのは、制度を悪用しようとする人々に制裁を加えて制度を守らせようとするものである、法律の本質は制裁であり強制である、という考え方に傾きがちになります。しかし、人々が、社会的活動とお互いのコミュニケーションを通じて、共有しうるルールを形成しつつあるという事実に着目するならば、法律には、制裁ないし強制という側面だけでなく、人々の自発的な活動を尊重するという側面もあることが、認識されるようになるでしょう。法律についてのこうした理解は、ヒュームの人間学やモラルサイエンスの方法によって、一層促進されると思います。

最近の議論動向

このモラルサイエンスの公共哲学という考え方は、**最近の日本における公共哲学論議**の中で、少しずつ認められてきているように思います。その一つの例として、山脇直司『公共哲学とは何か』（二〇〇四年）という本について、少し触れてみたいと思います。この本では、モラルサイエンスの公共哲学の特徴である、基本的諸価値のバランスとしての公共性問題という考え方が示されています。例えば山脇は、従来の公共性論議における、**「滅私奉公と滅公奉私の共犯関係」**ということについて指摘しています。従来、戦前などにスローガンとしてよくいわれたことは、滅私奉公であり、つまり、「私」を殺して「公」に尽くすという公共性の観念です。しかし、公共性についてのこうした極端な考え方には、現在の自由な社会に生きるわれわれはついていけない。しかし、「公」と「私」という二分法に立つ限り、奉公（「公」に尽くす）という態度を捨てるならば、あとに残されているのは、奉私（私に尽くす）という姿勢だけである。だが、「公」を殺して「私」に尽くすという、ミーイズム的な態度が社会に蔓延し、社会が不安定になったり混乱が生じてくると、こうしたミーイズム的な態度に批判が集中して、再び滅私奉公という考え方が、勢いを盛り返してくるというわけです。つまり、こうした滅私奉公と滅公奉私の循環ないし支え合いの関係について、山脇は共犯関係と表現しているわけです。

こうした共犯関係、あるいは極端から極端に走るという思考を克服するためには、どうしたらよいのか。これについて山脇は、「公」と「私」を対立的に捉えるのではなく、むしろ、両者のバランスをとろうとする姿勢が大切であるといっています。つまり、バランス問題として公共性問題を考えるという姿勢です。そしてこれに関連して、いわゆる公私二元論の弊害についても指摘しています。公私二元論では、国家という「公」の領域に対して、家族とか経済活動という「私」の領域があると考えられており、公共的な問題は、もっぱら国家が関与すべき問題であり、「私」の領域は公共的な問題に関わらない、ただ国家の定めた公的なルール、つまり法律に従うべきものと考えられています。しかし最近では、公共的な問題を国家や政府に任せきりにすることが果たしてよいことなのかどうかについて、疑問が生じてきています。様々な法的規制によって自由な競争が妨げられていることや、公共事業の名のもとに税金の無駄遣いが生じていること、また、国民健康保険制度の財政的負担が過大になったり、公的年金制度が破たん寸前に陥っていることなどを考えると、「「公」のことは政府にすべてお任せして、「私」は口を出すべきではない」という公私二元論的な態度を改めて、こうした公共的な問題に、「私」の領域がもっと積極的に関与すべきではないかという考え方が生じるのは当然でしょう。

「公」―「公共」―「私」の三分法

そこで山脇の提案しているのは、公私二元論あるいは「公」と「私」という二分法ではなく、三分法でいこうということです。つまり、「公」と「私」の間に、「公共」という領域をはさんで、**「公」―「公共」―「私」の三分法で公共性の問題を考える**というものです。この考え方の特徴は、新たに「公共」という領域を認めるという点と、三者の関係を相補的なものと考える点にあります。従来の考え方は、「公を私する」という否定的な言い方があるように、公的な領域と私的な領域を対立的なものと考えて、私的な領域が公的な領域に口をはさむことは、私腹を肥やすものであり、有害であるとみなしていました。これに対して、「公」―「公共」―「私」の三分法は、三者の相関関係を重視するという考え方です。これは、一つは「公」と「公共」の間の相関関係であり、もう一つは「公共」と「私」の間の相関関係です。これらがお互いに影響し合うことが大事である、相互のバランスが大事であるという考え方です。「公」と「私」の間に「公共」という存在をはさむことによって、私するとか私腹を肥やすといった弊害を避けながら、「公共」によって「公」をチェックしつつ、また「公共」を通じて「私」の声が「公」により反映されるようになる。さらに、「私」が「公共」と関わることによって、「私」の中に他者への関心が育まれ、いわば利己的な自発性だけでなく、利他的な自発性が生まれることによって、「私」の自発性がよりバランスのとれたものになる。「公」の領域が肥大化してしまっても、バランスが崩れてしまうし、「私」の領域が肥大化してしまっても、バランスが崩れてしまう。**「公共」の領域が、「公」の領域や「私」の領域に刺激を与えることによって、全体としてのバランスがとれてくる。**このように考えるわけです。

活私開公

これが山脇の議論の趣旨ですが、彼の議論にはもう一つの特徴があります。それは、「公」—「公共」—「私」の三分法のうち、特に、「私」の領域の活性化が、公共哲学の重要な課題であるとしている点です。それを彼は**「活私開公」**といっています。つまり、**「私」を活かすことが「公」や「公共」の領域を開くことにつながる、**ということです。これはもともと、東京大学出版会の『公共哲学』シリーズの共同編集者の一人であった、金泰昌《キムテチャン》の言葉ですが、もちろんこれは、私利私欲を刺激することが公共の利益につながるというような、自由放任主義的な考え方を単純に説くものではありません。むしろ、**「私」の領域には、私利私欲もあるけれども、他者への関心も自然に働いている**。だから、「私」を活かすことは、この他者への関心の広がりを生むことによって、「公共」の領域を広げることになり、また、「私」が、「公共」の領域に関与することによって、「私」の中の他者への関心がより強められることにもなる。

これは例えば、企業のフィランソロピー（社会貢献）や環境にやさしい商品の開発などを念頭に置いていると思います。つまり、企業が、政府に頼らずに、独力で私利私欲的な経済活動を展開するなかで、社会における企業の役割とか環境の大切さについての意識（他者への関心）が自然と強められ、それがフィランソロピーやエコ商品の開発につながり、それがまた企業の社会的イメージアップとなり、企業の利己的関心を満足させることになる。

これは、「私」の領域における私利私欲と他者への関心の関係についての、やや楽観的な見方であることは否めませんが、他方、「私」の領域についての従来の弱肉強食的な見方が、結局は、政府つまり「公」による公共性の独占や、さらには「滅私奉公」的な観念に陥らざるをえなかったこと（前述した「滅公奉私と滅私奉公の共犯関係」ということ）を考えると、「活私開公」の観念が公共性の新しい考え方にとって持っている意義は大きいといえます。

ヒュームと「活私開公」の観念

さて、「活私開公」の観念が、私利私欲と他者への関心の関係について、やや楽観的な見方であるということを述べましたが、実はこの観念は、ヒュームの哲学と親和的です。というのは、ヒュームは、前述したように、人間の利己心を「限られた思いやり」(limited generosity) と性格づけて、しかもそれは、他者とのコミュニケーションを通じて、われわれのイマジネーションが広がることにより、より広範囲な作用を営むようになるといっているからです。

このことをヒュームは、**社会的共感**(social sympathy)**の形成**と表現しています。つまり、われわれの「限られた思いやり」(ヒューム的な利己心)が、他者とのコミュニケーションを通じて、社会的共感へと発展するというわけです。人間はもともと、ある程度思いやりの心を持った存在である。人間は誰でも、自分の子供を大切に思うし、自分の友が苦しんでいるのをみて、助けたいと思う。しかし、そうした思いやりは、無限に広がるものではなく、さしあたり自分のイマジネーションが届く範囲に、つまり自分の身近な存在に限られている。例えば、何千キロも離れたところで、アフリカの子供たちが餓死し続けているとしても、われわれのイマジネーションは、そこまでは届かない。これは、ヒュームのリアリスティックな視点を示しています。しかし他方で、ヒュームは、**われわれが他者と交流し、コミュニケーションを行うことによって、われわれのイマジネーションが広がり、われわれの思いやりが広がることも**指摘しています。われわれは、アフリカの子供たちの悲惨な状態について、映像で見聞きしたり、現地で救援活動を行っている人たちの話を聞いたり、さらには、直接現地でそうした子供たちへの救援活動に携わることによって、われわれのイマジネーションと思いやりの心を広げることができる。これは、ヒュームの生成の視点です。つまり**ヒュームには、リアリスティックな視点と生成の視点がある。**そしてこれは、健全な懐疑主義の特徴であり、モラルサイエンスの公共哲学の特徴でもあります。

一神教と多神教：健全な懐疑主義の宗教観

ヒュームは、先に述べた『宗教の自然史』のなかで、宗教について興味深いことを述べています。当時の十八世紀のヨーロッパという状況のなかで、宗教が論じられる場合には、当然のこととして、キリスト教が前提とされていたわけですが、これに対してヒュームは、**キリスト教**（特にローマ・カトリック教）**という一神教と、古代ギリシャや古代ローマにおける多神教の比較**という大胆なテーマを取り上げて、キリスト教を批判しています。だが、キリスト教からみれば、多神教は偶像崇拝と迷信の信仰であり、いけにえの儀式などを行う、低俗で誤った宗教とみなされていました。確かにキリスト教の神は唯一神であり、かつ創造神として万能の神であるのに対して、多神教の神は、多くの神々が存在するということからもわかるように、それぞれの神は限られた能力しか持たない不完全な神であり、しかも、それぞれの神は、互いに対立し矛盾し合う神でもあります。こうした考えに立つ限り、キリスト教の多神教に対する優位性は明らかであり、したがって、ヒュームのキリスト教批判の試みは当然のことながら、当時の宗教界や知識人たちによって無神論の烙印を押され、厳しく非難されました。

しかしながら、ヒュームの議論を、現代の社会に生きるわれわれの目からみると、そこには極めて斬新な考え方が認められるように思います。

ヒュームの議論のポイントは、**多神教が寛容な宗教である**という点にあります。それは次のようなものです。確かに一神教は、神の一体性と統一性を主張することによって、論理的に整合的で体系的な宗教である。これに対して、多神教は、多くの神々の存在によって、矛盾し統一性に欠けた宗教であるという欠点を持っている。けれども、一神教は、こうした長所の反面、狂信に陥りやすく、自分たちの信仰と矛盾する信仰に対して不寛容であるという欠点を持っている。これに対して、多神教は、古代ギリシャや古代ローマの多神教にみられるように、多くの場合、寛容な宗教である。確かに多神教は、いけにえの儀式などの迷信的な行いによって多くの犠牲者を生み出してきた。しかしそれは、一神教が陥った狂信と宗教的迫害に比べれば、その害悪は決して大きいものではない。特に、キリスト教（ローマ・カトリック教）は、宗教裁判の名のもとに、自由や真理を求める人々を迫害し弾圧することによって、社会に無知と腐敗と服従の精神を生み出してきた。これは、絶対の力を持つ万能の神への隷従の精神とあいまって、人々から自発的な精神を奪ってきた。これに対して、**多神教では**、有限な能力を持った不完全な神々、人間より少しだけ優越した力を持った神々が存在している。このような宗教においては、**人間は神々と競おうとし、そこから人間の自発性や勇気、自由への愛といった精神が生まれてくる**（Hume 1757 p.52）。

このようにヒュームは主張しています。これは、一神教の持つ体系性と閉鎖性という考え方に対して、多神教の有する多元性あるいは開放的競い合いという考え方を対比しようとするものです。そして、この体系性への信仰と、多元性あるいは開放的競い合いの価値とのバランスをどうとってゆくか、**体系性と開放性をどう両立させてゆくかという問題**は、現代における健全な懐疑主義あるいはモラルサイエンスの公共哲学の関心に、そのままつながっています。

ヒュームとアダム・スミス

さて、健全な懐疑主義に基づく公共哲学について、もうひとつ別の論点を考えてみましょう。それは、ヒュームとアダム・スミスの関係についてです。ヒュームは一七一一年生まれで、スミスは一七二三年生まれ、両者はひと回り年が違います。けれども彼らは個人的に親しかっただけでなく、思想的にも互いに影響を与え合っていました。それは一言でいえば、自由経済を重視する姿勢です。アダム・スミスの『国富論』は、自由放任主義の経済思想の古典であるとされていますが、ヒュームの経済を重視する姿勢も、これに近いものでした。

ただ、ヒュームが経済について、徹底して経済主義的に考える姿勢を貫いたのに対して、スミスの場合、最後の最後のところで、理念というか超越的なものに訴えようとする姿勢が見られます。よく知られているように、『国富論』では**「見えざる手」**（invisible hand）という表現が何回か出てきますが、これは、人々の合理的な利益追求が、いわば上からの見えざる手に導かれて、公共の利益つまり全体の福祉の向上を実現するという考え方です。これはいわば**予定調和的な考え方**で、なぜ予定調和なのか、なぜあらかじめ決まっているのかを説明しようとすると、その理由を経験の中に求めることはできず、経験を超えたところに、つまり理念とか超越的なもの（この場合はキリスト教の神）に、その理由を求めざるをえません。

このヒュームとアダム・スミスの微妙な違いについては、一つのエピソードがあって、一七七〇年代のはじめにスミスが大病を患ったときに、彼はヒュームを遺言の執行人として指名しましたが、その後、スミスが健康を回復したあとで、ヒュームが一七七六年に亡くなったときに、こんどはヒュームがスミスに、遺言として、宗教上の懐疑主義の書である『自然宗教についての対話』の出版を託しましたが、スミスはそれを実行しませんでした。おそらくスミスは、宗教について徹底して経験主義的に考えるヒュームの懐疑主義に同意できなかったものと思われます。ところがヒュームは、そのことを予想していたのか、スミスとは別に、自分の甥に同じことを託し、甥がそれを実行しました。

もっとも、**スミスと超越的な理念との関わりを強調しすぎることは、適当ではない**と思います。先の「見えざる手」という表現も比喩的に用いられているのであって、『国富論』が、**基本的に経験主義的な態度で貫かれている**ことに変わりはありません。

話をもとに戻すと、ヒュームやスミスの自由経済を重視する姿勢が、健全な懐疑主義に基づく公共哲学とどのように結びつくのか、ということです。それは、人々の自由な経済活動が公共の利益と結びついている（開放性と体系性の両立）ということです。ヒュームとスミスは、公共性を考えるときに、人々の経済活動が持っている意味について、積極的に考えていた。なぜそれが健全な懐疑主義なのかということ、それは、**人々が実に様々な動機や価値観に基づいて正直に経済活動を行っているということです。**

これは、わかりにくいかもしれないので、少し説明してみましょう。人々が競い合い、また協力して経済活動を行い、人々の生活が豊かになり、全体としての経済秩序が維持されることは、公共の利益に適うことです。それでは、公共的な権力、例えば政府が、合理的に経済秩序の設計図を描いて、それを、権力を用いて、計画的に実行することができるかというと、それはできないでしょう。たとえどんなに合理的にみえようとも、統一的な指令に基づいて、経済を計画的に動かすことができない、ということです。仮にそうしたことを実施したとしても、それは、結局は、経済を破綻させることにしかならない。経済の秩序を維持し発展させることにはならないのです。

このことは、二十世紀における、**全体主義や社会主義の計画経済の破綻**によって、明らかになりました。全体主義や社会主義の経済運営は、確かに一時的には国民の経済生活を向上させるようにみえても、結局は、国民の経済生活に大きな犠牲を強いるものであり、国民の生活秩序を破壊するものなのです。**国民の経済秩序は、為政者の特定の観点や単一の指令によってではなく、数多くの人々の多様な動機や目的**（つまり数多くの要因あるいは原因）**から成り立っている。**権力者の意思とか大企業の利益といった特定の意図（単一の原因）から、経済秩序という一つの結果が生まれるのではなく、多くの人々の多様な動機に基づく経済活動から、いわば**意図せざる結果**として、国民の経済秩序が生み出される。何が原因かはわからないけれども、ともかく自分たちがきちんと正直に自由な経済活動を行っていれば、そこに経済秩序＝公共性が形成される。これは、楽観的な前向きの懐疑主義の姿勢といえるでしょう。

†自由な経済活動と公共性

例えば**サンデル**の共同体主義の公共哲学は国民の経済生活のなかにある公共的な要素を否定するわけではないけれども、消極的に理解している。グローバリゼーションという経済のグローバル化の流れについても、それを抑制することによって公共的な空間を形成するという意見です。

同様のことは、**ハンナ・アーレント**のポリス的公共性の議論についてもいえます。彼女の議論は、古代ギリシャの政治的市民を念頭において、ポリス的公共性という価値を主張する点で、コミュニティのいわば生活市民を念頭に置いて公共的価値を主張するサンデルの議論とは異なるけれども、人々の経済的活動をネガティブに評価する点では、サンデルの主張と重なり合う部分が多いように思います。すでに述べたように、アーレントは人間の活動について、労働と仕事と活動の三つに区別しましたが、そのうち彼女が最も高く評価した活動とは自由な市民の政治的活動であり、労働や仕事という経済的な活動をそれよりも価値の低い、非公共的な領域に属するものとして考えています。また、これに関連して、彼女は、社会的領域つまり経済の領域が公共的領域を浸食することに強い危機感を持っていました。

サンデルやアーレントに比較して、**ハーバーマス**は、『公共性の構造転換』の初版では近代の公共性がコーヒーショップから生まれると主張したように、公共性と経済活動の結びつきを主張していました。しかし、九〇年代に出された第二版では、自由な経済活動を否定的に捉えていて、むしろ、グローバルな経済活動に対抗する勢力としてのＮＰＯやＮＧＯなどの非政府で非経済的な活動に新しい市民社会の可能性を求めています。

公共性の生成（責任倫理）の領域

多様な経済活動の集積から生じる、意図せざる結果としての公共性という考え方は、意図した結果としての公共性という、従来の合理主義的な公共性の考え方に対して、公共性の新しい領域を見い出すことになりました。それは、**コンベンションあるいは自生的秩序という領域**です。この領域の特徴は、いろいろな要因が作用し重なり合った結果、公共性が生じるという点にあります。このいろいろな要因のなかには、目に見える要因や意図的な要因だけでなく、目に見えない思いがけない要因も含まれているし、自然的物理的な要因だけでなく、人為的な要因、人々の欲望とか価値感情や主義主張などの要因も含まれています。そしてまた、この領域においては、何かが生じるといっても、何かが作用して、それが原因となって、いきなりはっきりとした公共性が生じるというのではなく、むしろ、いろいろな要因がぶつかり合ったり拮抗し合いながら、次第に公共性が生成するという点も特徴的です。

従来の合理主義的な公共性の考え方では、合理的に意図した結果、公共性が生み出されるという考え方ですから、合理的な意図より以前には、事実（「……である」）の領域があり、合理的な意図によって、規範（「……であるべき」）の領域が創出されるというように、事実の領域と規範の領域の二元論であったのに対して、意図せざる結果としての公共性という考え方は、事実の領域と規範の領域の間に生成の領域を考え、この領域を、規範の領域と並ぶ公共性のいわば第二の領域、責任倫理の領域と考えるわけです。事実の領域と規範の領域の二分法ではなく、事実の領域と生成（責任倫理）の領域と規範の領域の三分法を採るということです。そしてこの考え方は、公共性について、「私」と「公」の二分法ではなく、「私」と「公共」と「公」の三分法という考え方につながっています。

さて、この公共性の第二の生成の領域は、最初、自由放任的な経済自由主義によって自生的秩序が唱えられたときは、もっぱら自由な経済活動の領域における公共性の生成（責任倫理）の問題と考えられていました。つまり、生成の領域における公共性問題とは、正直で自由な経済活動によって全体として社会が豊かになり、経済秩序が形成されることである、と考えられていたわけです。しかしその後、この自主的秩序（責任倫理）の概念は広げられて、**経済の領域だけでなく、社会の領域や政治の領域における公共性の生成**（責任倫理）**の問題**を含むものとして、考えられるようになってきています。

例えば、新しいコミュニティなどの日常的な生活圏において、様々な生活スタイルがぶつかり合うなかでの、**コミュニティ倫理の生成の問題**は、都会のごみ問題などをみればわかるように、当事者の間で利害が対立しているけれども、同時に、お互いに話し合って協力したいという気持ちもあるという、穏やかなジレンマ状況における公共的なルールの生成の問題です。また、経済の領域においても、日本企業が多民族で多文化なアジア諸国で経済活動を行う場合のように、グローバルエコノミーの展開のなかで、どうすれば多様な生活習慣や商慣習から生じる文化摩擦を克服して、フェアな経済取引のルールを形成することができるかという、これまでとは少し違った形での経済倫理の生成の問題が出てきています。

さらにはこれまで、「決定的な利害の対立が存在する場合、その問題の解決のためには、合理的に公共的なルール（法規範）を設計して、それを権力によって強制する他はない」とされていた政治の領域においても、政治的な問題に含まれる複雑な利害関係や、文化や宗教、イデオロギーなどの要因の存在が認識されるにつれて、**政治問題の解決には試行錯誤の過程が不可避であること**が明らかになりつつあります。このような場合には、最終的な決定としての公共的ルール（法規範）の正当化の問題はあるにせよ、それとは別に、最終的決定に至る前の、**人々の政治生活の領域における公共性の生成（政治倫理）の問題**を避けることはできません。そのプロセスを抜きにして、例えば、政府が合理的な解決案を示して、それについて民主的な手続きを踏んで議論し、多数決によって法律案を可決して、それを実行しようとしても、その法律が守られなければ、さらには社会的混乱が生じるような場合には、その法律ないし政治的決定の実効性が問われるだけでなく、その権威性も損なわれることになってしまいます。そしてそれは、その法律の正当性についての疑念を生み出すことになるでしょう。

このように考えるならば、**ある政治的問題についての決定の正当化の問題とは別に、人々の政治生活の領域における政治倫理の生成が不可欠**です。そしてそれは、多様で錯綜する人々の試行錯誤を伴う自発的な努力と、それらの努力の意図せざる結果として、生まれてくるものです。この政治倫理の生成とは、政治家に倫理的責任を問うということだけでなく、**民主的国家において国民がある政治的問題の深刻さについての認識を共有したり、その問題に対するいくつかの解決策についての難しさを共有すること**を含みますが、この意味での政治倫理の生成がなければ、政治的決定は、いかに正当化しうるものであったとしても、人々によって信頼されず、その権威は傷つけられることになるでしょう。そしてこれが、政治の領域における、政治的決定の正当化の問題と区別された、政治倫理の試行錯誤的生成の問題なのです。

責任倫理の生成と自由社会の伝統

社会慣習や取引ルール、またごみの出し方のルールというと、われわれはそれらを、そこにすでに存在しているもの、いわば上から与えられた規範としてみなしがちですが、実は、それらは下から生成しつつあるものなのです。社会慣習や伝統というものは、いまここにあると同時に、いまの時代の社会習慣や伝統は、明日の時代の社会習慣や伝統を形づくる素材であり、いわば出発点として生成変容しつつあります。**社会習慣とか伝統というと固定的なものと考えられがちですが、それを責任倫理として、時代の流れのなかで絶えず変化し生成しつつあるものと考える**のです。同時に、経済取引のルールやごみの出し方のルールといっても、法律によって上から与えられたもの、すでに決まっているものではなく、経済活動についてのわれわれの倫理観や、環境についてのわれわれの道徳感情が反映したものであり、いわば**経済倫理や環境倫理として生成しつつある**ものと考えるわけです。

生活倫理としての社会慣習や伝統、経済倫理や環境倫理は、われわれの社会活動の反映です。だから、もしわれわれの社会が、先例を重視し変化を嫌う比較的固定的な社会であり、われわれの社会活動も固定的で変化の少ないものであるとすれば、それを反映した生活倫理、経済倫理や環境倫理も、その生成の側面は見分けにくいものとなります。どうしても、固定的なものとみえてしまいます。しかし、もしわれわれの社会がわれわれの多様で自由な社会活動の積み重ねから成り、絶えず変化しつつあるとすれば、それを反映する生活倫理、経済倫理や環境倫理も、変化し生成しつつあるものとなり、そうした変化や生成の側面が顕著なものとなります。そして、こうした下からの公共性（責任倫理）の生成の領域が、われわれの社会にしっかりと根づいているということ、そうした公共性の生成と変化の感覚がわれわれ自身に共有されていることが、自由社会の伝統の意味するところなのです。私としては、こうした生活倫理や社会倫理の変化と生成の感覚が共有されていることを指して、民主主義における議論の伝統および市場経済における競技の伝統であると考えていますが、この民主主義と市場経済の諸論点については、後に第六章と第七章で論じたいと思います。

さて、モラルサイエンスの公共哲学が、公共性の生成の領域に着目するということについて、これまで述べてきました。誤解のないようにいっておきたいことは、生成の領域だけに着目するということではないということです。むしろ、公共性の（下からの）生成の領域と（上からの）創出の領域の二つに着目し、両者の相互作用の重要性を認識するということです。民主主義の議論の伝統や市場経済の競技の伝統について、その自発的な様々な要因が働いた、意図せざる結果としての生成の側面に着目すると同時に、多数決や合意による意思決定、また所有権や契約の法制度という規範の創出の側面にも着目し、両側面の相互作用を試行錯誤のプロセスとして理解するということです。したがって、モラルサイエンスの公共哲学の課題は、公共性の生成の側面について理解を深めるとともに、この生成の側面と計画（規範あるいは制度の意図的な創出）の側面の相互作用のあり方について、議論を深めることであるといえるでしょう。

公共哲学の源流：カント、ルソー、ヒューム

私の印象では、現代の公共哲学の様々な潮流のその源を探ると、まずカントとルソーに行き着くようです。ハーバーマスやアーレントの公共哲学には、カント哲学の影響が強く認められますし、共同体主義の公共哲学の背後には、しばしばその影響が否定されるにもかかわらず、ルソーの哲学が存在していると思います。

私がモラルサイエンスの公共哲学を論じるときに、ヒュームを引き合いに出してきたのは、こうした事情があるからです。つまり、カントとルソーに対して、ヒュームを対比させることによって、モラルサイエンスの公共哲学の意義と特徴をはっきりさせたいと思ったのです。

三人はいずれも十八世紀に活躍し、ほぼ同時代人といえます。カントは一七二四年生まれ、ルソーは一七一二年生まれで、ヒュームは一七一一年生まれです。カントは、一七二三年生まれのアダム・スミスとほぼ同年代ですが、ヒュームの『人間悟性研究』（一七四八年）によって「独断のまどろみ」から醒まされ、また、ルソーの『エミール』（一七六二年）に衝撃を受けました。

カントとルソーは、公共性の概念について対照的な考え方を示していますが、この二人には共通点があります。それは、彼らはいずれも、**公共性概念の純粋性**を主張したことです。この純粋性とは、「公共性が市場によって汚されてはならない」ということです。ルソーが『ダランベール氏への手紙』

（一七五八年）によって、フランス啓蒙主義と決別し、その文明社会観と市場主義を厳しく批判したことは、よく知られています。彼は、後に、『コルシカ憲法草案』（一七六四―一七六五年）の中で、自給自足を基本とする農本主義的な民主国家を理想的な国制として描きました。またカントは、ルソーのようにはっきりと市場における経済活動を批判しているわけではありません。しかし、彼はいわばドイツ観念論の出発点に立つ思想家であり、ドイツ観念論の完成者であるヘーゲル（Georg Wihelm Hegel, 1770–1831）が、欲望の体系としての市場に対して、人間精神のより高次の表現形式である国家を賞賛していることなどを考えると、カントもやはり、市場における経済活動を、国家（および遠い未来の世界市民社会）における公共的活動に対して、一段低いものと考えていたように思います。

さて、カントとルソーが公共性概念の純粋性をどのように理解していたかというと、公共の利益（みんなの利益）というよりは、（誰もが納得する）正しさと考えていました。つまり、彼らによれば、**公共性は利益ではなく、正しさ**なのです。そして、この**公共性**（正しさ）**を生み出す意志は純粋でなければならない**と考えたのです。この**公共性を表現するものは、「法」**というものです「法」とは単なる法律ではありません。むしろ、**法律を含む、人々が社会生活において守るべき正しい規範**という意味です。この公共性あるいは「法」を生み出す意志は、身分制のもとでの諸特権や市場における経済的利益ではない、もっと純粋な意志でなければならない。彼らはそう考えたのです。

ルソーはこの純粋な意志を、特殊意志とは区別された、**一般意志**と名づけました。彼にとって一般意志とは、国民の意志あるいは愛国心ということです。**公共性を表現する「法」は**、身分的諸特権や経済的利益などの特殊意思によってではなく、**国民の純粋な意志によって生み出されなければならない**。ルソーは、「われわれはなぜ法に従うのか」という問いに対して、「われわれは、法（祖国）を法（祖国）として純粋に愛するから、法に従うのであって、自分の特権や利益を守ってくれるからという理由で法に従うのではない」と主張しています。そして、ルソーのこのような論理は、いわゆる国民国家とナショナリズムの思想を生み出しました。

カントは、ルソーの一般意志の観念に強い影響を受けましたが、それをより普遍主義的に規定しました。**カントにとって一般意志とは**、国民の意志あるいは愛国心ではなく、**より普遍的な世界市民の意志あるいは人権の理念**です。それはつまり、「人権を尊重すべし」という意志であり、彼の有名な定言命法によって定式化されました。**定言命法**とは、条件つきの命令ではなく、無条件の命令です。これは、定言命法が夾雑物の入らない、純粋な意志に基づくものであることを示しています。「もし処罰されたくないならば、これこれをしなさい」とか、「もしこれこれが欲しいならば、これこれをしなさい」というような、条件つきの命令（これを仮言命法という）ではありません。それは、人間という存在そのものに由来する純粋な意志の表明である、とカントは考えていました。

ルソーとカントのこうした純粋主義は、公共性や法の規範的妥当性を厳密に根拠づけることを可能にしましたが、他方で、深刻な問題も生み出しました。ルソーの一般意志は、愛国心の純粋性を強調することによって偏狭なナショナリズムを生み出すことになりました。また、カントの人権の理念は、そのあまりの理想主義によって、いわゆる啓蒙専制主義を招くことになりました。「君たちは真理を求めていくらでも議論しなさい。しかし、理想と現実は違うのだから、権威の決定には従いなさい」というわけです。

カントとルソーの伝統を受け継ぐ現代の公共哲学は、彼らの純粋主義をそのまま受容しているわけではありません。現代の公共哲学は、ハーバーマスにせよ、アーレントにせよ、サンデルにせよ、**多様性の概念を導入することによって、いわば純粋性の毒を中和させようとしている**ように思います。これまでみてきたように、ハーバーマスの市民的公共性は多様な価値観を持った人々が集う世界市民社会をめざすものですし、アーレントのポリス的公共性は人間の複数性を強調しています。また、サンデルの多元的共同体主義は、多様な生活共同体を包含するアメリカという政治共同体の公共性をめざしているといわれます。

しかし、私には、純粋主義に多様性を組み込もうとする彼らの試みは、いずれも成功しているようにはみえません。アーレントのように、多様性をまじめに組み込もうとした結果、純粋主義との矛盾が露わになって、制度論として破産してしまうか、あるいは、ハーバーマスやサンデルのように、純粋主義を維持しようとした結果、多様性はお題目だけのものとなり、理想主義や偏狭なナショナリズムの弊害を克服できずにいるか、そのどちらかであるように思います。多様性によって純粋性の毒を中和させようとするよりも、**純粋主義そのものを捨てて、**公共性（正しい「法」）の規範的妥当性を厳密に根拠づけることを断念して、むしろ**多様な生活の必要性という観点から公共性**（公共の利益）**を捉え直すことのほうがより適切ではないか。**私が、ヒュームの健全な懐疑主義に基づいて、モラルサイエンスの公共哲学を構想するのは、このように考えるからなのです。

第二部　公共哲学の基本問題

第五章　他者

囚人のジレンマと他者の問題

前章で、モラルサイエンスの公共哲学という立場から公共性の問題を考察したときに、公共性の生成ということを指摘し、「活私開公」と他者への関心の広がりや、多様性あるいは多様な生活という観点の重要性に言及しました。すなわち、公共性の生成とは、自分たちの仲間や身内で協力したり信頼することも含まれるけれども、それ以上に、**見知らぬ他者と協力し信頼を築くということ**です。

モラルサイエンスの公共哲学だけでなく、例えばアーレントやハーバーマスの公共哲学においても、公共性と他者の問題は中心的な論点として考えられています。ただ、アーレントやハーバーマスの場合、他者とは尊重すべき存在、敬意を払うべき存在であり、われわれが理性を発揮して相互理解を推進し協力と信頼を築くべき存在であると考えられています。いわば公共性と他者の問題は理念的な観点から、あるいは理想主義的に考えられているのです。おそらく彼らの考え方からすれば、人間は感情に身を任せてしまえば、相互理解や協力と信頼を築くどころか、お互いに敵意をむき出しにして争い合うことになりかねない。だから人間は理性を発揮して、他者を尊重し理解し、それによって他者と協力し信頼を築き上げなければならないということなのでしょう。

これに対して、モラルサイエンスの公共哲学は、公共性と他者の問題を理性だけでなく感情の観点から、あるいは経験主義的に考えます。モラルサイエンスの公共哲学は、アーレントやハーバーマスの主張する人間の理性について懐疑的である一方で、彼らが悲観的に考える人間の感情について、他者との協力と信頼を築く要素として、慎重ではあるけれどもポジティブに考えています。そして、公共性と他者の問題をこうした観点から考慮する本書の立場を深めるうえで、重要なきっかけとなったものが、ゲーム理論における**囚人のジレンマという議論**でした。

それは、完全に利害が対立するつまり他者であるプレイヤーがお互いに合理的に行動すると、その論理的帰結は協力ではなく非協力であるという議論です。つまりお互いに他者であるもの同士が理性的に行動すると協力ではなく非協力に陥ってしまう。もちろん、ゲーム理論でいう合理性の概念とアーレントやハーバーマスの主張する理性の概念とは異なるものです。しかし、囚人のジレンマは、私にとって、「人間は理性によって合意し協力する」という思想に疑問を投げかけるひとつの重要なきっかけとなりました。

そしてもうひとつ、囚人のジレンマは、反面教師として、本書の立場をさらに掘り下げてくれました。それは、囚人のジレンマ状況の中で、人々が利害が対立する他者として合理的に行動する限り、論理的には非協力に陥らざるをえないはずなのに、現実にはしばしば人々は非協力ではなく協力を生み出す、という事実です。この事実は、**「他者であるもの同士がお互いに協力する場合には、なにか合理的でない要因が働いているのではないか」**という反省を私に与えるきっかけとなりました。

そこで以下では、こうした問題意識を背景としながら、囚人のジレンマについて考察します。その際注意しておきたいのは、ここでの考察が、ゲーム理論における囚人のジレンマの概念を基礎としつつも、モラルサイエンスの公共哲学という観点からの考察であるという点です。ゲーム理論は厳密な数学的議論によって囚人のジレンマを分析するものであり、理論の厳密性はわれわれの現実の社会生活への適用可能性の減少という代償を伴っています。これに対して、ここでは厳密性を犠牲にして、現実の社会生活における公共性と他者の問題への適用可能性という観点から、囚人のジレンマの意義を考えてみたいと思います。

ゲーム理論と囚人のジレンマ

さて、囚人のジレンマはゲーム理論の発展のなかで生まれました。ゲーム理論は二十世紀前半に活躍したハンガリー生まれの天才数学者ジョン・フォン・ノイマン（Joho von Neumann, 1903-1957）によって創始されました。彼とオスカー・モルゲンシュテルンの書いた『ゲーム理論と経済行動』（一九四四年）は、ゲーム理論の古典です。この理論は、ゲームに参加するプレイヤーの行動について、（数学的な手法を用いて）論理的に分析しようとする研究です。どんなゲームでもよいのですが、あるゲームを考えたときに、そのゲームに参加するプレイヤーは勝ち負けを争っています。つまりプレイヤーはお互いに利害が対立している。この場合、ゲームのルールが一義的に明確であって、しかもプレイヤーが完全に合理的である、つまり彼らはゲームのルールを完全に理解し、しかもゲームにおけるお互いの状態についても完全に理解しており、そのような状況において自分の利益を合理的に追求していると考えましょう。ゲーム理論は、そのような状況において、完全に利害が対立している、完全に合理的なプレイヤーのとるべき行動、つまり「正しい」行動について分析しようとするものです。わかりやすくかつよく知られている例でいえば、二人の子供の一方がケーキを切って他方がどちらか選んでケーキを分け合うという場合、彼らはどちらもできるだけ多くのケーキを欲しいわけですから、お互いの利益は完全に対立しています。この場合、彼らがお互いに合理的なプレイヤーとして相手の行動を予測しつつ行動するならば、彼らはほぼ均等に分けられたケーキを受け取るという帰結が導かれるでしょう。つまり、このゲーム状況において、合理的な行動によって得られる結果は、双方にとって利益（公共の利益）となるもの、「正しい」ものといえます。ところが、**囚人のジレンマ的なゲーム状況においては、プレイヤーの合理的な行動の結果と「正しい」結果**（公共の利益）**が一致しない**のです。

囚人のジレンマは一般に次のように定義されます。すなわち、Dを非協力（Defection）、Cを協力（Cooperation）とした場合に、二人のプレイヤーの行動の組み合わせについて次のような利害得失順位、$\boldsymbol{DC > CC > DD > CD}$が双方のプレイヤーに成立する。具体的な例としてよく引き合いに出される囚人のジレンマ状況は次のようなものです。

		太郎	
		C(黙秘)	*D*(自白)
次郎	*C*	−2年 −2年	−1年 −10年
	D	−10年 −1年	−5年 −5年

図1　太郎と次郎の囚人のジレンマ

囚人の太郎と次郎は共同して重大な罪を犯した。検事は二人を逮捕したが証拠がない。そこで彼は、二人を別々に隔離したうえで、太郎と次郎のそれぞれに対して次のように告げる。「正直に白状しなさい。もし君が自白して相手が自白しなければ、君には反省が認められ1年の刑となり相手は10年の刑となる。逆に、君が自白しないで相手が自白したならば、君が10年で相手が1年になる。もし両者が自白しなければ、別の軽い罪で立件し二人とも2年の刑となる。だがもし両方が自白すれば、そのときは本来の罪に従って両方5年の刑となる」。このように告げられた太郎と次郎はお互いに協力する（黙秘する）か非協力（自白する）かのジレンマに悩むというものです。

この事例が双方の利害得失順位は、*DC*（自分が自白で相手は黙秘）：−1年＞*CC*（互いに黙秘）：−2年＞*DD*（互いに自白）：−5年＞*CD*（自分が黙秘で相手は自白）：−10年です。双方にとって利益（公共的利益）つまり「正しい」結果は*CC*＝−2年だけれども、双方がお互いに合理的なプレイヤーとして相手の行動を予測しつつ行動すれば*DD*＝−5年となる。つまりプレイヤー

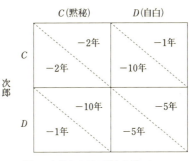

の合理的な行動の結果と正しい結果が一致しないのです。しかも双方は、いったん非協力の行動をとると、相手の合理的な行動を予測する限り、非協力という行動をとり続ける他はない。つまり**非協力の悪循環**に陥ってしまいます。

これは、合理的なプレイヤーの行動が反社会的あるいは少なくとも公共性に反する結果を生み出すことを意味します。また、この囚人の事例では双方が意思疎通できないという条件が設定されていましたが、現実の状況のなかでお互いに他者に対して不信の感情を持っている場合には、たとえ意思疎通できたとしても、互いに相手の言葉を信用できないので、囚人の事例と比較して事情は実質的に変わらないといえます。この意味で、囚人のジレンマは「**自分の利益や安全を合理的に追求した結果、公共の利益を犠牲にしてしまう**」という、われわれの社会のどこにでも転がっている、しかし厄介な問題なのです。

囚人のジレンマと米ソ冷戦状況

ウィリアム・パウンドストーンの『囚人のジレンマ』（一九九二年）によると、囚人のジレンマは、アメリカのランド研究所のメリル・フラッドとメルヴィン・ドレッシャーによって一九五〇年に考案され、後にアルバート・タッカーが「囚人のジレンマ」と命名したといわれています。一九五〇年頃といえば、アメリカとソ連が対立する冷戦状況であり、ランド研究所では米ソの核戦争についてゲーム理論的手法を取り入れて戦略的研究が行われていました。**囚人のジレンマが発見された背景には、米ソ**

の核開発競争と核先制攻撃の危険という問題がありました。

囚人のジレンマ状況において、相手の合理的な行動を予測するとはどういうことか。それは例えば、次のような自問自答を双方のプレイヤーが行うということでしょう。すなわち、「もし相手が協力してくれれば、自分は裏切って得をすることができる。しかし、これと同じことを、相手も考えているであろう。とすれば、相手は必ず裏切る行為に出るだろう。しかし、このように私が考えて私が裏切るだろう、と相手も予測しているだろうから、その場合には……」こうして、相手の合理的な行動を完全に予測すればするほど、相手の裏切る行為を確信することになり、その結果、ますます双方にとって不合理な結果に陥ってしまうというジレンマを抱えることになります。

これを米ソの核開発競争と核先制攻撃の問題に当てはめてみると、次のようになります。この場合、相手に協力する（C）というのは核先制攻撃をしないことであり、相手を裏切るあるいは非協力（D）というのは核先制攻撃をするということです。そうすると、核兵器の使用による放射能汚染が人類に及ぼす悪影響の深刻さがまだ認識されていなかった当時は、米ソは、お互いに合理的なプレイヤーとして、次のように利害得失の順位を考えると想定されました。すなわち、米国であれソ連であれ、自分にとって最も利益であるのは、自分が裏切って相手が協力する場合であり、その次に利益なのは、お互いに協力して先制攻撃をしない場合であり、その次は、お互いに裏切って先制攻撃合戦をすることであり、最悪なのは、自分が協力して相手が裏切る、つまり先制攻撃を受けて自滅する場合である。

これを利害得失の順位で考えると、お互いに $DC<CC<DD<CD$ であり、つまり囚人のジレンマ

的な状況にあることが理解されます。しかし、そうなると、米ソがお互いに合理的なプレイヤーとして振る舞う限り、非協力の悪循環つまり核兵器の使用による全面戦争は避けられないことになり、こうした考え方は深刻な問題を引き起こしました。実際、**一九六二年十月のキューバミサイル危機**では、米ソは核戦争の一歩手前まで行ったといわれています。しかし幸いなことに、人類は核全面戦争という事態を避けることができて、今日に至っています。

フラッドとドレッシャーの実験

ゲーム理論において定式化された囚人のジレンマでは、双方のプレイヤーは一回限りのプレーを行い、また、前述した太郎と次郎の利害得失表からもわかるように、双方にとって利害得失構造は対称性を有しています。これは数学的に厳密な議論ではありますが、必ずしも現実の状況に対応したものとはいえません。現実の囚人のジレンマはいわば繰り返しゲームが行われている状況であり、またそこに関わるプレイヤーは様々な点で力関係に差がある場合がほとんどだからです。

興味深いことは、**フラッドとドレッシャーが最初にランド研究所で囚人のジレンマに関する実験を行った時には、ゲームは100回繰り返されており、また双方の利害構造は非対称のものと想定され、両者の力関係に差があることが前提とされていました。**これはゲーム理論的には厳密性を欠くものでしょうが、現実に生じる囚人のジレンマ状況により近いものであり、モラルサイエンスの公共哲学の観点からは多くの示唆を得ることができると思われます。

この実験では、二人のプレイヤーAとBが100回の繰り返しゲームを行っています。AとBの力関係はBに有利な形で非対称であり、Aが弱者でBが強者です。つまり、AにとってDCの場合の利得（例えば1000円）よりも、BにとってDCの場合の利得（例えば2000円）のほうが大きい。またDDの場合、Aは利得が例えば0円ですが、Bは例えば500円の利得が生じます。

また、この実験では、二人のプレイヤーが100回のゲームでどのような手を打ったのか、どのようなことを考えていたのかが記録されました。それをみるとお互いに心理の揺れる様がよくわかり、人間が他者に対してどのような感情を抱き、どのように対応するのかについて、いくつかの示唆を得ることができます。

最初は、弱者Aの裏切り（Defection）と強者Bの協力（Cooperation）で始まります。両者の最初のコメントが印象的です。弱者Aは「相手はDで来るだろう。間違いなく勝てるから。ということは、こっちがCにすると……負ける」とつぶやき、強者Bは「ものわかりのいい相手でありますように」とつぶやいています。弱者Aは合理的に考え、強者Bは必ずしも合理的とはいえない期待を抱いている。「必ずしも合理的とはいえない」というのは、一回きりのゲームであれば非合理だが、長期的にみて相手の協力を引き出すことができれば結果的に合理的であるという意味です。強者Bはいわば**未来への不確実な投企を含む合理的な期待**を抱いている。結果的には、強者Bのこの期待は最初の10回ぐらいまでは裏切られます。最初の10回のうち、弱者Aは9回裏切り、これに対して強者Bは4回協力行動に出ています。

11回以降、弱者Aは、相手に不信感を抱きながらも、強者Bの協力戦略の意図を察して、協力行動をとるようになり、双方協力の手がしばらく続くけれども、弱者Aが不安に駆られて裏切り行動に出ると強者Bは裏切りで応酬し、二三度裏切り合戦が続いた後で、また相手の意図を察して双方協力の状態に戻るというような、心理的に不安定ではあるけれども基本的には双方協力の状態が続きます。興味深いことは、この不安定な協力の状態において、常に弱者Aが先に裏切りの手を打っていることです。これは、弱者Aの方が強者Bに対してより強い不信感を持っていることを示しているともいえるし、あるいは、双方協力の状態では結局強者Bがより得をすることに気づいて、弱者Aがときどき自分の利益を増やそうとしているとも考えられます。

この不安定な協力の状態は、安定化の傾向を見せつつ続きますが、ゲームが終わりに近づくにつれて一つの変化が現れます。すなわち、弱者Aが91回目に次のような疑念を抱きます。「最後にどこでDに変えて来るのだろう。できるだけ終わりの方で先手を打てるかな」。この考え自体は、合理的な判断に基づくものです。そして、結果的に98回目まで双方の協力が続いた後に、99回目に弱者Aが裏切りを、強者Bが協力を選択し、100回目は双方裏切りでこのゲームが終わります（パウンドストーン　一四五―一五二頁）。

フラッドとドレッシャーの囚人のジレンマの実験をこのようにみたとき、次の二つの点が指摘できると思います。一つは、二人のプレイヤーはお互いに（特に弱者Aは）、相手の出方や心理を予測し、そのことによって不信に陥り裏切り行動に出ながらも、同時に双方協力の状態も生み出している。もう一つは、100回のゲームのうち60回が双方協力という結果である、ということです。

モラルサイエンスと囚人のジレンマ

ここからは、ゲーム理論から離れて、モラルサイエンスの観点から囚人のジレンマ状況について考察してみましょう。モラルサイエンスの観点から囚人のジレンマを解釈すると、人間は**他者に対して両義的な感情**を持った存在であるということです。**人間は他者に対して不信感や不安を抱いていると同時に、好奇心を抱いている**。また、囚人のジレンマ状況のなかで、合理的に考えれば双方裏切り行動という結果が多いはずなのに、双方協力という結果が六割を占めているということから、次のようにもいえるでしょう。つまり、プレイヤーたちは囚人のジレンマ状況において、合理的な判断だけでなく、必ずしも合理的でない要因（つまり先に述べた言い方からすれば「不確実な未来への投企」）によって行動しているということです。この「不確実な未来への投企」というのは、要するに勇気ということです。つまり、囚人のジレンマ状況のなかで、われわれが他者との公共性問題に対処するためには、むしろ**好奇心や勇気といった感情的あるいは必ずしも合理的でない資質を発揮しつつ、合理的な判断力を駆使する必要がある**ということです。合理的な判断力だけでは、他者との公共性の生成を否定する結果になりかねないということです。

現実の囚人のジレンマ的な状況は、フラッドとドレッシャーの囚人のジレンマの実験よりもさらに深刻であることは認めねばならないでしょう。人々の間の力関係の差が大きくなればなるほど、他者への（特に弱者の強者への）不信は増大し、それとともに他者への好奇心が失われ、他者との公共性問題の解決はますます困難になります。これに加えて、当事者の間で囚人のジレンマ状況についてのイメージが異なっている場合には、お互いの誤解と偏見により不信はさらに増大し、対立は不可避となります。それはいわば**偏見と憎悪によって増幅された囚人のジレンマ**（非協力の悪循環）とでもいうべき状況です。

お互いに相手に対して歪められたイメージを持つことによって生じる、この偏見と憎悪によって増幅された囚人のジレンマについて少し説明してみましょう。いま、国際関係のなかで、発展途上国と先進国が協力するかしないかという状況を考えて、**両者の実際の利害得失の内容**を、それぞれ次のように仮定してみます。

発展途上国：$DC=5>CC=2>DD=-2>CD=-7$

先　進　国：$DC=13>CC=8>DD=3>CD=-2$

次に、**先進国が途上国について持っている歪められたイメージ**（利害得失の内容）と、逆に、**途上国が先進国について持っている歪められたイメージ**をそれぞれ次のように考えます。

（先進国が抱く）仮想途上国：$DC=5>CC=2\wedge\underline{DD=0}>\underline{CD=-5}$

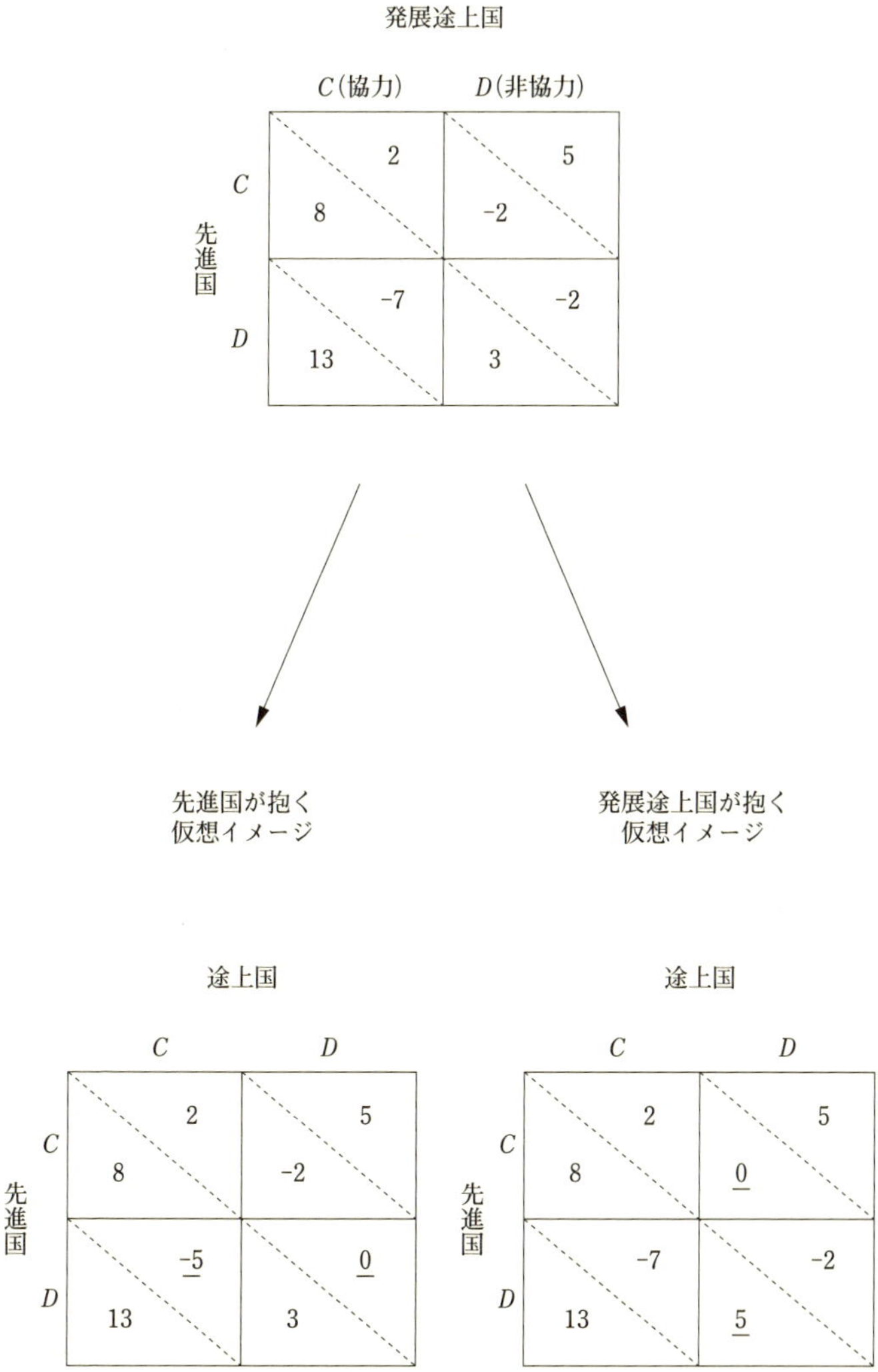

図２　開発途上国と先進国の利害得失

（途上国が抱く）仮想先進国：$DC=13>CC=8\wedge\underline{DD=5}>\underline{CD=0}$

これは、それぞれ***DD*とCDについて、先進国は途上国について2ポイント緩和されたイメージを持っており、途上国は先進国について2ポイント強化されたイメージを持っている**ことを表しています。先進国は、実際の途上国ではなく、仮想途上国をみている。途上国は、実際の先進国ではなく、仮想先進国をみている。

この場合、先進国は、自分が協力しようとしても裏切ってくる仮想途上国をみて、例えば次のように考えるでしょう。「途上国にとって、お互い非協力でも損をすることはないし、お互いに協力したときと比べて、その差はわずか（2ポイント）しかない。**途上国は私を困らせようとして、足を引っ張っているのだ**」。しかし、実際の途上国は、お互い非協力だと損をするし、お互いに協力したときと比べて、その差は大きい（4ポイント）。これに対して、途上国は、一見協力の姿勢を見せる仮想先進国をみて、例えば次のように考えます。「先進国にとって、たとえ自分がだまされても被害を受けることはない。また、先進国にとって、お互い非協力とお互い協力の違い（3ポイント）はそれほど魅力的なものではない。だから**先進国は、見せかけの協力によって私をだまし暴利**（13ポイント）**を得ようとしているのだ**」。しかし実際の先進国は、自分がだまされれば被害を受けるし、また、お互い非協力とお互い協力の差は決して小さくありません（5ポイント）。

他者に対する感情の両義性

　ここでは、囚人のジレンマ状況のなかで、ただでさえ合理的に考えてお互いに非協力に陥ってしまうものが、お互いの偏見と憎悪によって、非協力の悪循環の構造がますます強化されている。この偏見と憎悪によって増幅された囚人のジレンマの概念は、他者との公共性問題を考えるうえで重要な意味を持っています。なぜならば、他者というのはわれわれに身近な、よく知っている仲間や、よくは知らないけれども同じ社会に住んでいる他人だけでなく、むしろそれ以上に、われわれの社会の外で生きて生活している人々、民族や宗教や言語を異にする他者であるからです。われわれは仲間や他人についてさえ偏見を持っている。まして、**民族や宗教や言語を異にする他者について偏見を免れることはできない**。力関係に違いがあって利害が対立しているだけではなく、お互いに偏見を持っている他者との間で協力し秩序を形成するときに、われわれはどのような困難を克服しなければならないのか。そのときに、理性に訴えればこうした困難を克服できると考えるのは、あまりにもナイーブでしょう。少なくとも、理性を合理性と取り違えてしまうと、囚人のジレンマの概念が示しているように、われわれは非協力の悪循環に陥いらざるをえない。理性的というのは、合理的ということではない。たとえ理性という言葉を用いるにしても、そして「他者との公共性問題は理性によって解決できる」と主張するにしても、われわれはこの理性という概念の内容について再検討する必要があるでしょう。

†合理性の二つの意味

囚人のジレンマの話をしていると、よく次のような質問が出てきます。「人間はみんな合理的だから非協力の悪循環（*DD*）に陥るということですが、そうすると、合理的でない人、例えば感情的な人や幼い子供などはお互いに協力（*CC*）しやすいということでしょうか。これはなにかおかしいような気がしますが」。

もちろん、冷静で分別がある大人よりも、感情的な人や子供の方が協力しやすいと考えるのはおかしいでしょう。だから、この質問は、「おかしい」という直感の部分が間違っているというよりも、そこに至る判断のプロセスに混乱がみられるということだと思います。つまり、質問の傍線を付した部分が、「合理的」という同じ言葉が使われているのですが、その意味が違っているということです。最初の「合理的」という言葉は、別の表現で言い換えれば、**「短期的な観点から効率的に利益を追求する」**という意味です。これに対して、後の「合理的」という言葉は、**「長期的に物事を判断する」**という意味でしょう。ですから、最初の文章から次の文章へは、「そうすると」という言葉で、そのまま結びつかない。それぞれ別の命題なのです。

つまり、「合理的」の二つの意味を、それぞれの文章の傍線部分に当てはめて考えると、次のようになります。最初の文章は、「人間はみんな短期的な観点から効率的に利益を追求する。だから非協力の悪循環（*DD*）に陥る」。これはそのとおりです。そして、次の文章は、「長期的に物事を判断する（の）でない人、例えば感情的な人や幼い子供などはお互いに協力（*CC*）しやすい」。これはおかしい。このように、それぞれ別の命題と考えれば、なにも「おかしい」ことはありません。

いま述べた例からもわかるように、「合理的」という言葉は多義的なので、注意する必要があります。

例えば、われわれの日常生活の文脈において、この言葉は、「短期的な観点から利益を合理的に追求する」という意味と、「長期的な観点から利益を合理的に追求する」という意味の二つの違った意味で用いられています。さらに、特に哲学や思想という文脈では、この言葉は、「理性」とか「理性的」という言葉で言い換えられて、「あらゆる利益を超越した真理に合致する」という意味で用いられます。もっとも、本書は、モラルサイエンスという健全な懐疑主義の立場なので、この「真理に合致する」という最後の意味で「合理的」という言葉を用いることはありません。ただし、短期的な観点からの合理性と長期的な観点からの合理性の区別は、常に意識する必要があります。

それでは、偏見と憎悪によって増幅された囚人のジレンマ状況を克服して、公共性と他者の問題を解決するにはどうしたらよいのか。この問いに答えるときに重要なことは、われわれは、こうした困難な状況のなかで相互不信に陥り、非協力の悪循環やさらには戦争状態にしばしば陥るけれども、**全体としてみれば、こうした困難な状況のなかで、自分たちの社会においてもっとグローバルなレベルにおいても、他者と協力関係を作り出し秩序を形成しつつあるという経験的な事実**に着目することです。この意味で、囚人のジレンマの概念は人間の負の側面、いやな側面を明らかにしていると同時に、それにもかかわらず、われわれが全体としてみれば協力と秩序を生み出しつつあるという経験的な事実によって、**人間のポジティブな可能性を逆方向から明らかにしている**ように思われます。つまり、合理的に考えれば考えるほど偏見や憎悪が強まり、相互不信が増幅され、非協力の蟻地獄やさらには戦争にさえ陥ってしまうはずなのに、現実のわれわれは必ずしもそうした状態に陥らないで、例えば民主主義や市場経済という他者との協力と秩序の仕組みを、自分たちの社会にもまたグローバルなレベルでも生み出しつつあるのは、われわれに何か合理性とは別の要因が働いているのではないか。それは、私がすでに述べた言葉でいえば、他者に対する好奇心とか勇気といったことですが、**「われわれは理性によって他者との公共性問題を解決する」**という場合の理性というものも、この**好奇心や勇気と合理的な思考がバランスのとれた状態にあるときのこと**を指しているのではなかか。このように考えるならば、理性とは、感情に対立するものではなく、むしろ、合理的な思考と好奇心や勇気といった感情とのバランス感覚を発揮することであるように思われます。

利他心について

そこで、こうしたことを念頭において、偏見と憎悪によって増幅された囚人のジレンマおよび他者との公共性問題を解決するための条件を考えてみたいのですが、その前にいっておかなければならないことが二つあります。ひとつは、利他心についてです。もうひとつは、根回しについてです。

まず、利他心について考えてみると、経験主義的にみて、**われわれが一定の利他心を持っているということ**は事実でしょう。われわれは自分の子供や愛する人や親しい友人に対して自然に思いやりの感情を抱きます。そして、この利他心が他者との公共性問題を解決するための条件であると考えられる場合があります。しかしここでの立場は、囚人のジレンマ状況において、当事者は他者に対して自分の利益を実現しようとしていると考えるので、利他心が働かないわけではないけれども、自己の利益を実現しようという、いわば利己的な関心が主に働いていると考えます。利他心が働くというのはいわば副次的な条件であって、主要な条件ではありません。なお、先ほどから言及している好奇心や勇気、また合理的な思考との関係でいえば、これらと利他心とはいわば中立的な関係にある。つまり、われわれは利他的な関心から好奇心や勇気、また合理的な思考を発揮する場合もあれば、逆に、利己的な関心からそうする場合もあるということです。

　このように考えた場合、利他心という独立した感情を想定する必要があるのかという疑問が生じます。むしろそれは、われわれの関心の方向性を示しているのであって、**われわれの関心が他者に向いているときの状態**を示す言葉ではないか。これと反対に、利己心とはわれわれの関心がもっぱら自己に向いているときの状態を示す言葉である。こう考えると、利己心と利他心の関係について、従来の考え方とは異なった考え方に至るように思われます。つまり、利己心と利他心は互いに対立する感情ではなく、むしろわれわれは誰でも多少の自己に対する関心と他者に対する関心を持っている。そしてわれわれは、他者との交流の経験を積み重ねることによって、関心の幅を広げ、一つの固定した観点からではなくより多様な観点から、また短期的な観点ではなく、より長期的な観点から、自分の利益や他者の利益を考慮するようになる。このように考えるならば、実は**利己心と利他心は相互に影響し合う関係にある**ということがわかってくるでしょう。確かに、偏狭な利己心と偏狭な利他心はお互いに排斥し合うでしょう。しかし、**より多様な観点から、そしてより長期的な観点から自分の利益を図ることと、より多様でより長期的な観点から他者の利益を図ることとは、しばしば一致する**のです。われわれは利他心を涵養することよりも、**利己的な関心であれ利他的な関心であれ、より多様な観点をそしてより長期的な観点を身に付けること**が必要ではないか。それが、一般に利他心の涵養という言葉で考えられているものではないか。そのように思われます。

根回しについて

他者との公共性問題を解決するための条件を考える前にいっておきたいもうひとつのことは、日本社会でよくいわれる根回しについてです。根回しは、いわば**他者性を解消して、相手を仲間にすることによって、他者との公共性問題を解決しようとする手法**です。根回しについては、私は以前、『自由社会の法哲学』（一九九八年）という本のなかで論じたことがあるので、少し引用してみましょう。

京極純一は大略次のように論じている。まず、根回しをするものは、全員の気持ちの統合のために、時間をかけてこまめに足を運び顔を見せ声を掛け差しで話すことを繰り返す。そして、察しの技法によって、各人は互いにポツリポツリと曖昧に表現しながら、慎重に互いの意図を察し、それによって場の空気が醸成されていく。その際、根回しのリーダーはその基となる「原案」が裏切られるリスクをおかす勇気と、それを支える調整能力（腹芸）の技法を持っていなければならない。こうしたことを時間と手間をかけて繰り返すなかで「空気」ができあがると、「皆の気持ちはこうですから」と少数派の同調を促し、全員一致を実現する（桂木　1998　一九七頁）。

この引用の「察しの技法」とか、「空気の醸成」、「同調を促す」といった表現からもわかるように、根回しという手法は、他者性を互いに認め合うというよりも、他者と何らかの気分を共有することによって、仲間に引き入れようとするものです。仲間に引き入れるためには、裏切られるリスクをおかす勇気や腹芸が必要ですが、いったん仲間になれば、お互いの関係はもはやジレンマ状況ではなく、協力し合うことが互いの最も利益になることとなります。少なくとも、みんなが協力しているのに自分だけ裏切ることは、村八分になり、二度と信用されなくなるということであり、最悪の結果をもたらします。つまりこの状況では、前述した囚人のジレンマの利害得失の順番とは違って、*CC*＞…＞*DC*という選好の順番が成り立っているので、お互いの協力による公共性問題の解決が得られることになります。

根回しという手法の問題点は、他者を仲間に引き入れることが難しい点です。これを無理にやろうとすれば、強い**同調圧力**を加えることになり、その結果、少数意見を排除することになるか、あるいは逆に、マイノリティの反発によって、公共性問題の解決がより困難となります。

また、根回しによって公共性問題の解決が得られた状態は、潜在的な同調圧力によって互いに協力せざるをえない状態です。おかしいなと思っていても、口に出していうと和を乱すことになり、仲間を裏切ることになるので黙っている。そうなると、自分たちの周りの社会情勢や国際関係が変化して、それに対応するための新しい方策が必要となった場合でも、これまでのやり方に異を唱えることができなくなってしまう。これは、**空気の支配によって身動きがとれなくなっている状態**ですが、戦前の日本が「一億玉砕」という空気のなかで破滅的な状態に陥ったように、しばしば悲劇的な結果をもたらします。

根回しについての私の考えは、**根回しの手法は公共性問題の解決のために一定の重要性を持っているが、それが有意義に働くためには、論争という手法と併用される必要がある**ということです。特に、偏見と憎悪によって増幅されたジレンマ状況においては、無理な根回しと同調圧力は事態を悪化させることになるだけでしょう。確かに論争も、お互いの主張を素直にぶつけ合うわけですから、一時的な事態の悪化は避けられないでしょう。しかし論争は、それが慎重に行われるならば、お互いの利害得失構造を明らかにすることによって、何が問題なのかについての認識を共有することを可能にします。

もちろん、問題が特定されても、その解決策についての認識を共有することはできないかもしれません。ただ、「その問題の解決のための万能薬はないけれども、とにかく何か一つ方策を試してみて、それがだめならまた別の方策をというように、試行錯誤するしかない」という認識を共有することができるかもしれません。根回しが働くのは、ジレンマ状況のこの場面においてだと思います。

いわば、初めに根回しありきではなく、初めに論争ありきなのである。まず論争があって争いの利害構造がある程度明らかにされ、その後に根回しが行われ、解決できなかった部分についてまた論争が行われ、再度利害構造が定義し直され、それを受けて根回しが行われ……根回しの手法はこのように用いられるべきなのである（桂木　1998　二〇〇—二〇一頁）。

このように、**根回しは、ジレンマ状況を克服する試行錯誤のプロセスの一要素**として考えるべきだと思います。それは、他者性を解決することによって公共性問題を解決するための手法ではなく、**他者性を認識しつつ、ある方策を暫定的に採用するために他者との違いを迎えるための手法**として、有効なのだと考えられます。

ジレンマを克服する三つの条件

さてそこで、他者との公共性問題を解決するための条件について考えてみましょう。双方の利害が対立し、利害得失の構造について非対称性が大きく（力量差や貧富の差などが大きく）、しかも双方が心に抱いている利害得失のイメージが異なっているというような、現実社会に生起している深刻な囚人のジレンマ状況を考えたときに、それにもかかわらず双方が協力して、公共の利益（この場合は共通の利益）を達成するためには、どのような条件が必要なのか。それには合理的な判断だけでなく、むしろそれ以上に、勇気や好奇心が必要であるといいましたが、この勇気とか好奇心というのはどういうことなのか。こうしたことについて、少し哲学的な冒険も含めて考えてみましょう。私が考えているのは、次の三つの条件です。

①**「ゲームは続く」**、「囚人のジレンマ的なゲームの状況が継続する」という条件を作り出すこと。
②囚人のジレンマ状況についての双方の**イメージの食い違いを是正する**努力をすること。
③ジレンマの構造を囚人のジレンマから**別のジレンマの構造へと変えてゆく**努力をすること。

①「ゲームは続く」という条件を作り出す

①については、**ロバート・アクセルロッド**（Robert Axelrod）の業績がよく知られています。彼は、*Evolution of Cooperation*（1984）という書物のなかで、繰り返し囚人のジレンマゲームにおいて**「未来の影** shadow of the future」（今後もこの対立的なゲームが繰り返されるという見込み）がある場合には、**tit for tat**（しっぺ返し）**戦略**が双方の協力行動を生み出す最も良い戦略であることを示しました。tit for tat戦略というのは、最初の一手は相手に協力するけれども、その次の手からは相手と同じ行動（つまり相手が協力なら協力を、非協力なら非協力）をとるというものです。

アクセルロッドの実験は、現実の状況と比べて、少し強い前提（つまりやや非現実的な前提）を含んでいるので、tit for tat戦略が、現実の状況において、双方協力を引き出す最善の戦略であるかどうかはわかりません。実際に、宗教や民族が絡む紛争においては、tit for tat戦略は紛争の泥沼化を招く危険があります。ただ、彼が指摘した、**「未来の影」と協力行動の間のポジティブな関係**は重要な点です。確かにわれわれも、「未来の影」があれば、この一手は損をするという危険を冒しても、あえて勇気を奮って協力しようという気持ちになるかもしれません。

†「しっぺ返し」戦略

tit for tatとは、いわゆる「しっぺ返し」ということですが、実験上はともかく、現実の特に偏見と憎悪によって増幅されたジレンマ状況において、この戦術を用いることが双方の協力を引き出すことができるか、疑問であるという指摘がしばしばなされます。たとえば、米ソによる核戦争の危険が初めて顕在化したキューバ危機においても、「しっぺ返し」は威嚇として用いられたにせよ、実際の行動は、ソ連の強硬策（非協力）に対してアメリカが甘受する（協力）ことが何度か繰り返されました。それによってキューバ危機を乗り越えることができたのであり、もしも単純にtit for tatの戦術を用いていたら、核戦争に突入していたかもしれません。

キューバ危機の場合、自由主義と社会主義というイデオロギーの対立を背景に生じたとはいえ、米ソという軍事力の拮抗する大国の間で生じた、戦争と平和をめぐるジレンマでしたが、パレスチナとイスラエルの和平をめぐるジレンマなどは、宗教というイデオロギーの対立だけでなく、軍事的経済的な力の不均衡を含んでいます。このような場合に、tit for tatを戦術として用いることは、双方の協力と和平を引き出すというより、むしろ報復合戦による対立の激化を招くことになってしまいます。このことは、パレスチナ紛争の泥沼化をみれば、明らかでしょう。

これらの例から考えれば、tit for tatを協力を引き出すための、短期的な戦術として用いることは、必ずしも適切とはいえないでしょう。しかしこのことは、tit for tatの長期的な戦略としての意味を否定するものでは、必ずしもないと思います。キューバ危機の場合、ソ連の強硬策を何度か甘受したにせよ、最後は「しっぺ返しは威嚇ではない、本気だ」というアメリカのメッセージが相手に伝わることによって、危機が回避されたのだと思います。つまり、**tit for tat は、短期的な戦術としてはともかく、長期的な戦略の一部分として、一定の意義を持っている**のではないでしょうか。

tit for tat とは、「最初は相手に協力し、その次からは相手の行動に合わせて、相手が非協力なら自分も非協力、相手が協力なら自分も協力する」というものですが、この単純な戦術を偏見や憎悪が充満するジレンマ状況に直接適用しようとすると、報復合戦となり、パレスチナ問題のように紛争が泥沼化してしまう。だから、短期的な戦術としては、もっと複雑なもの、たとえば、「最初の三回までは相手に協力し、その次からは相手の行動に合わせる」とか、「最初の数回は相手に非協力で、その後協力と非協力を交互に用いる」などのさまざまな戦術が、具体的なジレンマ状況の内容に応じて、必要になるということです。特に、偏見と憎悪が充満するジレンマ状況では、協力であれ非協力であれ、お互いに相手に対して自分は本気であるというメッセージを伝えなければならないことを考えると、むしろ、少なくとも最初の数回は徹底して協力する、あるいは徹底して非協力あるという態度を示すことが必要であり、tit for tat のような単純な戦術は、かえって相手の不信感を増幅することになりかねません。

tit for tat は長期的な戦略の一部として有効なのであり、それが効いてくるのは、協力と非協力を複雑に組み合わせた戦術をお互いに駆使することによって、「本気である」というメッセージが互いに伝わった後に、より長期的な信頼と平和のためのルールに合意する場面なのではないかと思います。

「ゲームは続く」という条件については、もう一つ重要なことがあります。それは、繰り返しゲームという条件を導入することによって、囚人のジレンマの概念を現実の社会状況に適用する可能性が大きく広がったということです。すでに述べたように、最初に囚人のジレンマがゲーム理論で論じられたときには、二人の囚人の取り調べの例や米ソの核先制攻撃の危険の例からもわかるように、**協力するか裏切るかの一回きりのゲーム**として主に考えられていました。囚人の取り調べの場合は最初の一手ですべてが決まるのであって、その先はありませんし、核先制攻撃の場合も、もし相手が裏切って先制攻撃を仕掛けたならば、それですべては終わりです。

これに対して、囚人のジレンマはその後、**繰り返しゲーム**として考えられることによって、その適用範囲が現実の社会生活全般に大きく広がることになりました。もっとも、囚人のジレンマがフラッドとドレッシャーによって最初に発見されたときには、繰り返しゲームとして実験が行われたのですから、最初の発想に戻ったといえないこともありません。

例えば、われわれが日常何気なく行っている経済的な取引行為も、もしそれが**この取引で最後だということになれば**、そのときに双方が置かれた状況は、**一回きりの囚人のジレンマに近い状況であること**が理解されるでしょう。**倒産に近い状態に追い込まれて、できれば会社を再建したいけれども、清算せざるをえないかもしれないというような状況**における、債権者と債務者の関係はこれにあたります。この場合、もし法律の制裁を背景にして再建の道筋をつけるなり、清算の手続きを行うなりしなければ、非協力あるいは裏切りの悪循環によって、残された会社の資産を奪い合う状況に陥りかねません。このように考えるならば、**経済的な**（継続的な）**取引行為の底流には、囚人のジレンマ的な不信の構造が滞在**

しているということです。

同じことは、われわれの日常生活におけるごみの出し方などの環境問題についても当てはまります。地域社会やコミュニティの伝統、つまり**日常生活における継続的なふれあい**（コミュニケーション）**の伝統が生きている社会**では、新興住宅地や大都市のマンションの住民の場合と比べて、生活環境の改善に協力して取り組む姿勢が強い。これは、日常生活における共同行為の底流には囚人のジレンマ的な構造が滞在しているけれども、コミュニティの伝統が生きている社会では、それが継続的なふれあいの実践によって抑えられているのに対して、新興住宅地や大都市のマンションの場合には、そうした共同行為が一回限りのこととして理解される度合いが強くなり、それによって囚人のジレンマ的な構造が顕在化しやすくなるのです。

②　囚人のジレンマの双方のイメージの食い違いを是正する努力

これは普通、「相互理解が大事だ。コミュニケーションが必要だ」と主張される場合に意味しているものと密接に関係しています。しかし、囚人のジレンマ状況において、しかもお互いの誤解が生じている場合の、相互理解とかコミュニケーションとはどういうものであるのか。それは、仲間同士のあ・うんの呼吸や、お互いの共感を呼び起こすような心のふれあいではないでしょう。

現実の深刻な囚人のジレンマ状況におけるコミュニケーションについて考える場合に、これまで述べてきたことのなかにすでに現れているのですが、人間の意識についての一つの特徴を指摘しておく必要があります。それは、人間の意識がいわば二階の構造を有しているということです。つまりこれは、囚人のジレンマ状況における人間の意識についてすでに述べたことですが、次のようなものです。「もし相手が協力してくれれば自分は裏切って得をすることができる。しかし、これと同じことを相手も考えているであろう。とすれば、相手は必ず裏切る行為に出るだろう。しかし、このように私が考えて私が裏切るだろうと相手も予測しているだろうから、その場合には……」。この独自の内容が示していることは、**ある考え**（意識）**についての考え**（メタ意識）**を含んでいる、意識が二階の構造を有しているということ**です。人間は、これこれのことを考えている自分をある程度対象化して、自分とは別の視点、たとえばライバルの視点に立って考えることができる。

注意しなければいけないのは、人間の意識が二階の構造を有していることだけでは、それが直ちにお互いのコミュニケーションに結びつくわけではないということです。実際、二階の意識構造は、いま述べた独白の内容が示しているように、囚人のジレンマ状況において、最初は双方のプレイヤーの不信を助長するように働きます。この場合に特徴的なのは、**「自分と同じことを相手も考えているだろう」**と双方のプレイヤーが前提していることです。いわば二階の構造に基づいて、**意識の共振現象**が生じているわけで、この場合、囚人のジレンマ状況という対立的な状況において、**お互いの不信が増幅される**という結果が生み出されているわけです。

他方、その同じ囚人のジレンマ状況において、もし双方のプレイヤーが**「自分と違うことを相手は考えているかもしれない」**というように、二階の意識構造を用いた場合には、どうなるでしょう。この場合、双方のプレイヤーの間の意識の食い違いが前提されているわけで、もし彼らがこの意識のずれを埋めようとして、**「相手は何を考えているのだろう」**と好奇心を発揮するならば、そこにコミュニケーションあるいは相互理解の可能性が生じます。つまり、**二階の意識構造は、自分とは異なる他者への好奇心と結びつく場合に、コミュニケーションや相互理解の可能性を生む**ということです。

これに関連して、モラルサイエンスの公共哲学の出発点でもある、十八世紀スコットランドの哲学者ヒュームとアダム・スミスが興味深いことを述べています。彼らは、人間がイマジネーションを用いて想像上の立場の交換を行い、それがコミュニケーションや相互理解の可能性を生む、と主張しています。**想像上の立場の交換**というのは、「もし自分が相手の立場に立って物事をみるならば、どのようにみえるのだろうか」という思考実験をイマジネーションを用いて行うということです。

これは、他者への思いやりあるいは利他的な関心からそうする場合もあれば、自分の利益のためにあるいは利己的な関心からそうする場合もあるでしょう。たとえば、古来「敵を知り己を知れば百戦危うからず」といわれますが、これは利己的な関心からの理想上の立場の交換を行うということでしょう。いずれにせよここでは、イマジネーションを用いての人間観察の重要性が指摘されています。

また、特にアダム・スミスは、相手との想像上の立場の交換だけでなく、**自分とも相手とも異なる第三者への想像上の立場の移し替え**ということについても指摘しています。そして彼はここから、**「公平な観察者の視点」**という考え方を導いています。自分とも相手とも異なる第三者的な観点に立ってものをみることが、はたして公平な（あるいは正しい）判断を導くことになるのかどうかについては、私はやや疑問です。しかし、囚人のジレンマ的な状況において、自分とは異なる他者への好奇心を発揮して、対立する相手との想像上の立場の交換を行ったり、さらには、自分とも相手とも違う第三者の立場に立って物事をみるということが、コミュニケーションや相互理解にとって重要であるということはいえるでしょう。

③　ジレンマの構造を囚人のジレンマから別のジレンマの構造へと変えてゆく努力

囚人のジレンマの構造というのは、これまで述べてきたように、二人のプレイヤーの行動の組み合わせについて次のような利害得失順位、*DC*＞*CC*＞*DD*＞*CD* が双方について成立するということです。そして、このジレンマの構造を変えるというのは、たとえば ***DC*＞*CC*＞*DD*＞*CD* を *DC*＞*CC*＞*CD*＞*DD* に変える**ということです。理想的にいえば、さらにこれを、*CC*＞*DC*＞*CD*＞*DD* に変えることができれば一番よい。こうなれば、それは協力の好循環ですから、もはやジレンマは存在しません。しかしこのような状況に直ちに移行することは難しいでしょう。

さて、*DC*＞*CC*＞*CD*＞*DD* というジレンマの構造を有するゲームは**チキンゲーム**と呼ばれるものです。チキンというのは英語で「弱虫」という意味です。つまり、チキンゲームとは弱虫ゲームという意味です。『囚人のジレンマ』の著者パウンドストーンは、チキンゲームを次のように説明しています。「中央に白線の引かれている長いまっすぐな道路を選び、左右の端に分かれた二台の車を同時に発車させ、猛スピードで互いに接近してゆく。どちらの車も、左右の車輪のどちらか一方は、白線の上を走らせなければならない。二台の車が接近するにつれて、正面衝突の危険も増大してゆく。もしどちらかが、先に白線から外れて相手をよけたら、その相手はすれ違いざまに「弱虫」と叫び、よけてしまった少年は軽蔑の対象となる」。チキンゲームが有名になったのは、一九五五年の映画「理由なき反抗」でティーンエージャーの不良たちが行った暴走ゲームからだといわれています。実際、この映画の公開直前には、主役のジェームス・ディーンがハイウェイを暴走して死亡するという事故も起き、そのことによって、この映画は一層話題となりました。

チキンゲームは米ソの核戦争の危険との関係でいえば、いわゆる**瀬戸際政策**として語られています。つまり、米ソの政治家たちはお互いに、自分こそが最高の知恵と勇気を持った政治家であり相手は弱虫であるから、最後の最後では自分たちに屈するだろうと考えて、危険と背中合わせの強硬な核政策をとり続けるというわけです。しかしもしこれが、最後まで行ってしまって、「最高の知恵と勇気を持った政治家」という面子を失いたくないがために、世界を破滅に導くということになれば、それこそ馬鹿げたことです。

したがって、チキンゲームは、そのチキン（弱虫）という軽蔑的な名称にもかかわらず、囚人のジレンマに比べて、より協力を引き出しやすいという意味で、有意義なあるいは緩和されたジレンマの構造を有しています。両者の違いは、最後の二つの選択肢の選好について、囚人のジレンマが DD>CD であるのに対して、チキンゲームが CD>DD という利害構造になっていることです。つまり、囚人のジレンマでは自分が協力して相手が非協力（裏切り）というのが最悪であるのですが、**チキンゲ**

ームでは、たとえ自分が裏切られても（あるいはたとえ自分が協力することによって弱虫といわれても）、**お互いに裏切り合う**（非協力）**よりは自分にとって利益である**。血気盛んな若者であれば、チキンと呼ばれて頭に血がのぼるかもしれないが、いい年をした大人であれば、たとえチキンと呼ばれても、自分の利益不利益を考えて、協力の道を探るであろうというわけです。

他方で、囚人のジレンマとチキンゲームでは最初の二つの選択肢の選好については、ともにDC＞CCであってその選好構造は同じです。相手が協力してくれるのであれば、自分は裏切る（非協力）のが、自分にとって最も利益となる。つまり、囚人のジレンマに対して、チキンゲームでは裏切り（非協力）の悪循環は避けられるけれども、お互いに協力の状態が不安定であることに変わりはないということです。

さて、**囚人のジレンマ状況の認識がチキンゲームの状況認識へと変化するということはどういうことでしょうか**。これを、米ソの核先制攻撃の危険という状況を例にとって説明すると、最初にこの状況が囚人のジレンマに近い状況として理解されたとき、米ソにとって最悪の結果とは、自分が先制攻撃をせずに（協力して）、相手が先制攻撃を仕掛け（非協力）、その結果、自分が壊滅的な打撃を受ける事態と考えられていました。ただ、この時点では、放射能汚染が人類および地球全体に及ぼす影響の問題は意識されていませんでした。

実際、核兵器が最初に開発され核実験が行われた頃は、核爆発のすごさが全世界に強い印象を与えたけれども、それ以上に、核兵器が放出する放射能汚染が人類全体により一層深刻な悪影響を与えることまでは、認識されませんでした。人類最初の水爆実験がビキニ環礁で行われたときに、水爆の爆風を浴びながら、軍の関係者や科学者たちが喝采を送っている映像は、それを如実に示しています。
しかしその後、米ソによる核実験が繰り返されるなかで、核兵器の使用による放射能汚染が地球全体に及ぼす深刻な影響が科学的研究によって明らかになり、地球環境の保護や地球平和を目指す数多くの市民運動によって、そうした認識が人類全体に浸透し、米ソのみならず全人類にとって最悪な結果とは、米ソの双方が先制攻撃を行うこと（非協力）による核全面戦争によって、人類全体が滅亡する事態であると考えられるようになりました。これによって、核先制攻撃の危険という状況がチキンゲーム的な状況認識へと変化したというわけです。もっともこの場合、自分が先制攻撃をして（例えば部分的に核兵器を使用して）、相手がその攻撃を甘受することが、自分にとって最も利益であるという事態に変わりはないので、非協力の悪循環（核先制攻撃合戦）は避けられるけれども、非協力（核兵器の部分使用）の誘惑は依然として存在しており、それが米ソの冷戦構造を規定していたと考えられます。

†外側のゲーム

囚人の取り調べの場合、ジレンマ状況のなかで双方が必ず自白合戦になりそうなのに、現実にはそうならない。例えばヤクザの取り調べの場合に彼らが容易に口を割らないのは、**取り調べゲームの外に、もう一つのゲーム（あるいは制裁）が（人為的に）設定されている**からです。つまり、裏切って自白した場合にはシヤバで報復を受けるが、黙秘で押し通した場合には組での出世が保証されるわけです。米ソの核先制攻撃の場合には、こうしたいわばより上位の権力（例えば組という権力）によるもうひとつの外側のゲームは存在しませんでした。それだけに、核戦争の危険は、その初期の段階において、相当高かったと思われますが、米ソはその後、核先制攻撃ゲームの外側に、もうひとつの核軍拡競争というゲームを形成していきました。この**核先制攻撃ゲームと核軍拡競争ゲームの関係**、あるいは、核軍拡競争が核全面戦争の危険に対してどのような影響を与えたかについては、評価が分かれるところでしょう。

新たな核兵器の開発がお互いの好戦的な気分を高めることによって、戦争の危険を増大させたことは否定できません。他方で、新たな核兵器の開発は相手に対して、「お前の古い核兵器による先制攻撃では十分ではない」というメッセージを与えることによって、双方の先制攻撃の意欲を低めたという側面がないわけではないでしょう。（例えば、「お前の核兵器による先制攻撃を受けたとしても、われわれはそれにある程度対処できる新兵器と防衛システムを開発した。それによってわれわれは、お前の先制攻撃に耐えて、報復攻撃をすることができる。したがって、われわれが直面している核先制攻撃ゲームは一回きりの囚人のジレンマゲームではない。むしろ、未来の影を伴う継続的な囚人のジレンマゲームなのだ。それでもお前は私（相手）を裏切って先制攻撃を仕掛けることが合理的だと考えることができるのか」というメッセージは、もしこうしたメッセージを米ソの双方が相手に対して送り続け、かつそのメッセージをお互いの共通の認識として共有したとすれば、米ソの双方に対して、核先制攻撃の合理性について疑いを抱かせる一定の効果を持ったと考えられるかもしれません。）歴史の事実としては、冷戦時代において人類は核戦争の悲劇を回避することができたということです。

チキンゲームという状況認識への変化のもうひとつの例をあげると、**コミュニティのごみ問題の解決のジレンマ**が挙げられます。最初、ごみ問題が地域の衛生環境全体に及ぼす影響が、あまり深刻に考えられていなかった状況においては、この問題は四人のジレンマ的な状況と考えられていました。つまり、最悪なのは、自分だけが苦労してごみ処理をきちんとしても、みんなが協力してくれなければ、ごみ問題の解決にはなんの役にも立たないという事態です。しかしその後、ごみの投げ散らかしや不法投棄が蔓延するなかで、ごみ問題が地域の環境全体に及ぼす深刻な影響が明らかになり、またごみ問題についてのコミュニティの人々の自発的な運動が、そうした認識を地域全体に浸透させることによって、ごみ問題についての人々の非協力が最悪の結果を生む、と認識されるようになります。こうして、人々のごみ問題についての非協力の姿勢に変化が生まれます。

実際、ごみ問題について成果をあげている自治体をみると、最初は地域住民がむしろ無関心で協力が得られず、それによってごみの投げ捨てや不法投棄が日常化し、地域の生活環境が相当に悪化したことが、かえって住民の間にごみ問題についての協力の姿勢を引き出すきっかけを与えた、といった例が多くみられます。もっともこの場合でも、みんなが協力してくれるなら自分だけがズルを（ごみのポイ捨てを）しても大丈夫だろうという非協力の誘惑は依然として存在しているので、そうした非協力の誘惑を克服して、協力の好循環を生み出すためには、さらなる状況認識の変化を促す工夫が必要となります。

第六章　民主主義

1　上からの民主主義と下からの民主主義

三つの努力の社会的な制度化：民主主義と市場

前章では、公共哲学の基本問題が、他者という存在をめぐるものであり、深刻な相互不信を含む囚人のジレンマ的な状況を克服して、他者との協力と秩序をいかにして可能にするかという問題であることをみてきました。そして、この問題に対処するために、三つの努力がわれわれに求められることを指摘しました。すなわち、ゲームは続くという条件を作り出す努力、ジレンマ状況のイメージの食い違いを是正する努力、そしてジレンマの構造を変えていく努力です。

ところで、われわれの社会には、われわれ自身も含めて、多様な価値観や考え方を持った他者が生活しています。とすれば、われわれの社会が成り立つためには、他者との公共性（協力と秩序）のための、これら二つの努力が制度化されていなければなりません。私の考えでは、民主主義と市場は、本来、自由な社会において、他者との公共性を生み出すために、これら二つの努力を慣習化し、さらには法制度化したものです。そして、この慣習と法律を合わせて社会制度と呼ぶならば、**民主主義と市場はいずれも、他者との持続的なコミュニケーションのための、相互理解のための、そして、相互不信を協力へと転換するための社会制度**なのです。

そこで以下、本章ではまず、民主主義について、次章では、市場について、論じることにしましょう。そして、民主主義と市場がこれまでどのように理解されてきたのか、また、民主主義と市場はどのように理解されるべきなのかを、考察したいと思います。

その前に、注意しておくことがひとつあります。それは、民主主義と市場がいずれも、他者との公共性問題を解決するために、上から、権力を行使する仕組み（法律）であると同時に、下から、社会の自発性を支える仕組み（慣習）でもあるということです。これらをそれぞれ、**上からの公共性と下からの公共性**と呼ぶとすれば、民主主義も市場も、これら二つの側面をバランスよく発揮する必要があるのです。そして、近代以降の、民主主義と市場についての、歴史の流れを見ると、始めは上からの公共性という性格が強かったのが、特に現代においては、下からの公共性という性格が顕著になってきていて、現在の私たちは、民主主義と市場について、この二つの理解の仕方で揺れ動いているように思います。

†下からの公共性の概念についてのおさらい

これはすでに、第四章で、「公」―「公共」―「私」の三分法や公共性の生成に関して論じたものですが、下からの公共性の概念について、少しおさらいをしておきたいと思います。

ひとつは、動機と結果のつながりの問題です。「みんなのために」と思ってやったことが、公共性に反する結果をもたらすことがあるということ。逆に、「自分のために」と思ってやったことが、公共性を生み出すことがあるということです。一般には、利他心が公共性と結びつき、利己心は私的利益と結びつくと考えられていますが、必ずしも動機と結果が直接的に結びつくわけではない。いわば**意図せざる結果として公共性が生み出されることがある**ということです。

下からの公共性は、意図せざる結果としての合意形成を含んでいます。利他的な動機や私的な利益や感情など、さまざまな、ときに対立し矛盾するような声がぶつかり合って合意形成がなされるので、どういう結果が出てくるか予測がつかないということがあります。はじめから特定の意図、例えば理性が他を制して合意に至ることが、ある程度予測できるわけではないのです。出来レースではなく、いわば**不確実性の中で合意形成がなされる**ということです。これに対して、「理性的な市民が合意して市民政府を作る」という考え方は、一見、理想的な下からの公共性の形を現わしているようにみえますが、実はしばしば啓蒙専制主義的な考えを含んでいて、理性的な判断ができる知的エリート層が大衆の蒙を啓いて正しい判断に導くというような、上からの公共性の発想と結びつきやすいのです。

もう一つは、利他主義であれ利己主義であれ、それが下からの公共性と結びつく場合には、他者という存在に関心を持ち、自分の持ち場でできることをしっかりやるという意味で、現場主義であり、またドミナントなもの、広い意味での権力に対するチャレンジ精神を有しているということです。まず、下からの利他主義は、他者への関心に支えられていなければ、独りよがりの思いやりになってしまうし、現場主義でなければ地に足のついたものになりません。また、「みんなのために」という平等主義的な観点から既存の支配構造を是正しようとする志向を含んでいます。

利己主義が下からの公共性と結びつくというのは、例えば経営者が市場において、経済的な不確実性とリスクを引き受けて企業家精神を発揮するような場合が考えられますが、この企業家精神に、消費者やライバル企業という他者への関心が含まれていることはいうまでもありません。またそれは、現実に自分が直面するリスクを引き受けるという意味で現場主義であり、さらに、技術革新や新たな市場を創造することによって、既存の経済構造へのチャレンジを含んでいます。

このように考えるならば、利他主義であれ利己主義であれ、**下からの公共性の特徴**として挙げられるのは、**他者との想像上の立場の交換という意味でのイマジネーション、現場主義、そしてチャレンジ精神**ということだと思います。

公共性問題としてのナショナリズム

近代において、民主主義と公共性をめぐる主要な問題の一つが、国民が平等に参加する民主的国家として、国民意識を高揚し一体化をはかるためのナショナリズムの形成であったことは、疑いがないでしょう。現在でも、「愛国心を涵養し国民としての一体性を維持することは、民主的な国民国家の存在理由そのものである」という考え方は、依然根強いものがあります。

そして、**近代の初期において、国民国家とナショナリズムの形成のために、民主主義は、上からの権力を支える**（正当化する）**役割をはたした**と思います。国民国家とナショナリズムの形成の初期の段階では、国民の統合はいまだなされておらず、国民という観念そのものも人々に受容されていませんでした。社会はいわば分裂に近い状態で、それぞれの社会集団はお互いをよそ者（他者）と認識していて、互いに不信感を持ち、国家統合と国民意識の形成のために、協力するかそれとも非協力かについて囚人のジレンマ的な状況に置かれていました。

それぞれの社会集団は、国家統合のために、自分たちの自治権を放棄する必要がありましたし、国民意識の形成のために、自分たちの集団意識（文化や伝統）を犠牲にする必要がありました。この場合、もしある社会集団が自分たちの自治権や集団意識を自発的に放棄して、国家統合と国民意識の形成に協力したときに、他の社会集団が自治権や集団意識を保持しつづけたとしたら、その結果として、この後者の社会集団に有利な形で国家統合と国民意識の形成がなされることになります。しかし、それぞれの社会集団がみな同じように考えて、相互不信に陥り、誰も自治権や集団意識を捨てようとしなければ、国家統合と国民意識の形成は不可能になるでしょう。

このような状況において、国家統合と国民意識の形成がなされるためには、やはり軍事的ならびに政治的な力が発揮される必要があります。つまり上からの、権力による国家統合です。そして民主主義は、国民意識の形成を調達（フィクション）することによって、国民国家としての権力を支え、正当化するという役割を演じました。

少し歴史の文脈のなかで考えてみましょう。十九世紀半ばの日本で、徳川幕府が倒されて幕藩体制が崩壊したときに、新たに成立した明治政府は国家統合の問題に直面したように思います。そのときに、まず問題になったのは、**上からの公共性つまり軍事的ならびに政治的な力の発揮による国家統合**でした。けれども、国家統合の目的が、独裁国家ということではなく、国民国家の成立であるならば、それを民主主義的に支え正当化する必要があります。それが、ナショナリズムと国民意識の形成の意味するものでした。

これは、一見、下からの民主主義、あるいは社会の自発性の動きとみえるかもしれません。しかし、実際には、**上からの政治的な力の操作による、特定の空気の醸成**といえるものでした。例えば、日本古来の歴史や伝統を、上から政治的に操作（フィクション）して、「日本固有の」歴史や伝統の純粋性や神聖性を作り上げ、それを人々に教化することによって、国民意識の形成を図ることや、諸外国との友好に努めるよりもむしろ「外からの脅威」に訴えることによって、国民としての一体化を図ることなどです。

明治初めの神仏分離令やその後の国家神道の制度化は、昔からの日本の宗教信仰のあり方が、いわゆる神仏習合に象徴される神道や仏教、道教、陰陽道などの習合信仰であり、習合神道や習合仏教であったものをいわば強引に引き離して、国家神道が古来からの純粋に「日本的な」信仰や文化を表現するものであり、「日本人の心」を反映するものであることを政治的に教化して、国民意識を醸成するものであったといえます。また、**「外からの脅威」による国民の一体化**についていえば、日清戦争や日露戦争が国民主義や国権主義の興隆と軌を一にしていたことからもわかるように、明治期における日本の国民意識の形成にとって「外からの脅威」に訴えることが大きな意味を持ったことは明らかです。

†福澤諭吉の富国強兵観

こうした流れのなかで、例えば富国強兵の観念も、最初は、坂本龍馬が亀山社中や海援隊の活動によって実践しようとしたような、また福澤諭吉が『文明論之概略』の終わりの部分で論じたような、**日本人一人一人が多様な仕方で交易と交渉を積み重ねて西洋諸国と肩を並べるための現実主義的な戦略論であったものが、結局は、上からの政治的操作によるナショナリズムの高揚と戦争遂行のためのスローガンに変質**してしまいました。なおこれについては、私は『自由とはなんだろう』（二〇〇二年）という本で、坂本龍馬と福澤諭吉を論じたところで述べましたので、少し引用してみます（桂木　2002　五〇—五一頁）。

ただ単に暴利をむさぼる行為は商売ではないし、ただの殺し合いや仁義なき争いはここでいう戦争ではない。福澤諭吉は文明諸国との商売について次のように述べる。「貿易は利を争うのことなりといえども、腕力のみをもって能くすべきものにあらず」と。貿易には知恵が必要であり、また国内が勤勉でなければならないから、貿易が盛んだということは、「内国の人民に知見を開き、文学技芸の盛んに行われて、その余光を外に放ちたるものにて、国の繁栄の徴候」なのである。

戦争もまた同様である。それは単なる殺人の術ではないのであって、理由なく戦を起こそうとすれば、「たとい今の不十分なる文明の有様にても、不十分は不十分のままに、あるいは条約の明文あり、あるいは談判の掛け引きあり、万国の公法もあり、学者の議論もありて、容易にその妄挙を」許すものではない。

このように見るならば、福澤諭吉が文明諸国との交際には商売と戦争の二ヵ条が必要であるというとき、それは坂本竜馬のいわゆる交易と交渉の作法としての万国公法とほぼ同じものを意味していたことは明らかであろう。諭吉も竜馬も、日本が商売と戦争の二ヵ条や交易と交渉の作法としての万国公法を駆使することによって西洋の文明諸国と伍することができると考えていた。諭吉はそれを富国強兵と表現している。彼はいう。**「政府よく人民を保護し、人民よく商売を勤め、政府よく戦い、人民よく利を得れば」、それが富国強兵ということ**であると。

だから、諭吉のいわゆる富国強兵というのは、幕末の攘夷論が発展して排外主義的な軍事ナショナリズムになったというようなものではない。むしろそれは、日本人一人一人が多様な仕方で交易と交渉を積み重ねて西洋諸国と肩を並べるための現実主義的な戦略論なのであり、竜馬が万国公法を強調したときの精神とつながっている（ただし強調は引用者）。

もっとも、明治期の日本におけるナショナリズムと国民意識の形成が軍事的および政治的な力による、上からの民主主義によって基本的に特徴づけられるとはいえ、下からの民主主義、あるいは社会の自発性が働かなかったわけではありません。

この下からの民主主義という観点から明治期のナショナリズムの形成を考えるとき、最も重要な要素のひとつは、社会に生活する人々が共通の言葉を持つことによって、コミュニケーションを円滑に行うということでした。明治以前の幕藩体制の下では、ほとんどの人々は藩という限られた生活空間で一生を過ごしていたのであり、藩相互の交流は全くといってよいほど存在しませんでした。それぞれの藩にはそれぞれお国言葉、つまり現在でいう方言がありましたが、それぞれのお国言葉をつなぐ共通の言葉はなかったのです。それが、幕藩体制が崩壊して明治の世になったときに、国民統合と国民意識の形成のために、人々が共通に使える言葉、つまり**〈日本語〉が必要になりました。そして、この〈日本語〉は、人々が封建的な身分制度の鎖から解き放たれて、お互いに自由にコミュニケーションをするために必要なもの**でもあったのです。

水野雅央『標準語の現在』（一九九二年）は、標準日本語について、明治三六年の国定教科書「尋常小学読本」編纂趣意書にある「東京の中流社会に行われるものをとり、かくて国語の標準を知らしめ」という記述や、大正二年の文部省口語調査委員会の報告書にある「主として今日東京においてもっぱら教養ある人々の間に行われる口語を標準と案定し、その他の地方における口語の法則といえども広く用いられるものはある程度までこれを斟酌」という記述などを引用しながら、次のように述べています。

> 一般に、東京生まれ、東京育ちの人は、みんな自分は標準語を話していると思っているのではないか。生まれながらにして標準語を話す人はいない、と私は思っている。つまり標準語は、江戸語を土台にして、諸地方の人が寄ってたかって作った言葉である。いわば人造語である（水野五四頁）。

明治以降の日本の言語政策を考えるとき、一方でそれは国語政策として、上からの政治的な力によって「日本語」を学ばせて、日本人としての国民意識を形成するという側面があったことは確かなように思います。そしてそれが、国語を普及させる過程で、方言札の例に見られるような、それぞれの**地方のお国言葉の排斥を伴っていたこと**も否定できません。ただ他方で、標準語政策として考えた場合に、標準日本語が、封建的な身分制度や藩の垣根を越えて、当時の**人々の自由なコミュニケーションを促すという、下からの民主主義や社会の自発性に適うものとして作られたという面**もあったのではないでしょうか。当時、藩や地方の垣根を越えて用いられた言葉としては、江戸城中で大名たちが用いた言葉や富裕な商人層の言葉など、武士や商人の上流階級で用いられていた言葉があったのに、それらの言葉ではなく、江戸の中流の人々の言葉と地方で比較的共通に使われていた言葉を合わせて標準日本語が作られたことは、そのことを示しているように思います。

さて、以上の考察を踏まえて、現代における公共性問題としてのナショナリズムを考えるとき、（上からの）**排他的なナショナリズムから**（下からの）**開放的なナショナリズムへという流れ**のなかで、社会の自発性という意味での下からの民主主義はますます重要になっています。例えば、いま述べた日本の言語政策でいえば、それが日本の開放的なナショナリズムの形成という方向性のもとで考えられる場合には、一方で、グローバリゼーションに対応する日本語のあり方（日本語の国際化）と、他方で、お国言葉としての方言の活性化（マイノリティ言語の保護）などの問題をめぐって、社会の自発性つまり下からの民主主義を反映することが必要となるということです。

このうち、前者についていえば、標準語としての日本語教育からより開放的な共通語としての日本語教育へという問題と世界語になりつつある英語教育の重視とのバランスの問題です。これはこれまで繰り返し論じられてきましたが、目立った成果が得られているわけではありません。後者についていえば、お国言葉の活性化は、沖縄などを中心に、盛んになってきています。ただ、共通日本語と英語教育の問題であれ、お国言葉の活性化であれ、全体としていえることは、これらへの対応のなかに、社会の自発性や下からの民主主義に支えられた、開放的なナショナリズムの形成という視点が、はっきりと現れてはいないということです。

これに対して、ヨーロッパでは、社会の自発性や下からの民主主義によってナショナリズムを支えるという考え方が、一層顕著に現れてきているように思います。言語政策についても、開放的なナショナリズムから一歩進んで、多言語主義という政策枠組みの下で、政策提言がなされ始めています。例えば、多言語主義の言語政策に関する法制化の動きとしては、ヨーロッパ評議会が一九九二年に「地域少数言語ヨーロッパ憲章 European Charter for Regional and Minority Languages」を採択しました。これは一九九八年に発効し、二〇〇四年十二月現在で十七カ国が批准しています。私の編集した、『ことばと共生』（二〇〇三年）と題した論文集のなかで、この憲章について論じたことがあります。この憲章の基本思想は次のようなものです。すなわち、「マイノリティの人々が生活のいろいろな場面でマイノリティ言語を用いることを奨励することは、それぞれの国家やヨーロッパの分裂を助長するものではなく、むしろ統合を促すものである」。そしてこの基本思想に立って、憲章では次のような規定を設けています。

「あるマイノリティ言語が隣接する国の多数言語である場合、政府はその言語による二国間文化交流を国家統合への脅威とみなすべきではない。」すなわち、ある国におけるマイノリティ言語が隣の国では多数派の言語だとすると、それは両方通牒して何か悪いことをやるのではないかというように考えるべきではない。むしろ文化交流によって自分達の存在が認められることで、マイノリティ言語集団はより一層自分達がその国家の一員であるということを強く感じるのだ、という考え方に立っている（桂木（編）二一八頁）。

日本が、ヨーロッパのように、多言語主義という、開放的なナショナリズムよりさらに一歩進めた言語政策枠組みを採用する可能性は少ないでしょう。しかし、ナショナリズムを、イデオロギーの問題ではなく、人々の生活の多様性のなかでの自発的な協力と社会統合という、下からの民主主義の観点から考えて、閉鎖的なナショナリズムから開放的なナショナリズムの言語政策を模索することは可能だし、またそうする必要があるように思います。実際、最近日本では、多文化共生ということが開放的ナショナリズムと結びついて論じられるようになってきています。そして、本書の最後で、日本の公共精神を論じる部分で述べるように、**日本の民衆の文化や伝統が、諸外国からの多様なものの習合によって形成されてきたこと**を考えると、**日本における開放的なナショナリズムと多文化共生の可能性**について、そう悲観的になる必要はないと思います。

2　民主主義理論の現在

シュンペーターとダールの民主主義理論

これまで、公共性問題としてのナショナリズムを例にとって、上からの民主主義と下からの民主主義について、やや具体的に述べてきました。そこでは、大きくみれば、上からの民主主義から下からの民主主義への流れと、上からの民主主義と下からの民主主義の相補性という考え方の萌芽が認められます。そこで以下では、こうした流れや考え方の変化を、民主主義の理論に即して、考察することにしましょう。

民主主義についてのここでの前提は、**自由社会、つまり大衆社会であると同時に価値が多様化した社会において、そのような多様な価値観や生活感情を持った人々が自由に生活を営むなかで、互いに協力し秩序を形成するための仕組みとして民主主義を考える**ということです。大衆社会であるけれども、大衆という同質化された単一の集団によって現代の自由な社会は成り立っているのではなく、異なった価値観や生活感情を許容する多様な集団によって成り立っている。このような社会において成り立つ民主主義とはどのようなものか。それは、上からの公共性（法制度）として成り立つ民主主義なのか。それとも、下からの公共性（慣習）として成り立つ民主主義なのか。また、上からの公共性と下からの公共性の相補性とは、この場合どういうことなのか。

このような問いの立て方は、一見奇妙であると感じられるかもしれません。民主主義が民意の反映を目指す政治のあり方であるとするならば、当然それは下からの公共性として成り立つように思われるからです。しかし現実には、**最初、民主主義は上からの公共性あるいは選挙と議会制という法制度として専ら成り立つものと考えられていた**と思います。

出発点は、十九世紀後半から二十世紀前半にかけて先鋭化した資本主義と社会主義のイデオロギーの対立でした。つまり、自由社会の多様な価値観がイデオロギーの対立となって現れたのです。この時期の民主主義論を代表する思想としては、**ヨーゼフ・シュンペーター**（Joseph Schumpeter, 1883–1950）の**『資本主義、社会主義、民主主義』**（一九四二年）が挙げられます。

シュンペーターの問いは、イデオロギーの対立のなかで、民主政治の合理性はどこにあるのかというものでした。イデオロギー的な政治的主張の対立は、それをそのまま放置すれば、対立の激化による社会不安と無秩序という不合理な結果を導きます。これを避けるためには、政治的な利害対立からイデオロギー的な要素を切り離して、政治的利害の対立を政策的主張の競争へと転換する（法制度化する）ことです。国民ないし大衆が政治に直接参加することになると、右派と左派の集団デモの応酬などによる対立の激化と社会的混乱は避けられない。そうではなく、右派と左派が政策集団として、国民に競合する政策を提示して、選挙によって選ばれた集団つまり与党がその政策を実行する。いわば、デモによる政治的対立から選挙による政策競争へと転換することによって、民主政治の合理性を確保しようというのです。こうして、シュンペーターによれば、**民主主義とは、選挙による代表選出と**

その選ばれたエリートたちによる、予算の分配、各種の規制、所得の再配分をめぐる競争ということになります。

このシュンペーターの理論は、その後、現代の代表民主制を理解する方法に受け継がれます。例えば、**ロバート・A・ダール**（Robert A. Dahl, 1915–2014）は、民主主義の経験分析という立場から、自由社会における民主主義を**代表民主制**（ポリアーキー）と呼んでいます。彼は『**現代政治分析**』（一九六三年、一九九一年第五版）のなかで、この代表民主制の特徴として、政策決定権が憲法の規定により議会で選出された公職者に与えられること、公職者は公正で自由な選挙によって任命されまた平和的に排除されること、市民が選挙権および被選挙権を有すること、市民が表現の自由と情報へのアクセス権を有すること、市民は政党や利益集団をはじめとする政治集団を設立する権利を有すること、を挙げています（ダール　一〇六―一〇八頁）。

シュンペーターとダールは、いずれも、選挙によって選ばれたエリートによる代表民主制が民主主義の合理的な姿であるという考え方に立っています。彼らは民主主義を、上からの公共性という視点から、つまり**選挙という政治的競争によって選ばれたエリートの支配**として、理解しているといえます。

両者の違いは、シュンペーターが自由社会の多様な価値観を、資本主義と社会主義のイデオロギーの対立として理解していたのに対して、ダールはそれを、より多元的な仕方で理解する点にあります。それによって、ダールはシュンペーターの民主主義論を現代の自由社会に即してより洗練させたといえるでしょう。

ダールによれば、代表民主制は多元的なシステムです。つまり、多種多様な圧力団体や労働組合、政党などの、比較的自立した多元的な集団や組織が、選挙を通じて政府に影響力を行使しようとして活発に行動しているのです。この場合、これらの多元的な集団が、様々な政策を国民に提示して、選挙で勝利を得ようと競い合います。国民は、自分にとって最も好ましい政策を提示する政党（とその背後にある圧力団体や労働組合）に投票し、選挙に勝利した政党が、議会での多数決により政府を組織して、その政策を実行します。結果として、政府の実施する政策は国民のより多くの幸福（自分の好む政策を選ぶという意味で選好ともいう）を反映したものになります。いまもし「民主主義の立法原理は最大多数の最大幸福の実現である」という功利主義の考え方を受け入れるならば、**代表民主制は、多様な価値観のイデオロギー的な対立による無秩序を回避するだけでなく、国民の最大多数の最大幸福を実現するという点でも、合理的な政治制度である**ということになります。こうして、現在に至るまで、「民主主義が政治的正当性を主張できる根拠は、選挙での勝利と選ばれた議員による政党政治（という理由）である」という考え方が一般化するようになりました。

この功利主義の民主主義理論をより洗練させたのが、**社会選択理論**です。それによれば、代表民主制の合理性を論証するためには、民主的な選挙制度と選挙によって選出された代表による政策決定が、国民の最大多数の最大幸福を実現する仕組みであることを証明できればよいのです。いま選挙で、有権者である国民に対して、複数の政策つまり選択肢が提案されたとします。一人一人の国民はその選択肢について、自分が選好する順番を付けます。そして自分が最も好いと思う政策を選択し、その政策を主張している候補者に投票します。こうした投票によって選出された議員の多数決によって決定される政策は、国民の幸福（選好）を最大化する合理的なものであり、したがって、代表民主制は合理的な制度として正当化されます。

幸福を上から計算する

功利主義の民主主義理論や社会選択理論の問題点は、国民の幸福（選好）の計算という考え方にあります。もともと功利主義には、十八世紀の終わりから十九世紀の前半にかけてイギリスで活躍したジェレミー・ベンサム（Jeremy Bentham, 1748-1832）の思想にみられるように、**国民の幸福を計算するという上からの公共性の考え方**が強いのです。そして、国民が選ぶという国民の自発性の要素を加味した考え方にしても、計算する主体は国民ではないし、しかも代表民主制のもとでの計算なので、どうしても上からの（代表つまりエリートによる）公共性になりがちです。

「上からの」という意味は、ひとつは、代表民主制という枠内では政党の政策が選挙で争われるので、**国民が選ぶ対象となる複数の政策**（選択肢）**があらかじめ決まっている**ということです。政党（とその背後の利益集団）が様々な政策をいわば上から提案して、その枠のなかで国民が選択する。与えられた政策のなかで選択するので、国民が自発的に議論をして政策が生まれるというのではありません。しかしそうなると、国民は「自分たちは与えられたものの中でしか選択できないのか」と感じるでしょう。本当は、自分は別の選択肢が欲しいのだけれども、どうせそれは得られないのだとあきらめてしまう。そうすると、われわれは、自分の心のなかにある選好構造を変えて、与えられた選択肢に合わせるようになるか、あきらめてしまって、選択すること自体に無関心になるか、どちらかになります。

これは**適応的選好** adaptive preference と呼ばれるもので、**イソップ物語の「すっぱいブドウ」の話**がよく知られています。きつねが山道を歩いていると、自分の手の届かないところにおいしそうなブドウがなっている。それをみて、どうしても手に入れたいと思って、あらゆる努力をするけれども、手に入れることができない。あきらめて立ち去るときに、きつねはつぶやく。「あのブドウはすっぱいんだ」。

適応的選好の問題は、与えられた選択肢に合うように、自分の選好構造を変えてしまう点にあります。選択したものが自分の本当の選好構造を反映していないということです。ここから、代表民主制は国民の本当の幸福（選好）を実現するものなのかについて、疑問が生じます。まして、代表民主制が国民に適応的選好を強いるだけでなく、さらに進んで、国民の政治に対する無関心を助長するとすれば、問題はいっそう重大です。

「上からの」のもう一つの意味は、代表民主制という枠内では、多数決という、あらかじめ決められた計算の仕方によって、「最大多数の最大幸福」を実現する政策が決定されるということです。そのため、国民は、複数の政策の選好の順位を決めて、その第一順位のものに投票せざるをえないのです。この場合、それぞれの順位の間の強弱が一定であると仮定しても、代表民主制が国民の最大多数の最大幸福を実現するかについて、疑問が生じます。例えば、**表1**をみてください。いま、a、b、

表１　代表民主制と最大多数の最大幸福

	1位／3度	2位／2度	3位／1度	4位／0度
甲	a	b	c	d
乙	a	b	c	d
丙	b	c	d	a

c、dという複数の政策の間で、甲、乙、丙の三人が投票すると考えます。多数決で決めた場合には、三人の幸福（選好）を最大化する政策として、aの政策が採用されます。しかし、多数決という計算方法をとらないで、三人の投票の際の選好度（度数）によって計算する場合には、$a=3+3+0=6$度に対して、$b=2+2+3=7$度となり、三人の幸福を最大化する政策はbだということになります。

この問題は、複数の政策の順位の間の強弱に違いがある場合には、一層深刻になります。これは、**インテンシティ** intensity **の問題**と呼ばれるものです。現実の投票でしばしば生じることですが、われわれの多くは「aでもbでもどちらでもよいが、あえて順位を付けるとすればaだ」と考えて投票するのに対して、少数の人たちが「aが採用されると自分たちの基本的な権利が侵害される」または「bが採用されなければ自分たちの重大な利益が失われる」と考えて投票することがあります。この場合、**多数決では、選好の順位だけが問題で、選好の強さ**（インテンシティ）**は考慮されない**ので、結果としてaの政策が採用されることになります。しかしそれは、どっちでもよいと軽く考えた多数の人の声が考慮されて、どうしてもこれにして欲しいと真剣に考えた少数の人の声が聞き入れられないということです。ここから、「代表民主制は国民の最大多数の最大幸福を実現する制度といえないのではないか」という深刻な疑問が生じています。

適応的選好の問題やインテンシティの問題が明らかにしているのは、自由社会つまり価値の多様化した大衆社会における民主主義の姿として、代表民主制が基本的に受け入れられるとしても、同時にそれは、上からの公共性の発想に由来する問題点を含んでいるということです。そしてここから、現代民主主義理論において、下からの公共性を反映させようとするいくつかの試みが生じています。

公共選択理論の考え方

公共選択理論は、社会選択理論を基本的に受け入れつつ、適応的選好の問題やインテンシティの問題について、社会選択理論の適用領域を限定することによって解決しようとする考え方です。この考え方の代表としては、**ジェームス・ブキャナン**（James Buchanan, 1919-2013）がいます。ここでは、ブキャナンの『**自由の限界**』（一九七五年）および、ブレナンとブキャナンの『立憲的政治経済学の方法論』（一九八五年）に拠りながらみていきましょう。

議論のポイントは、社会選択理論の選好という概念について、**基本ルールの選択と**（基本ルールの枠内の）**政策の選好を区別する**ことです。公共選択理論では、前者を立憲的選択と呼ぶのに対して、後者を立憲後の選択と呼んでいます。このうち、政策の選好あるいは立憲後の選択については、民主的選挙と自由な投票によって選ばれた代表が多数決によって行うのが合理的であると考えて、社会選択理論を受け入れます。しかし、社会選択理論の問題点は、基本ルールの選択あるいは立憲的選択にまで、この考え方を適用しようとするところにあるとされます。

基本ルールの選択あるいは立憲的選択の場合には、例えば日本の憲法改正の問題を考えればわかるように、国民に適応的選好を強いたり、それによって国民が憲法改正に無関心になることは避けなければならないでしょう。また、憲法改正などの場合には、賛成論や反対論など、それぞれの主張が激しくぶつかり合うので、数の問題ではなく価値の問題となり、それをあえて多数決で決めようとすれば、インテンシティの問題がより深刻化することになります。

なお、**立憲的選択は、憲法の選択だけでなく、社会の基本ルールの選択を含む、より広い概念**です。憲法改正に限らず、税制の根本的な改革や、発展途上国で常に問題となる農地制度の改革、つまり小作制度を廃止して自作農制度を創設する場合など、社会の基本ルールを新たに選択するときも、立憲的選択と考えられています。

さて、ブキャナンによれば、このような**立憲的選択は全員一致のルールによって、あるいはできるだけ全員一致に近い仕方で行われるべきである**とされます。確かに、全員一致の合意であれば、すべての国民の自発的な意見が反映されることになり、インテンシティの問題も解消されることになります。しかし現実には、日本の憲法改正で全員一致の合意が得られるとは誰も思わないでしょう。そこでブキャナンは、以下に見るように、立憲的選択における「全員一致」を、現実と理論上のフィクションの中間に位置づけています。それによって、立憲的選択をより現実的なものにすると同時に、適応的選好やインテンシティの問題などの理論上の難点を克服しようとしているのです。

出発点は、ジョン・ロールズ（John Rawls, 1921–2002）の『正義論』（一九七一年）とその中で述べられた「無知のベールの下での全員一致の合意」というアイデアにありました。**「無知のベール** veil of ignorance」というのは、人々が憲法制定するときに、自分が富んでいるか貧しいか、知的にあるいは肉体的に優れているか劣っているか、肌の色は何色であるかなど、自分の社会的立場の有利不利について、ベールが掛かっていてわからないということです。このような状況において、人々が憲法を選択する場合には、自分の利害を考えることができないので、自分がどのような立場になってもよいようにと考えて、結局、全員がみんなの利益のために憲法を選択することになり、全員一致の合意がなされることになるというわけです。

†無知のベール

このロールズの「無知のベール」については、ヨースティン・ゴルデルの『ソフィーの世界』がわかりやすい説明をしているので、それを引用してみましょう。

「マルクス主義の影響を受けた道徳哲学者のジョン・ロールズが、面白い頭の体操を考案している。ちょっと、未来社会のすべてのルールをつくる委員会のメンバーになったと想像してごらん」「はい、そういう委員会に出席していると想像したわ」「委員会はなにからなにまで考えるんだ。そして委員会が合意して、ルールにサインしたとたん、きみたちは死ぬ」「わぁ、ひどい話！」「でもすぐに、きみたちがつくったルールで動いている社会に生まれ変わる。でもその社会のどこに生まれるか、つまりどんな社会的立場に立つかわからないというのが、この頭の体操のミソなんだ」「なるほど」「そういうのが公平な社会だろう。だれもが平等なあつかいを約束されているのだから」（ゴルデル　下巻一五九頁）。

さて、現実の立憲的選択において、ロールズの「無知のベール」が機能することはありえません。そこでブキャナンは、ロールズのアイデアに修正を加えて、次のように考えました。われわれはみな、現実の利害関係や価値観を背負って、立憲的選択に参加する。その意味で、われわれには「無知のベール」は掛かっていない。ただし、なんらかの工夫をすれば、立憲的選択によって将来の自分がどうなるかについての**「不確実性のベール** veil of uncertainty**」**を掛けることはできるだろう。それによって、全員一致に近い形での合意が得られる可能性が生じる（ブキャナン＆ブレナン　六八―六九頁）。

ひとつは、立憲的選択が、ただひとつの基本ルールの選択ではなく、**いくつかの基本ルールの組み合わせあるいはパッケージの選択**であれば、パッケージ全体が、立場の異なる国民のそれぞれにどのような影響を与えるか、その有利不利について予測することが難しくなる、つまり不確かになるということです。例えば、日本の憲法改正の場合に、第九条という単一の基本ルールの改正だけでなく、象徴天皇制や地方自治制度の改正など、いくつかの基本ルールの改正をパッケージとして選択する場合には、それがそれぞれの国民にどのような影響を与えるかについて、不確実性のベールが掛かった状態になるというわけです（ブキャナン　一〇九―一一一頁）。

もうひとつは、立憲的選択がより包括的であるように、つまり選択される基本ルールが、より長期間にわたって効力を持つような仕方で規定されるということです。そうすれば、それぞれの国民は、この長い期間の間に、自分がどういう利益不利益を受けるかということについて、予想することは難しくなるでしょう。つまり、**より長期的な将来にわたって影響を与えるという要素を組み入れる**ことによって、立憲的選択に不確実性のベールを掛けることができるというわけです（ブキャナン&ブレナン　二二八頁）。

このような工夫によって不確実性のベールを掛けられた立憲的選択が、国民の全員一致に近い合意を導くことができるのか、またそれによって、適応的選好ないし政治への無関心の問題やインテンシティの問題を克服することができるのかについては、『立憲的政治経済学の方法論』第九章「民主主義政治の下で立憲的改革は可能か」で述べられているように、楽観的な見通しを語ることはできません。

パッケージによって不確実性のベールを掛けることについては、それでは全員一致の合意は得られないということだけではありません。そもそも、ロールズが無知のベールという工夫を考え出したのは、それによって公正な合意（fairness）が確保できるという理由からでした。しかし、不確実性のべールでは、自分の立場や利害関係が見え隠れするだけに、それによって得られるのは、公正な合意どころか、**政治的取引ないし政治的妥協の産物であるという批判**を避けることはできません。そして、政治的取引や妥協の産物であることが、誰の目にも明らかである場合には、かえって政治への無関心や政治不信さえ引き起こす危険があります。

また、立憲的選択に時間の要素を組み込んで、長期的な将来にわたる選択の要素を加味するという工夫については、もしそれによって人々が、いまは不利益を被るけれども、長い目で見れば自分の大切な利益や権利が守られると納得するなら、インテンシティの問題をかなり解消することができるように思いますが、他方で、人間は目先の短期的な利益不利益に左右されやすいことを考えると、それについて楽観的になることはできないでしょう。例えば、露骨に既得権を主張する人々や、既得権を批判して、生まれながらの不可譲の権利を頑固に主張する人々を前にして、遠い将来にはみんなの利益や権利が守られますといっても、それによって納得が得られるものではないし、したがって、インテンシティの問題を克服することは難しいかもしれません。

結局、この問題を解決するためには、国民の偏狭な利己心をいわば啓蒙された利己心へと変えてゆくこと、**国民自身が時間をかけて判断力を陶冶することが必要となる**でしょう。しかし、これはもはや公共選択理論の枠を越えています。民主主義は、基本ルールや政策を国民が選択する政治であるだけでなく、国民が、政治への直接参加によって、判断力を陶冶するための政治であると考えることになるからです。

ブキャナンは民主主義を、国民の選択というレベルで考えていますが、国民の参加というレベルでは考えていません、確かに彼は、「立憲的選択は特定の人間の上からの命令から生じるのではなく、すべての選挙民が潜在的に参加する政治の内部作用からでてこなければならない」と述べていますが、その一方で、**立憲的選択**が、現実の政治においては、**政治経済学に精通した社会科学者という知的エリートによって提案されるべき**であると主張しています（ブキャナン&ブレナン　二二二頁、二三〇—二三二頁）。

こうして公共選択理論は、上からの公共性による民主主義の問題点を認識しながらも、下からの公共性による民主主義をめざすというよりはむしろ、上からの民主主義が、下からの大衆の要求をフィードバックさせることによって、いわばより洗練されたものになることをめざしているといえるでしょう。

参加民主主義の考え方

参加民主主義理論は、代表民主制が抱えている「すっぱいブドウ」の問題を出発点にしています。すでに述べたように、代表民主制では、政策の選択肢は国民に上から提案される。国民にとって政策の選択肢は所与（given）であり、自分たちの欲する政策を提案できるわけではありません。そうすると国民は、自分たちの欲する政策は得られないのだ、すっぱいのだとあきらめてしまう。こうして、国民は政治に無関心になるというわけです。無関心であっても、それは代表民主制を受け入れていることに変わりはないから、結果として国民の協力による秩序が形成され、それも民主主義のひとつの姿であるといえないことはありません。しかし、無関心によって成り立つ民主主義がよい民主主義であるとはいえません。もし一般の国民のほとんどが政治に無関心となり、政治に特定の利害関係を持つ人々や圧力団体だけが、選挙と献金を通じて政治に参加するならば、確かにそれは、民主主義の名に値しないといえるでしょう。

これに対して、参加民主主義理論は、**国民の政治への直接的な参加**を主張することによって、よりよい民主主義をめざすものであるといえます。ただ、われわれの社会が自由社会、つまり大衆社会であると同時に価値が多様化した社会であることを考えると、そのような社会において国民の政治への直接参加を促すことは、多様な価値観が直接的にぶつかり合うことによって、民主主義が収拾のつかないことになるのではないかという深刻な疑問が生じます。

これに対する参加民主主義理論の答えは、次のようなものです。すなわち、政治への直接参加は、それによってよりよい政策を実現するというよりは、それによって国民が民主主義とは何であるかを学ぶのである、というものです。**キャロル・ペイトマン**（Carole Pateman, 1940–）は、『**参加と民主主義理論**』（一九七〇年）において、ルソー（Jean Jacques Rousseau, 1712–1778）が提起し、ミル（John Stuart Mill, 1806–1873）が明らかにした**民主政治**（特に代表民主制）**における参加の意義**を再認識する必要がある、と述べています。これは、参加の教育的機能ということであり、民主主義の目的は、政治参加によって個々人が公共的関心を身に付けて正しい人格形成をなすことであり、最大多数の最大幸福の実現ではない、という考え方です。

ペイトマンによれば、ミルは、『自由論』（一八五九年）や『代議政治論』（一八六二年）において、またトクヴィル（Alexis de Tocqueville, 1805–1859）の『アメリカの民主主義』（一八〇五―四〇年）を援用しながら、地方レベルで政治参加することによってこそ、個人は民主主義を学ぶ、**地方の民主主義が国家レベルの民主主義の学校であり安全弁である**、と述べています。そして、ミルはこの議論を、職場などでの民主的参加にまで広げることによって、民主主義における参加の意義をより強固なものにしようとした、といわれます（ペイトマン　六二―六四頁）。

このようなミルの思想に立脚しながら、ペイトマンは、現代の参加民主主義理論について、次のように述べています。

> 参加民主主義の理論［において、］……国家レベルでの代議制度の存在は民主主義にとって十分なものではない。……民主主義のための社会化、ないしは「社会的訓練」が他の領域においても行われ、必要な個人的態度や心理的資質の発達が可能とならなければならない。こうした発達は、参加自体の過程を通して実現するのである。それゆえに、参加民主主義理論における参加の主要な機能は教育的なものである。……参加型制度の安定については特別の問題はないのだ。それは、参加の過程の教育的インパクトを受けながら自立的なものである。参加は参加にとって必要な資質そのものを発展させ育てていく。個人は参加すればするほど、より有能に参加するようになる。参加をめぐる副次的仮説は、参加が統合的な効果を持っているということと、集団的決定を容認

するのを助けるということにある（ペイトマン　七七頁）。

ペイトマンの主張するように、参加には、人々の精神的な自律を促し、人々を統合させ、また社会的決定に従う姿勢を培うというプラスの側面が認められます。しかし、参加にはマイナスの側面も、同時に認められます。シュンペーターやダールが指摘していたように、大衆の政治参加は、みんなが同じ主義主張に染まってしまうという同調現象を生みやすく、そうなると、みんなが同じ考えなのに、お前だけ違うのは許さないという同化圧力によって、少数者や異質な存在を排除しようとする危険性が常に生じます。また、熱しやすく冷めやすい大衆の凡庸さを考えると、政治参加による熱狂の後に、その反動によって、既存の政治への一層の幻滅と無関心が生み出される危険も無視できません。このことは、第一次大戦後のドイツのワイマール共和国がナチスドイツの台頭を阻止できなかったことや、第二次世界大戦後の旧植民地諸国の独立と民主化やベルリンの壁の崩壊後の東ヨーロッパの民主化が大きな不安定と混乱をもたらしたことなどをみれば、明らかでしょう。

もちろんペイトマンは、こうした参加の負の側面について自覚しています。これについて彼女は、大衆がそれぞれの生活の現場で民主主義を実践することによって民主主義を学ぶことに、期待をかけているようです。具体的には、ミルが主張したような、地方自治における大衆の政治参加や、職場における労使の共同経営参加などをより徹底させることの必要性を説いています。**より広く市民社会全体として、参加の教育的機能を広げること**が必要だということです。

こうしたペイトマンの議論の意義をどう評価するかは、大衆という存在をどう評価するかによって、左右されると思います。幅広い政治参加によって、大衆が市民としての自律の精神を身につけることができるのか、それとも、自律の精神を身につける前に、参加によって同調現象に飲み込まれてしまうのか、**自律が先か同調現象が先かという問題**、参加のプラス面とマイナス面をどう考えるのかに帰着するでしょう。

熟議民主主義の考え方

熟議民主主義（deliberative democracy）という用語法は、一九八〇年代から用いられるようになり、九〇年代後半に、ジョン・ロールズやユルゲン・ハーバーマスが論じるようになって、一般化しました。熟議民主主義は、二つの主要な要素から成り立っています。ひとつは、「正しい民主主義は**市民による公共的な熟議**（public deliberation of citizens）から生じる」という考え方であり、もうひとつは「われわれの社会は**合理的な多元主義**（reasonable pluralism）によって成り立っている」というものです。

まず、**熟議という観念**ですが、これは熟慮と同じではありません。熟慮というと、一人であれこれと深く考えるというイメージですが、熟議は他者と十分に議論すること、実質的な審議を意味しています。また、合理的な多元主義とは、価値相対主義ではありません。われわれの社会には道徳的に多様な価値観が存在することを認める点では、両者は同じですが、道徳的対立が生じた場合に、理性（または道理）reasonableness を行使して合意に努めるべきであるという考え方は、価値相対主義には必ずしも含まれてはいません。

熟議民主主義は、熟議を重視し、人々の道徳観の多様性を認める点で、民主主義を下からの公共性という観点から根拠づけようとするものです。しかし、参加民主主義に比べて、熟議民主主義における下からの公共性はいわば限定されたものです。**熟議という名の討論に参加できるのは、道徳的に多様な価値感情を持った大衆ではなく、市民です。**市民もまた道徳的に多様な価値観を抱いていますが、彼らは同時に、自分たちの主張が合理的なものでなければならない、公平で中立的なものでなければならないということに同意しています。この意味で、彼らはいわば**大衆の中のエリート**であり、**熟議民主主義はこうしたエリートによる下からの民主主義**なのです。

熟議について、もうひとつ指摘しておくことがあります。それは、熟議に含まれている（と思われる）**相互変容の契機**です。市民は、熟議の過程を通じて、自分の価値観や相手に対する理解の仕方について、お互いに変容する（自分の価値観が変わったり、相手に対する偏見が見直される）可能性があるということです。参加民主主義理論にも、民主主義の学校（民主主義に参加することによって民主主義に必要な自律の精神を習得する）という考え方がありましたが、熟議には、民主主義を学ぶだけでなく、自分自身の道徳的価値観の変容の可能性が含まれています。

もっとも、熟議民主主義理論では、相互変容の観念に直接言及がなされているわけではありません。熟議民主主義理論における熟議は、基本的に合理主義的な観念であり、誤った考えを「正す」熟議であり、せいぜい、「正しい」熟議を通じてお互いの道徳的立場が尊重されること（相互尊重）が期待されるのであって、この意味で、相互変容は可能性にとどまっています。ただし、こうした熟議を通じて、道徳的価値観の相互尊重が繰り返し実践されることによって、お互いの道徳的価値観の相互変容が現実のものとなると考えれば、相互尊重的な熟議は相互変容の萌芽であるといえるでしょう。

さて、熟議民主主義といっても、必ずしも一枚岩ではなく、様々な立場があります。ここではそれを、立憲主義的熟議民主主義、批判的熟議民主主義、相互尊重的熟議民主主義の三つの立場に分けて考えてみましょう。

まず、**立憲主義的熟議民主主義**は、熟議とアメリカ的な立憲主義との結びつきを強調する立場です。ジョン・ロールズなどがその代表です。それによれば、アメリカ的な立憲主義とは、表現の自由や所有権などの基本的人権を尊重する自由民主主義の政治体制を擁護する思想ですが、熟議はこのような立憲主義の政治体制において機能するというのです。すなわち、アメリカ合衆国建国の父たちが憲法（権利章典）を制定したときのように、市民が理性を公共的に使用して熟議すれば、必然的に表現の自由や所有権などの基本的人権についてのコンセンサス（理性的な合意）が得られる。このように成立した自由な立憲主義は、表現の自由などにより、熟議をより一層促進し、それによって、自由社会に存在する多様な道徳的価値観の対立を解消するためのコンセンサスが可能となるのです。

批判的熟議民主主義は、討議民主主義（discursive democracy）とも呼ばれますが、立憲主義の中での熟議というよりも、立憲主義に対する熟議を重視する立場です。つまり、アメリカ的な立憲主義体制に含まれる既得権や権力構造を討議し批判するのです。ユルゲン・ハーバーマスやジョン・ドライツエク（John S. Dryzek）などが主張しています。それによれば、アメリカ的な立憲主義体制は、科学万能思想や官僚主義、商業主義などを生み出すシステムであり、熟議は、これらのシステムの中での既得権や権力構造を前提にした議論ではなく、**システムの外の生活世界からの批判的討議**でなければならないとされます。このような生活世界における熟議として考えられているのは、平和主義やエコロジー、フェミニズム、マイノリティーの権利保護などを目指す新しい社会運動であり、このようないわば新しい市民社会における熟議を反映させることが、民主主義の本来のあり方であるというわけです。

ただ、しばしば指摘されることですが、彼らの主張する新しい社会運動や批判的熟議は、いずれも左派的なものであり、同じくシステムの外の生活世界に展開しつつある、宗教的および道徳的な原理主義や民族主義などの右派的な社会運動や批判的熟議は軽視されています。このことから、批判的熟議といっても、暗黙のうちに、進歩主義という価値観を共有する人々の間での批判的熟議によるコンセンサスが前提されているのではないか。保守主義という価値観はあらかじめ排除されているのではないか、という疑問が残ります。

相互尊重的熟議民主主義は、エイミー・ガットマン（Amy Gutmann）とデニス・トンプソン（Dennis Thompson）の『民主主義と道徳的対立』（一九九六年）などで主張されています。この立場は、上述した立憲主義的熟議民主主義や批判主義的熟議民主主義とは、次の二つの点で異なっています。ひとつは、熟議によってコンセンサスが得られるわけではないという考えであり、もうひとつは、熟議とは、理性的な討論だけでなく、感情に訴えるコミュニケーション術や威嚇などを伴う交渉術を使用することも含まれるという考え方です。

第一の点は、自由で民主的な社会における多様な道徳観の対立は深刻であり、熟議によって道徳的対立を解消するような合意がなされることはないということです。むしろ、熟議によって目指されるべきは、**道徳的対立の緩和**であり、異なる道徳観相互の尊重の模索であるとされます。熟議の目的は、対立の解消というような理想ではなく、相互尊重の模索という現実的なものであるというわけです。この意味で、この立場は第四章「モラルサイエンスの公共哲学」で論じた健全な懐疑主義に通じるものがあります。

また第二の点についていえば、**熟議の本質は相互性の原理にある**という考え方です。理性的な討論には、お互いの主張に冷静に耳を傾けることが含まれています。これと同じように、コミュニケーション術には、相手の心に響くような仕方で自分の気持ちを訴えることが含まれています。また、交渉術には、相手が一方的に不利益を加え続けるならば、それに相当する不利益をお返しするぞというtit for tat的な威嚇などの囚人のジレンマ的な状況認識が含まれています。このような広い意味での熟議、つまり討論やコミュニケーション術や交渉術によって、お互いの道徳観の変容を促し、相互尊重を模索することが、自由で価値が多様化した大衆社会における民主主義のあるべき姿であるというのです。そして、私の考えでは、熟議についてのこうした考え方のなかに、前述した**相互変容の観念の萌芽**が認められるように思います。

あるべき民主主義について

公共選択理論、参加民主主義理論、熟議民主主義理論と見てきたときに、それぞれの理論の違いは、**あるべき民主主義の担い手をどのように考えるか**の違いに帰着するように思われます。誤解のないようにいっておけば、これらの理論はいずれも、代表民主制における選挙と投票が民主主義の基本であるという考えを前提にしていて、その限りで、上からの公共性としての民主主義の重要性を認めているということです。ただ、この上からの民主主義を支える一般大衆について、政治的無関心やインテンシティの問題などが深刻化し、民主主義の公共性を危うくしている。そこで、これらの問題を解決して、民主主義の公共性を回復するための担い手は誰なのかについて、様々に議論されているということです。

さて、公共選択理論では、民主主義の（公共性を回復するための）担い手は、**学者と官僚**であると考えられているように思います。学者と官僚が協力して、「不確実性のベール」の掛かった政策の選択肢をいくつか考え、それらを政治家を通じて国民に積極的に示すことが、民主主義のあるべき姿であると考えられています。これとは反対に、参加民主主義理論では、民主主義の担い手は、依然として**一般の大衆**であると考えられています。そして、大衆が民主主義に参加することによって民主主義を学び、民主政治を行う能力を持つようになることについて、非常に楽観的です。これに対して、熟議民主主義理論では、民主主義の担い手は単なる大衆ではなく、**市民**であると考えられています。市民とは、理性的な討論ができる人であるのか、既存の秩序を批判できる人であるのか、それとも理性や感情に訴えつつ、バランスのとれた判断ができる人であるのかは異なりますが、いずれにせよ、一般大衆ではなく、一定のレベル以上の知性を有する存在なのです。

このように整理するならば、民主主義の公共性を回復するための担い手について、公共選択理論は上からの知的エリートによる民主主義を説くものであり、参加民主主義理論は下からの大衆による民主主義を説くものであり、また熟議民主主義理論は下からの知的大衆による民主主義を説くものであるといえます。

自由で価値が多様化した大衆社会における民主主義のあるべき姿を考えるときに大事なことは、**大衆社会における代表民主制を基本としつつ、一般大衆の適応的選好ないし政治的無関心の問題とインテンシティの問題に対処するための仕組みを、民主主義の中に組み込む必要がある**ということです。

こうした二つの観点から民主主義のあるべき姿を考えるとき、これまで述べてきた民主主義理論のなかで私が重要と考えるのは、ブキャナンの公共選択理論とガットマンおよびトンプソンの相互尊重的熟議民主主義理論です。その理由は、まず、公共選択理論が、上からの公共性による民主主義の洗練化（つまり知的エリートによる民主主義）をめざしているからであり、また、相互尊重的熟議民主主義理論が、下からの公共性による民主主義の洗練化（つまり知的大衆による民主主義）をめざしているからです。そしてさらに、両者が相補うような形で民主主義を構想することが、われわれの**民主主義における**（知的エリートによる）**代表と**（知的大衆の）**自発性のあるべきバランス**であると思われるからです。

それでは、両者を相補的に組み合わせた民主主義（これを仮に、**相補的民主主義**と呼ぶことにしましょう）

とは、どのような民主主義なのか。それを考える手掛かりとして、猪木武徳『自由と秩序』（二〇〇一年）で示された民主主義観をみてみましょう。

猪木は、リベラル・デモクラシーすなわち自由な代表民主制がきちんと働くための重要なファクターとして、政治家が政策を決定する際に、現実的で説得力のある政策提言を様々な角度から行う、**知的な専門家集団の存在**を挙げています。特に日本では、このような知的エリートが不足しているだけでなく、知的エリートという存在自体を軽視する風潮が顕著であるといいます。これらの知的エリートと呼ばれる人々は、単にマニュアル的な型にはまった「専門的」知識に習熟している人ではありません。マニュアル的な知識に習熟しているだけでなく、それを柔軟に用いて、不確実な状況や新しい状況の変化に対処する能力を持っている人なのです。猪木はこれについて、実践知とか非定型的判断力とか、「知的廉直さと公正さを兼ね備え、新しい概念を発見する忍耐力」などと表現しています。そうした能力あるいは知識を有する知的エリートを養成し、彼らが、政治家と一緒になって、民主主義をリードする必要があるというのです。

と同時に彼は、こうした知的エリートの存在が、大衆の知性に及ぼす影響を強調しています。彼はこれを、**大衆の「統治される能力」**と呼んでいます。この「統治される能力」は、日本のマスメディアのように、同じコメンテイターが何度も登場し、同じ主張を繰り返すような状況においては、陶治されることはありません。むしろ大衆は、限られた情報にさらされ続けることによって、事実をきちんと認識する能力が低下し、画一主義的な思考に陥ってしまいます。そしていったん大衆がそれに慣れてしまうと、彼らは多様な情報や専門的知識を軽視し、さらには忌避するようになるのです。このような状態を避けるためには、知的エリートの発信する多様な専門的知識に大衆をさらす必要があります。それによって、大衆の「統治される能力」が鍛え上げられ、陶冶されなければならないのです。

この猪木の議論は、大衆の「統治される能力」という表現からもわかるように、自由な代表民主制のあるべき姿を、知的エリートによる代表と大衆の自発性のうち、前者によりウエイトを置いて考えようとするものです。より正確にいえば、知的エリートによる公共選択と知的大衆による相互尊重的熟議のうち、前者にウエイトを置いています。

これは確かに、上からの民主主義と下からの民主主義の相補性のひとつの形を示すものであり、私も基本的にこの考え方に同意するものですが、私の場合、知的大衆の自発性あるいは相互尊重的熟議に、どちらかといえばよりウエイトを置いています。これについて、二つの点を指摘しておきたいと思います。ひとつは、**知的エリートの育成によって知的大衆の陶冶が可能となるのか、知的大衆の熟議から知的エリートが生まれてくるのか**、ということです。これは、たまごが先か鶏が先かといった類の議論であり、どちらが先ということではありません。ただ、知的エリートの専門的知識が大衆の相互尊重的熟議を刺激するという側面と共に、知的大衆の相互尊重的熟議が知的エリートの専門的知識の豊かさの源泉となっているという事実を見逃してはならないということです。

もうひとつは、猪木が日本の大衆の知性についてやや悲観的な見方をしているということです。例えば、次のように述べられています。

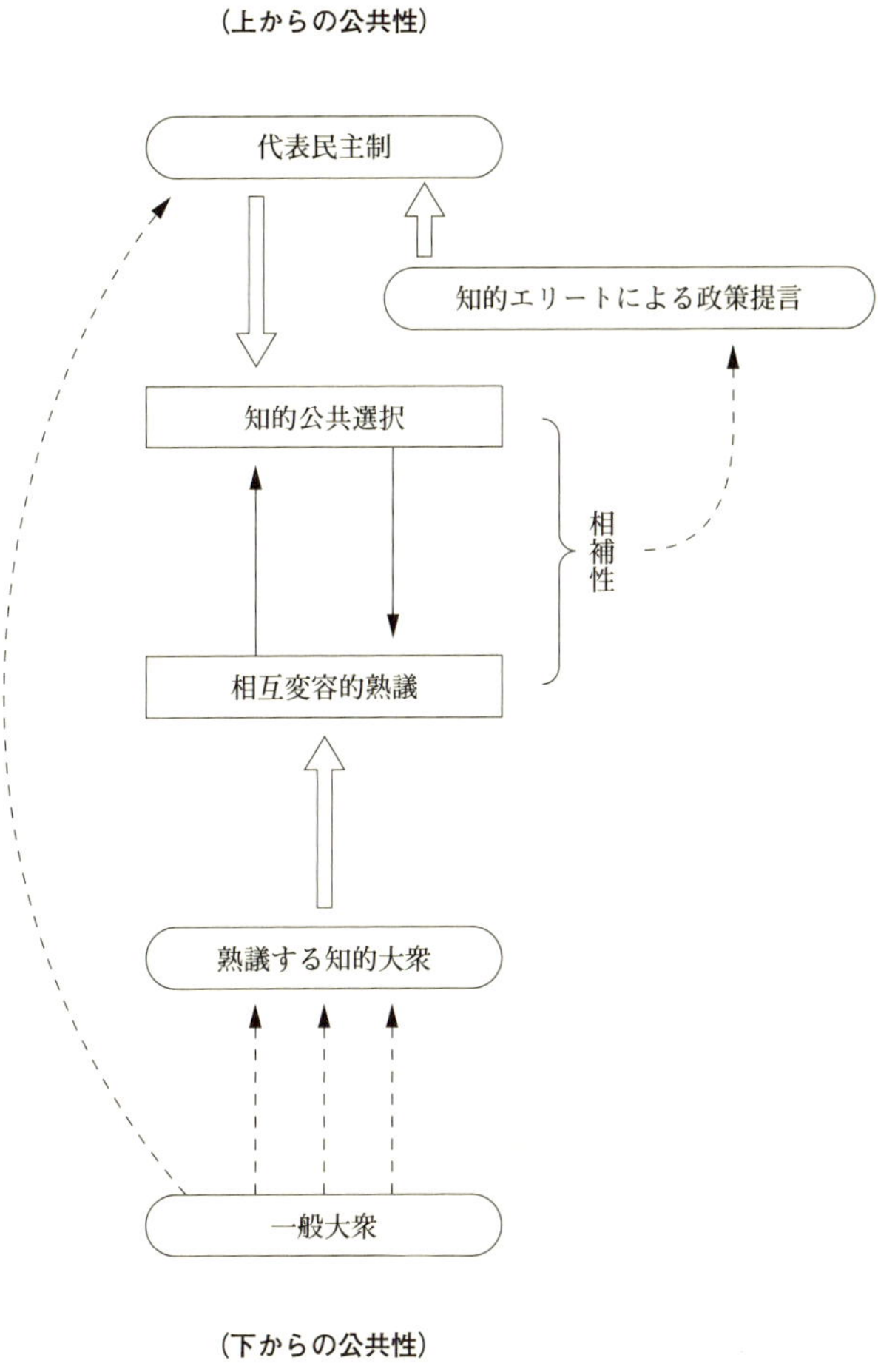

図３　相補的民主主義の可能性

最近の雑誌の中には、旗幟を鮮明にするという大義名分のもとで、単純なイデオロギー論に毒されはじめたものはないだろうか。これは、もともとバランス感覚のよくないわれわれ日本人は、中庸の議論を嫌う傾向があるということも関係している。中庸の議論は折衷的で純粋でないと信じているからである。しかし人間がそもそも矛盾を含んだ折衷的な存在であるからには解決もつねに折衷的たらざるをえない（猪木　二〇一頁）。

この文章で猪木が、**人間は矛盾を含んだ折衷的な存在である**といっていることは、私もその通りだと思います。しかし、日本人が人間についてのこうした見方を持っていないという認識や、日本人が中庸の議論を嫌う傾向があるという認識については、私はそうではないと思います。これは、後に最終章で、日本人の公共精神について論じるところで詳しく述べますが、例えば、戦後の日本人の公共精神を象徴する「平和と民主主義」について、日本人はそれを、矛盾のない理路整然としたものと考えていたのではなく、むしろ矛盾を含んだ折衷的なものとして考えていたように思われますし、こうした**日本人の中庸を重んじる姿勢**は、古来からの習合宗教の伝統という日本人の信仰心のあり方に根ざすものであると思います。

このように考えるならば、私は、**日本の知的大衆の相互尊重的熟議と、そこからさらに進んで、相互変容的熟議の可能性**について、もう少し楽観的であってもよいのではと思います。いずれにせよ、知的エリートの育成と並んで、知的大衆の熟議を活性化することが、自由な代表民主制のあるべき姿でしょう。

第七章　市場

前章では、民主主義が、他者との継続的なコミュニケーションおよび相互理解、また他者との協力によって、公共性問題に対処する仕組みであること、またそれが、上からの民主主義（選挙と投票による代表制）と下からの民主主義（熟議と相互尊重）のバランスによって成り立つことを考察しました。

市場も、経済の仕組みである点で民主主義と性格が異なるとはいえ、他者との継続的なコミュニケーションと相互利益、また他者との競争（という名の協力）によって、公共性問題に対処する仕組みであるということができます。そして市場もまた、市場の公共性について、上からの公共性という考え方と下からの公共性という考え方の間で揺れ動いてきました。

公共性問題としての失業問題

市場は人間の歴史とともに古いとされています。ゲルト・ハルダッハ（Gerd Hardach）とユルゲン・シリング（Jürgen Schilling）の『**市場の書**』（一九八〇年）などをみると、人間が、狭い共同体の閉ざされた殻を破って、歴史の舞台に登場したとき、彼らはすでに市場の営みを始めつつあったことがよくわかります。ただ、市場が人間の社会生活全体を覆うようになったのは、それほど古いことではなく、いわゆる資本主義的な経済活動によって市場が世界に広がってからのことです。そしてその頃から、市場の公共性という問題が意識されるようになりました。

特に、二十世紀以降、**市場の公共性は失業の問題をめぐって議論されてきました**。失業問題は、一見すると、個人の私的な経済問題のようにみえるかもしれませんが、しかし、それはそうではありません。失業が、単に一人や二人の問題ではなく、社会の多くの人々の問題になる場合には、経済的な利害対立が激化して、人々のあいだの不信感が高まり、さらには社会不安が増大して秩序の維持が困難となります。このような場合に、国家のイニシャティブによって人々のあいだの協力と秩序を回復すべき（上からの公共性）なのか、市場のイニシャティブによって協力（競争）と秩序を引き出すべき（下からの公共性）なのか、が問題となります。

市場の公共性と失業の問題については、ダニエル・ヤーギンとジョゼフ・スタニスローが、『**市場対国家**』（一九九八年）という書物のなかで、論じています。ヤーギンとスタニスローの議論の背景となっているのは、二十世紀初頭から第二次世界大戦へと至る過程で、資本主義諸国に深刻な失業問題と社会不安が生じたときに、自由放任主義的な市場重視の政策が、資本家階級と労働者階級の対立を激化させるだけであったという事実、そして、それによって、資本家階級と労働者階級の協力と自由社会の秩序を調達するための方策として、市場の失敗が明らかになったという事実です。このとき、市場と資本主義は公共性とは無関係のもの、それどころか、公共性に反するものとみなされていました。**市場と資本主義は貪欲であり、弱肉強食の世界であり、許されざる不平等を生み出し、国民を裏切るものであると考えられました。**

ヤーギンとスタニスローによれば、第二次世界大戦後の世界はこの事実から出発し、そしてそこから、失業問題あるいは雇用機会の創出と確保が自由社会の主要な公共性問題であり、この問題に対処するためには、市場の自発性という下からの方法ではなく、国家権力という上からの方法によらなければならないという認識が引き出されました。そしてこれが、いわゆる福祉国家の出発点になりました（ヤーギン＆スタニスロー　上巻二九―三〇頁）。

第二次世界大戦中にイギリスで出された**ベバレッジ報告**は、欠乏、疾病、無知、不潔、失業の五つの悪を根絶する社会政策を主張しましたが、大戦後、労働党政権はこの考え方を取り入れて、国民医療制度および国民年金の制度を作り、教育と住宅を改善し、「完全雇用」を実現しようとしました。これらの政策全体は**「福祉国家」**と呼ばれました。この考え方には、国家こそが、中立性と公平性の観点から、社会的利益と負担を公共的に配分することによって、雇用機会を創出し、それによって失業問題を解決することができるという立場が示されています。そして、この考え方は、イギリスのみならず欧米の先進諸国のすべてで、大きな影響を与えました。

ヤーギンとスタニスローによれば、イギリスで一九三〇年代に一二％に達していた失業率は、四〇年代後半には一・三％まで下がり、フランスでは、四五年から六九年までの平均失業率はわずか一・

三％でした。また、ドイツでは、七〇年代に失業者が事実上いなくなり、失業率が〇・五％にまで低下したといわれています（ヤーギン＆スタニスロー　上巻三四頁、六六頁）。

日本でも、福祉国家という考え方を受け入れて、日本電信電話公社、日本国有鉄道、日本専売公社の三公社と、郵便、造幣、林業、印刷、アルコール専売の五現業に象徴されるような、**主要産業の国有化**が整備され、また、道路建設などの公共事業が積極的に行われ、**国家が雇用機会を創出し失業問題を解決すべきであるという考え方**が浸透していきました。

この考え方に明らかな変化が生じたのは、一九七〇年代の後半です。それは、福祉国家が生み出した「英国病」と呼ばれる深刻な病が原因でした。イギリスでは一九七八年の終わりから七九年にかけてのいわゆる「不満の冬」において、主要な公共部門の労働組合がストライキに入り、病院は閉鎖され、ごみ処理などのサービスは行われなくなり、鉄道は止まるなど、イギリスの経済全体が機能不全の状態に陥りました。そして、これが分岐点となって、福祉国家が失業問題を解決するという考え方から、**失業問題の解決を民間に委ねるという考え方**へ舵が切られたのです。

その象徴的な出来事が、一九七九年のイギリス総選挙で保守党が勝利し、マーガレット・サッチャー（Margaret Thatcher）が首相に就任したことです。続く一九八〇年には、アメリカでロナルド・レーガン（Ronald Reagan）が大統領に選出されました。これによって、いわゆる**サッチャリズムとレーガノミックスと呼ばれる市場重視の考え方**が打ち出されました。

注目すべきことは、このときに**市場の倫理性**（下からの公共性）という考え方が打ち出されたことです。ヤーギンとスタニスローはこれについて、サッチャリズムの背後にある**キース・ジョセフ**（Keith Joseph）の思想について、次のように述べています。

ジョセフは公言できなかったことを公言した。責任を負い、リスクをとり、カネを儲けている人たちは、社会の役に立っているのだと語った。「民間セクターは、社会全体の基礎になる不可欠の部分なのに、攻撃を受けている……。われわれは民間セクターを動かしている人たちを押さえつけてきた。……労働者だけでは、富を創出することはできない。富を創出し、雇用を創出する起業家が必要であり、富を創出し、雇用を創出する経営者が必要なのだ（ヤーギン＆スタニスロー上巻一六九―一七〇頁）。

こうして、それまでの「国有化と福祉国家」というスローガンに代わって、**「民営化と小さな政府」**というスローガンが掲げられるようになりました。国家が雇用機会を創出し失業問題を解決すべきであるという考え方に代わって、市場における自由な企業活動と技術革新によって、新たなマーケットと雇用機会が生み出されなければ、真に失業問題が解決されたとはいえないという考え方が支持されるようになったのです。日本でも、民営化の流れのなかで、日本電信電話公社が一九八五年にＮＴＴとなり、同じく八五年に日本専売公社はＪＴに、また日本国有鉄道は一九八七年にＪＲとなりました。

現在われわれは、キース・ジョセフが打ち出した市場の公共性の観念をそのまま受け入れているわけではありません。むしろ、市場の公共性の観念を認めつつ、市場と国家の相補性によって、市場がよりよく公共性を発揮するための仕組みを模索しているのです。この市場の公共性の議論は、次の市場理論の考察に譲るとして、ここでは次の点を指摘しておきたいと思います。すなわち、**失業問題についての世界各国の考え方は、現在、福祉国家論と市場主義の間をさまよい、模索しているということです。**

「市場は、自由な企業活動と技術革新によって、絶えず新しいマーケットや雇用機会を創出する。その意味で、雇用の確保は市場にまずゆだねられるべきである。しかし、新しいマーケットや雇用機会の創出は、旧来の経済や産業の絶えざるリストラクチャリングを伴っている。そこから、人々の**日常生活において、不確実性に対処する必要性と社会不安**が生じている。これは、いわば**新しい失業問題**である。そして、この新たな失業問題に対処するために、国家は一定の役割を果たさなければならない。国家は、これまでのように産業の国有化によって失業問題に対処することはできない。だが、リストラクチャリングに対して、不確実性に対処する社会教育とセーフティネットの整備を進める必要があるのではないか」。この考え方には、「国有化と福祉国家」から「民営化と小さな政府」をへて、「民営化とそれを支える新たな福祉国家」という流れが認められます。

ヤーギンとスタニスローは、『市場対国家』の最後のところで、失業問題をめぐる市場と国家の役割について、次のように締めくくっています。

二十世紀の初めには、市場が力をつけ、世界経済が拡大し、楽観的な精神がそれを支えていた。

この世界経済はその後、戦争、恐慌、ナショナリズム、イデオロギーによって分断された。危機と被害、人々の苦しみと渇望、正義と尊厳の希求によって、国が責任の範囲を拡大していった。第二次大戦後は、復興の時代になり、ついで偉大な成長の時代になった。……しかし今では、この間の苦い経験と見直しによって、そして技術の進歩によって、国の役割が縮小され、市場が活躍する部分が拡大を続けている。……復活した市場経済はそれでも、二十一世紀にはいくつもの新しい課題に直面し、試練を受けることになろう。市場が人々に提供できる機会は、きわめて大きくなりうる。しかし、市場がもたらす要求、影響、秩序の再編に対しては、はっきりした不安感も現れている。この新しい世界では、リスクが常に目立つことになり、また、目立っていなければならない。この前進をもたらす技術革新とインセンティブ、そして想像力は、リスクから生まれるものだからである（ヤーギン＆スタニスロー　下巻三二〇頁）。

市場理論と市場の単純化思考

市場の公共性について、失業問題を例にとってみたときに認められることは、弱肉強食の市場を上から押さえ込む福祉国家という単純な悪玉と善玉の二分法から、福祉国家の限界と市場倫理（下からの公共性）の再評価へという流れがあるということです。さらに、福祉国家は、そもそも、全体主義や社会主義における統制経済とは本質的に異なるのであり、自由主義経済を前提として、そのゆがみを是正するという副次的な役割を担うものです。この意味で、**福祉国家という考え方は、市場に敵対す**

るものではなく、かえって、上からの市場主義ともいうべきものです。

このように考えるならば、**福祉国家**（上からの市場主義）**と市場倫理**（下からの市場主義）**のバランスを模索することが**、市場の公共性とあるべき市場の姿を考える本来の道筋であるといえます。しかし、率直にいって、市場理論の現状は、このような方向に向かっているとはいえません。

市場が、大衆社会であると同時に価値が多様化した社会を支えていることについては、誰も否定しません。しかし、市場を公共性という観点からみた場合、市場の評価は、弱肉強食とか貧富の差というネガティブなイメージと結びついてしまいます。他方で、市場には、アダム・スミスの有名な「神の見えざる手」という表現で示されるように、社会の富の増大や豊かな社会を実現するという認識があることも事実です。

一方で、市場は弱肉強食の場であるというイメージがあり、他方で、市場は富の源泉であるという見方がある。なぜ市場についての見方がこのように両極端に分かれてしまうのか。私はその原因が、**市場についての単純化思考**にあると考えています。市場を批判する側も、市場を擁護する側も、市場をバランスによって理解するのではなく、単純化して考えて、その単純化された市場をそれぞれ反対の価値感情でみている結果、導かれる結論が全く異なってしまうのです。

この単純化された市場観とは何かというと、**「市場では、人々は**（貪欲にまたは合理的に）**自分の利益を追求する」**というものです。市場を批判する側は、市場の貪欲さを強調します。そこから弱肉強食のイメージが引き出されるのです。これに対して、市場を擁護する側は、市場の合理性を強調します。

市場は貪欲なのではなく、社会の富を最大化する合理的な仕組みなのです。これは、市場を積極的に正当化しようとする主張です。従来、市場についての哲学的な議論は、これらの反市場論と市場正当化論をめぐって行われてきました。

誤解のないようにいっておけば、私はこれらのいずれにも与するものではありません。市場＝弱肉強食論は、市場が私利私欲で動かされているといって、市場の反公共性を非難します。これに対して、市場正当化論は、私利私欲を特定の原理（功利の原理や自然権）によって正当化しようとする、いわば原理主義です。その主張は、あたかも、「市場の正当性が証明された以上、市場の反公共性論に答える必要はない」と述べているようです。しかし、これでは議論はかみ合わず、全くのすれ違いになってしまいます。

これに対して私は、市場が、われわれの生活に働いている様々な力のバランスを維持して、自由な社会を秩序づける公共的な機能を果たしている（市場倫理あるいは下からの公共性）と考えています。その意味で私の立場は、市場＝弱肉強食論ではなく、市場＝秩序論です。と同時に、私は、市場が市場倫理を維持する自律したシステムではなく、国家権力などの共通の権力の支えを必要としている（上からの市場主義あるいは上からの公共性）と考えています。**市場は、下からの公共性と上からの公共性の相補性ないしバランスによって、市場の秩序を維持しているという**考え方です。この意味で、私の立場は、市場正当化論ではなく、市場のバランス論です。この市場の秩序＝バランス論を説明するために、私は、**市場平和という用語法**を用いています。市場は、弱肉強食の場でも富を最大化する器でもなく、異なる人々や共同体の間の平和（相互利益）を維持する仕組みなのです。

そこで以下ではまず、市場についての二つの単純化思考、すなわち市場正当化論とその批判としての反市場論からみてみることにしましょう。その後で、市場平和の観念について述べてゆきたいと思います。

功利主義的市場正当化論と自然権的市場正当化論

市場を正当化する理論は主に二つあって、ひとつは功利主義的ないし経済学的市場正当化論であり、もうひとつは自然権的市場正当化論です。これらについて、少し述べてみましょう。まず、功利主義的市場正当化論から始めましょう。

功利主義的市場正当化論は、特定の思想家や哲学者によって明確な形で述べられた思想ではありません。むしろ、アダム・スミスの「神の見えざる手 invisible hand」の比喩によって象徴される**自由放任主義の経済思想**を信奉する経済学者によって共有されている、ある種の信念であり、特に現在の経済政策において**規制緩和**や**小さな政府**が主張されるときに、その背後にある考え方です。

この立場は、市場は社会の最大多数の最大幸福を達成する仕組みであると主張します。その前提となっているのは、「われわれは本来、外からの物理的強制や心理的強制が加わらないならば、少しでも自分の利益になるように、あるいは少なくとも損をしないようにと常に合理的に考えて行動する」という人間観です。この人間観は、**合理的経済人の仮説**と呼ばれています。この人間観に立って考えると、法律による規制などの物理的強制や共同体の道徳やしきたりなどの心理的強制がない状態で、**人々が自分の財やサービスを互いに交換**（取引）**しているということは、お互いに利益を得ている**ということになります。いま、人々が交換する前の状態と交換した後の状態を比べれば、交換した後の方に全体としてより大きな利益が生じています。つまり、国家の法的規制や共同体の道徳やしきたりから免れた市場では、人々が自由にかつ合理的に取引をすることによって、絶えずより大きな社会的利益が生み出され、そうした取引が繰り返されることによって、社会の最大多数の最大幸福が達成されるというわけです。

社会の最大多数の最大幸福とは、社会に存在する財やサービスすなわち社会的資源が最適な仕方で配分される、最も効率的に活用されるということです。効率の定義についてはいくつかあるようですが、例えばパレート（Vilfredo Pareto, 1848–1923）によれば、財やサービスの配分が、それによって当事者の誰もが不利益を被らず、かつ当事者の誰かが利益を得るとき、その配分は前の状態に比べて**パレート改善**（Pareto-preferred）であり、効率的であるとされます。市場における自由な取引によって財やサービスの配分が行われる場合、人々は互いに自分の利益になると考えて取引しているわけですから、パレート改善の条件を満たしています。つまり、市場は効率的であるということです。次に、財やサービスの配分が、それによってパレート改善を生まないとき、つまり誰かが利益を得れば誰かが必ず不利益を被るとき、その配分の前の状態を**パレート最適**（Pareto-optimal）といいます。ここでは、社会はいわばゼロサム状態になっています。この状態から別の状態に移行することは、誰かが不利益を被ることになり、非効率的つまり市場の合理性に反することになります。

功利主義的市場正当化論は、市場の公正性を擁護するものではありません。それは、市場が効率的であり、取引の双方にとって利益であるような財やサービスの配分を可能にすると主張しますが、例えばその取引によって一方が莫大な利益を得、他方が損をしない程度の利益しか得られない場合でも、市場は効率的であることになります。そして、こうした取引が繰り返されることによって、貧富の極端な差が生み出されたとしても、市場の正当性を損なうものではありません。また、社会がパレート最適の状態に至った場合には、そこに極端な貧富の差が存在していたとしても、その状態から別の状態に移行する（例えば貧富の差を政治的に是正する）ことは、非効率であり、市場の合理性に反することになります。

功利主義的市場正当化論は、市場が社会の最大多数の最大幸福（効率の最大化）を達成するのだから、その副産物としての貧富の差は是認されるという考え方ですが、それだけでなく、さらに進んで、**貧富の差を前提として効率性と市場化が主張される場合**があります。

その例として**「環境対策として、先進諸国の汚染物質を発展途上国に輸出して廃棄物処理をするのが効率的である」という議論**があります。その理由のひとつは、発展途上国の方が、人件費や土地の取得費用の点で、処理費用が安いということです。もうひとつの理由は、経済学的にいうと、汚染度と処理費用の関係は、限界効用逓減の法則が働くから、ノン・リニアー（non-linear）であるということです。汚染度が高まれば処理費用は高くなるから、両者の関係は右肩上がりだけれども、はじめは汚染

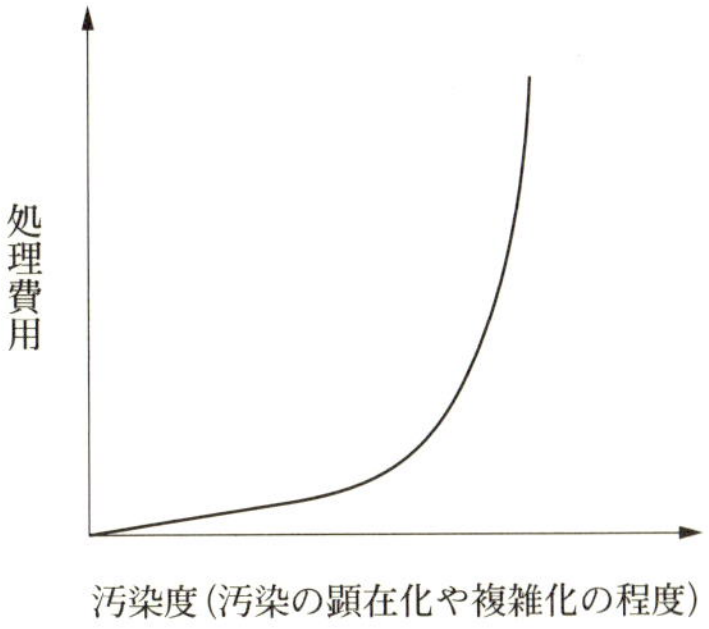

図4　汚染度と処理費用の関係

度が多少高まっても、それに伴う処理費用の増加はそれほど多くはならない。しかし、汚染度が高まり複雑化すれば、化学物質や核物質による汚染の処理を考えればわかるように、少しの汚染でも処理費用は莫大なものになる。そのイメージは**図4**のようなものです。ところで、先進諸国に比べて、発展途上国はいまだ経済発展の初期の段階にあるから、環境汚染の程度は低い。したがって、処理費用は安く済むというわけです。また、汚染物質による健康被害への関心は、先進諸国に比べて、発展途上国では低いから、地域住民の反対運動などがなく、廃棄物処理の支持が得られやすいということもあります。途上国における高い乳幼児死亡率を考えれば、人々の関心はむしろ、日常の衛生状態の改善や感染症の防止などに、向いているというわけです。

自然権的市場正当化論は、その思想的源として、十七世紀のイギリスの哲学者**ジョン・ロック**（John Locke, 1632–1704）**の自然権思想**があります。ロックは『**市民政府論**』（一六八九年）において、所有権を神が人間に与えた自然権であると主張しました。この思想を現代に再生させたのが、**ロバート・ノージック**（Robert Nozick,

1938–2002）です。彼は、『**アナーキー・国家・ユートピア**』（一九七四年）において、ロックの思想を洗練させ、自然権的市場正当化論と最小国家論を唱えました。それは、**自然権的リバタリアニズム**とも呼ばれています。

この立場は、「市場は、私的所有権や契約の自由といった自然権を保障する仕組みである」と主張します。自然権とは、法律などの人間が定めた実定的な権利に先立つものであり、基本的人権のなかで最も重要な権利とされます。したがって、国家が法律などによって市場に介入するのは、その介入が自然権を侵害する場合には、不当であることになります。例えば、自分が市場における経済活動によって得た収入や所有物に、国家が税金を課すことによって、私的所有権に制限を加えることは、それが泥棒や外国の侵略から自分の所有物を守るための最小限の警察や防衛力を整備する場合を別にすれば、不当であることになります。また、市場において自分の所有物を売買するなどの契約の自由は、自分の生命を危険に晒したり自分の自由を失わせるものでない限り、それを法律などによって制限することは認められません。

自然権的市場正当化論は、われわれの社会秩序のあり方についての積極的な主張を含んでいます。それは、市場の公共性についての主張というよりは、「**私的所有権と契約の自由**」**の公共性**についての主張であるということができます。それは、やや戯画化した表現を使えば、「私的所有権と契約の自由が生み出す結果は、正しいのだから、すべて公共性に適っている」という主張です。しかしこの主張が、われわれの知的直感あるいは道徳的直感に適っているとは、とてもいえないでしょう。むしろそれは、「所有権と契約の自由を放任すれば、貧しいものからの露骨な搾取や奴隷契約までも認めることになる」という懸念を引き起こして、市場は弱肉強食であるという批判がいっそう高まることになるかもしれません。

反市場論

反市場論のエッセンスは、「市場は貪欲であるから、放置すれば弱肉強食の場と化し、社会の信頼と秩序を揺るがすことになる」というものです。もっともそれは、市場を否定して、それに変わる新たな経済システムを主張するものではありません。むしろ、社会主義経済体制の崩壊とグローバル・エコノミーの展開という現実の中で、**市場を必要悪として認めつつ、市場を制限しようとするもの**です。

つまり反市場論とは、「市場は必要悪である。その存在は認めざるをえないが、放っておくと暴走するから、（悪が）暴走しないように絶えず規制しなければならない。これに対して、市場正当化論のように、市場を原理主義的に正当化（善だと）してしまうと、その歯止めが利かなくなる」という考え方です。

だが、なぜ市場を放置すると暴走してしまうのか？　こう問うたときに、反市場論に含まれている、市場正当化論とは別の意味の、単純化思考が明らかになります。それは、「（市場に参加する）人間の私利私欲には際限がなく、しかも、外部の力による強制が働かない限り、自分の力ではそれを止めることはできない」という、いわば**性悪説的に単純化された人間観**です。

この反市場論に含まれる単純化思考が、一見理論的な形になったものとして、**普遍的商品化論と市場のドミノ効果論**と呼ばれるものがあります。これについては、マーガレット・レイディン（Margaret Jane Radin）が *Contested Commodities*（1996）という本のなかで論じています。

普遍的商品化論とは、「市場を放置すれば、あらゆるモノが自由市場で商品化の対象となり、その結果、本来商品化されるべきでない、人間の臓器や幼児までもが商品化されるようになる。そうなれば、すべてが貨幣的価値のみに換算されるようになり、人間的要素が失われてしまう」という考え方です。また、市場のドミノ効果論とは、「市場経済を放置しておくと、あたかもドミノ倒しのように、あらゆる生活関係に資本の論理が浸透し、われわれの道徳生活が破壊され、お金万能の世の中になってしまう」という考え方です。そして、こうした市場の単純化思考から、しばしば、「市場の本質は、貨幣還元主義や拝金主義であり、市場は反道徳的である」とか、「どんなモノでも、いったん市場の交換を認めれば、その道徳的人間的要素が台無しにされてしまうので、市場で扱えるモノと扱えないモノを明確に線引きすべきである」といった主張が引き出されます。

私自身は、普遍的商品化論や市場のドミノ効果論について、市場をあまりに単純化する誤った思考法だと考えています。ただ、われわれがこうした思考法に捕らわれやすいのも事実でしょう。この意味で、**市場のレトリックの力は侮れない**ものがあります。

たとえば、ある人に単身赴任だけれども年収1000万円のオファーがあったとしましょう。もしその人がそのオファーを受けた場合、彼は家族と過ごすことの価値を1000万円未満と評価したのだと、われわれが普通考えるかといえば、そうではないでしょう。しかし、家族で単身赴任について話し合うときに、「給料が増えるのだから、その分だけ、家族との団欒が犠牲になるのはやむをえない」という議論がなされて、われわれがそれに納得してしまう場合は、どうでしょうか。そのときには、われわれは、無意識にせよ、市場レトリックに捕らわれつつあるといえるかもしれません。

レイディン自身も、普遍的商品化や市場のドミノ効果という主張を支持してはいませんが、市場レトリックの力は侮れないと考えています。市場レトリックが一人歩きして、それがわれわれの存在のあり方を規定するようになる危険性に警鐘を鳴らしています。そしてこれに対して、incomplete commodification という考え方を提示します。これは日本語に翻訳しにくい言葉ですが、「われわれが商品化について常識的なバランス感覚を持っていること」という意味です。**われわれは普段、どんな商品やサービスについても、それを100％貨幣的価値によって判断しているわけではない**ということです。たとえば、われわれは自分の労働を商品化するけれども、同時に自分の仕事の出来映えにこだわり、自分の仕事に誇りを持っています。また、マイホームという言葉には、不動産の商品価値だけでなく、家庭は人格形成の場であるという意味が含まれています。レイディンによれば、**われわれは生活の中で、商品化について、こうしたバランス感覚を現実に持っているのであり、それを絶えず発揮し続けることが市場の健全性につながる**のです。

彼女は、市場の本質がバランスにあると考えているようです。効率や自然権などの特定の原理的な価値を普遍化しようとする力が、市場の活力の源なのではなく、貨幣的価値と人間的価値のバランスをとることが、市場の健全な発展につながるのです。この意味で、普遍的商品化や市場のドミノ効果が現実のものとなり、**貨幣還元主義や拝金主義が蔓延する事態は、市場のバランスが崩れた状態**なのです。

アマルティア・センと基本的潜在能力の概念

市場の単純化思考から離れて、冷静かつ率直に市場を眺め、市場が生み出してきたものは何かと問うならば、その答えは、「市場は異なる部族や民族、国家や社会の間に、戦争ではなく、経済競争という名の平和を生み出してきた」、「市場は全体としてみれば、社会的富の増大をもたらしてきた」、「しかし同時に、市場は貧富の差と貧困を生み出してきた」、というものでしょう。そうだとすれば、**市場の公共性の問題は、経済競争という平和と社会的貧困の間でどうバランスをとるか**に帰着するでしょう。

市場における貧困の問題については、**アマルティア・セン**（Amartya Sen, 1933–）が重要な考察を行っています。センは発展途上国の経済発展に関する開発経済学という分野を開拓し、また、市場について優れて哲学的な考察を行ってきました。彼はこれらの業績によって、一九九八年にノーベル経済学賞を受賞しています。

彼は、『不平等の再検討』（一九九二年）という本のなかで、**基本的潜在能力という概念**を提起しています。これは、発展途上国における永続的かつ極度の貧困を取り扱う際に適用される概念です。（もっとも彼は、アメリカのニューヨークのハーレム地区の人々の低い平均寿命の例を挙げて、この概念が先進諸国における貧困の問題にも適用可能だとしています。）基本的潜在能力としては、栄養状態がよいこと、風雨をしのげる住居に住んでいること、予防可能な病気にかからないこと、早死にしないこと、コミュニティの一員として社会生活に参加すること、恥をかかずに人前に出られることなどの「能力」が挙げられています。そして、発展途上国における貧困の問題を考えるときには、こうした基本的潜在能力の保障という観点が不可欠であると主張されています。

市場正当化論の立場からすれば、市場が正常に働くためには、市場における基本財の整備で十分であり、後は自分の判断と努力で自分の財や資源を市場で自由に活用すればよいことになります。市場における基本財とは、自分の所有する財や資源を意味するとともに、それを保護する私有財産制度や契約の自由などの市場を支える法的制度を含む概念です。こうした基本財が整備された市場で自由な経済競争が行われるならば、その結果として、貧富の差が生じたとしても、それは、最大多数の最大幸福の実現（効率原理）または私有財産権と契約の自由の保障（自然権）のいわば副産物であり、国家が貧富の差を是正するために市場に介入することは、効率原理を損なうものであり、あるいは自然権を侵害するもので、不当であるとされます。

これに対して、センは、**市場が本来の機能を果たすためには、こうした基本財の形式的な保障だけでなく、基本的潜在能力の実質的な保障が国家によってなされる必要がある**と主張します。なぜならば、基本的潜在能力は、人々が自分の願望や人生の目的を実現するために、市場において基本財を活用し、またもな経済競争をするための前提となる能力だからです。例えば、どんな人でも、読み書き算術の能力や大人になるまで健康でいられることなどがなければ、競争にならないでしょう。やや比喩的にいえば、基本財が市場で活躍するために必要なものであるのに対して、**基本的潜在能力は市場という土俵に立つために必要なもの**です。

発展途上国では、深刻な貧困問題が、人々の基本的潜在能力の欠如から生じています。途上国では、たとえ私有財産制や契約の自由といった市場の基本財が形式的に整備されていたとしても、人々が初等教育を受けられないことによる、読み書き算術の能力の欠如、日常生活の劣悪な衛生環境でのエイズやマラリヤなどの疫病の蔓延による、高い乳幼児死亡率、部族紛争に巻き込まれ負傷することによる、身体的欠如といった基本的潜在能力の欠如により、市場が機能不全に陥り、貧困の問題が一層深刻化しているのです。

センによれば、このような場合に、もし国家が、国民の基本的潜在能力を保障する努力を怠り、市場の基本財を形式的に整備することに終始するならば、市場が機能不全に陥るだけでなく、国民の大多数を市場から排除することによって、絶対的貧困という悪を生み出すことになります。彼はその例として、エチオピアのハイレ・セラシエ皇帝の市場政策を挙げています。

一九七三年のエチオピアの飢餓の最中、ハイレ・セラシエ皇帝によって述べられた社会的選択についての有名な言葉、すなわち彼の政府が飢餓救済策を何も取らなかったことについて、「富はつらい労働によって獲得されるべきものであり、働かない者が飢えるのだということを、我々政府は諭し続けてきた」と説明したことを例に考えてみよう。これはもちろん、古くからある理に適った原理であり、それは、しばしばはっきりと表現され、拡大解釈されて、聖典のごとく支持されてきた。この原理は、セラシエのエチオピアで実行され、一九七三年に飢餓が一番ひどくなった時にも、国家による救済策はほとんどなかった（セン 一二〇頁）。

センによれば、セラシエ皇帝が、「富は労働によって得られるのであり、努力しなければ富は得られない」と述べたことは、市場の理に適った考え方です。しかし、市場が正常に働くためには、もうひとつのより根本的な前提が満たされなければなりません。それが、国家による国民の基本的潜在能力の保障です。セラシエ皇帝は、国民に自助努力を求めたけれども、自ら国家としての努力を怠ったために、エチオピアに悲劇を招くことになりました。

市場平和論

市場平和論は、市場の単純化思考から脱却して、市場のバランス論を主張するものです。すなわち、市場の本質は、下からの公共性（市場倫理）と上からの公共性（上からの市場主義）の相補性ないしバランスによる秩序維持にあります。市場平和論によれば、**市場とは、**われわれの生活に含まれている多様な価値観や対立する諸力のぶつかり合いから生じる、**むき出しの力の対決を回避して、それらの価値観や諸力の間の複雑で動態的なバランスをとることによって、平和**（市場平和）**を維持する仕組み**なのです。

まず市場平和論は、市場を正当化するものではありません。市場はバランスを維持する仕組みであり、特定の価値（効率や自然権）を実現するものではないのです。また、市場を商品化の論理や貨幣の論理に還元し、拝金主義やお金万能主義に矮小化するものでもありません。市場は平和（市場平和）を志向する仕組みであり、市場が拝金主義を撒き散らすことによって社会を不安定化させる場合は、市場のバランスが崩れているのです。

市場平和論は、これまで検討してきた市場についての議論の中では、レイディンやセンの議論から多くを学んでいます。レイディンは、市場が健全であるためには、われわれ自身がバランス感覚を持って市場に参加する必要があると説いています。われわれはモノやサービスが持っている**貨幣価値と生活価値のバランス**を絶えず考えながら、市場において取引する必要があるということです。われわれが貨幣価値に捕らわれて、拝金主義に陥ってしまえば、一九八〇年代の終わりから九〇年代初めのバブル経済のときのように、市場はバランスを失い、結果として社会生活に大きなダメージを与えることになるのです。

また、センは、市場平和というバランスを維持するために、**市場を外部から支える必要性**を説いています。市場が極端な貧困を生み出して、弱肉強食の状態に陥りつつある場合には、国家が人々に基本的潜在能力を保障することによって、市場という土俵に上がる自由を確保する必要があるということです。もっとも私の考えでは、後で述べるように、市場を外部から支えるのは国家だけではありません。様々な共同体も市場を外部から支えている。実際、センが基本的潜在能力として挙げるもののうち、「栄養状態がよいこと」、「風雨をしのげる住居に住んでいること」、「予防可能な病気にかからないこと」、「早死にしないこと」などの「能力」は、国家などの上からの権力によって保障されるものですが、「コミュニティの一員として社会生活に参加すること」、「恥をかかずに人前に出られること」などの「能力」は、国家によってというよりは、共同体によって支えられるべきもののように思います。

市場平和論は、レイディンやセンの議論を発展させ、またそれらに修正を加えながら、市場平和の観念に収斂させようとするものです。市場平和論は、二つの部分からなっています。すなわち、市場平和を市場の起源にさかのぼって明らかにする部分と、市場平和を市場と国家および共同体との相補性という観点から明らかにする部分です。そして、前者は主に、市場平和の歴史的事実を記述する部分であり、後者は、市場平和の健全な姿（あるべき姿）を主張する部分です。この意味で、市場平和論は、経験主義的な議論であると同時に、規範的な議論でもあります。

そこでまず、市場の起源についての話から始めましょう。市場の本質が市場平和つまり諸力のバランスにあることとは、市場の初期の段階、市場の起源に遡ることによって明らかになります。ここで、市場の本質が諸力のバランスであるといっているのは、市場の中で需要と供給のバランスによって価格が決まってくるということもありますが、それよりもむしろ、**市場の成立そのものが、異なる生活共同体の間の力のバランスの結果である**ということです。

市場平和を市場の起源に遡る

私は『自由とはなんだろう』（二〇〇二年）という本のなかで、**市場の起源が、異なる共同体や部族の間で、それぞれの共同体や部族の境界の外に立てられた平和的な空間**（関係）**であること**について論じたことがあります。その部分を引用してみましょう。

もともと市場というのは、異なる生活価値を背負った人々が出会う場所である。ドイツの社会哲学者ジンメルの言い方に従えば、市場に参加する人々はいわば互いに外人なのであり、そこには様々な思惑が交錯し交渉が繰り広げられる。歴史的にみても、市場の最も原初的な形態と考えられる沈黙交易などを見れば分かるように、異なる部族の人々は互いにある場所を交易の場と認識しているのだが、その場所は自分たちの共同体の外にある場所であって、しかもその場所で彼らは互いに顔を見合わせることも言葉をかわすこともないのである（桂木　2002　一三六頁）。

ここで述べられている**沈黙交易**は、紀元前五世紀のヘロドトスが述べたカルタゴのフェニキア人とアフリカ人との交易が有名ですが、文化人類学や法人類学でもいろいろと報告されていて、例えば、栗本慎一郎が『法・社会・習俗』（一九八一年）で取り上げています。沈黙交易は、引用にもあるように、当事者が言葉を交わさずに取引する交易形態で、お互いに顔もみないし言葉も交わさないケースや、相手から安全な距離を保ちながら顔を合わせるケース、砂にかかれた一本の線などによって、象徴的にだけ両者が距離を置くケースなどがあるとされています。

沈黙交易が市場平和であるということの意味については、私は『自由社会の法哲学』（一九九八年）で次のように論じました。

沈黙交易を見ると、恐れつつも好奇心を発揮して交流するという交易の本質が明らかになる。沈黙交易は、一方で価値観を異にする文化と交流することであり、それは共同体の基本的価値と抵触する危険なことと観念されている。他方、それにもかかわらず、異文化への好奇心から共有しうるルールを手探りし、「平和」＝市場の必要性を認めてゆく。そこにかろうじて成り立つのが沈黙交易である。それゆえ、沈黙交易の違背（ルール破り）は相手に対する報復を導くのではなく、両者の関係の停止を帰結する（桂木　1998　一三六頁）。

また、市場が異なる生活価値を背負った人々が出会う「平和な」空間であったことについては、ゲルト・ハルダッハ＆ユルゲン・シリング『市場の書』（一九八八年）も、マックス・ウェーバーを引用して、次のように述べています。

市場は、いつでも個人的な親交関係や、主として血縁関係を前提とする他のいかなる共同体関係とも、全く対照的な存在である。つまり、その根底において、いかなる親交関係とも無縁である。自由な交易は、なんといっても近隣集団やあらゆる個人的な関係の外部において行なわれる。つまり市場は、地縁、血縁、種族などの境界間に置かれる、一つの、形式上平和的な関係、いや本来それらの間の、唯一の、形式上平和的な関係なのである（ハルダッハ＆シリング　七―八頁）。

誤解のないようにいっておけば、ここで、市場が「平和な」関係であるといっているのは、われわれが普通の日常生活でイメージしているような、家族やコミュニティ、親しい仲間たちの間に成り立つ信頼と平和の関係ではありません。この後者は共同体の平和であって、市場の平和はそれと異なり、共同体の外に成り立つ平和です。それはまさに、ウェーバーがいったように、**形式上平和な関係**であり、**油断のならない平和**、一皮むけば相手を食い物にしようという思惑がぶつかり合っている、緊張感みなぎる平和なのです。

この点は、日本の歴史という文脈でみるとわかりやすいでしょう。中世史家の網野善彦は、これについて、『無縁・公界・楽』（一九七八年）で、市場が無縁のものの集まる場所であり、**中世的な秩序原理であった地縁、血縁、主従の縁から放たれたもの、無縁者の「平和な」場**であったと述べています。

中世前期、「無縁」の原理は、場に即していえば、神仏の支配する地、「聖」なる場、「無主」の地として現れてくる。市庭もまた、「無主」の地に立てられる。越中国石黒荘の天満・高宮市は

「無主荒野」に設けられ、山城国の淀魚市も、河原に「在家人」を招き据えて、市庭を立てたのがそのはじまりであった。さまざまな意味での「境」の地も、こうした市庭の立てられることの多い場であった。それとともに注目すべきは、寺社の門前に市が開かれた事実である。……市日には、商工民、さらには「芸能」民が集まり、著しいにぎわいをみせたのである。……神仏の支配する「無主」の場であり、「無縁」の原理を潜在させた空間であった。それ故、ここには市が立ち、諸国を往反・遍歴する「無縁」の輩が集ったのである（網野 1978 一四三―一四四頁）。

ここで述べられているのは、市場が「無主」の地に立てられたということです。それは、「無主荒野」であったり、河原であったり、寺社の門前であったりしました。また、市場に集まる人々は、商工民や「芸能」民など、諸国を遍歴する無縁の輩でありました。網野は、「芸能」民として、田楽、猿楽、獅子舞、遊女、医師、陰陽師、乞食、非人などを挙げています。市場平和というのは、「無主」の地に集うこうした人々の平和であったということです。

健全な市場の観念、あるいは、市場平和の三つの動態的バランスについて

市場平和を市場の起源に遡ってみたときに明らかなのは、市場平和が異なる共同体をつなぐ関係、バランスとして成立したということです。そして、このバランスというのは、それぞれの共同体の力関係を足して二で割るといった**静態的あるいは固定的なバランスではなく、もっと微妙で絶えず変化する、**

いわば動態的なバランスであり、そうしたバランスを一定の揺れ幅の中で模索することが、健全な市場を維持するということであると思われます。

ただ、この「平和」あるいは動態的なバランスは、それだけではありません。他にも、少なくとも二つの局面を持っています。そして、これを理解するためには、**人間という存在と市場とのアンビバレンス**（両義性）を認識する必要があります。すなわち、市場は、共同体とは異なり、共同体の外に人間が作り出した関係です。と同時に、人間が依然として共同体的な存在であり続けていることも事実なのです。確かに**市場には、共同体の外に出ようとする人間の意欲が働いています。しかし、市場には、共同体として凝集しようとする人間の意欲も働いている**のです。

これは、次の二つのことを意味しています。ひとつは、地球上のいろいろな地域で、異なる共同体をつなぐ「平和な」関係として市場が形成された（開放性）後に、**それぞれの市場がいわば市場共同体として凝集し、お互いに排他的にふるまうようになる**（凝集性）という事態です。もうひとつは、仮にこうした事態が克服されて、いわば普遍的な市場が形成されたときに、こんどはこの**普遍的な市場が、共同体として凝集しようとして、もともと市場の基礎にある共同体を侵食するようになる**という事態です。実際、十九世紀後半から二十世紀そして二十一世紀の現在に至る市場の発展と逸脱のプロセスをみるならば、それぞれの地域で市場が形成された後に、市場共同体としてブロック化し、互いに排他的な経済圏域を形成し、それが二度にわたる世界大戦を引き起こしたということがあります。その反省に立って、第二次世界大戦後に自由貿易体制が志向されて、世界経済の市場経済化が進められましたが、それがいわゆるグローバリゼーションの進展によって、こんどは市場がそのもともとの基盤である文化共同体や民族共同体を侵食するようになり、南北問題の深刻化や民族主義の反発と過激化を生み出しています。

このように考えるならば、**市場がその健全な姿を維持するためには、①異なる共同体をつなぐ「平和」、②異なる市場共同体をつなぐ「平和」、そして、③普遍的な市場と、そのもともとの基盤である生活共同体との「平和」という三つの動態的バランスを認識しながら、全体としての市場平和を模索する必要がある**と思います。特に、グローバリゼーションの進展と南北問題の深刻化、宗教原理主義および民族ナショナリズムの過激化という、現代世界における多様で複雑な文脈で市場平和を模索する場合には、三つの「平和」のそれぞれの局面において、市場と国家および共同体が、対立の関係に立つのではなく、どのように相補的な関係に立つべきであるかを十分に認識する必要があります。

①異なる共同体をつなぐ「平和」とは、それぞれの共同体が持っている道徳的価値とは無縁の、中立的な取引のルールによって、人々が関係を取り結ぶということです。その際、人々は、このルールに従うことがお互いの利益に適うという、**相互利益の観念**に絶えず訴える必要があります。この相互利益の観念は、短期的な暴利ではなく、長期的な利益を求めるという考えを含んでいます。それはいわば、「正直な商い」というフェア・プレイの精神の初期の形態です。このフェア・プレイの精神の形成は、市場の下からの自発性に委ねられるとはいえ、それだけでは不十分です。国家（共通の権力）が、

市場と相補的な関係に立ちながら、特定の共同体の道徳的価値に偏らない**中立的なルールの解釈と適用**によって、市場の秩序を維持する必要があります。また、**短期的な暴利行為を取り締まることも**、長期的な相互利益の観念の形成を支え、市場の秩序の維持につながります。

②異なる市場共同体をつなぐ「平和」とは、それぞれの市場共同体が、閉じたシステムへの誘惑を断ち切って、オープンな競争のシステムの形成を志向するということです。これはいわば、グローバリゼーションの初期の段階です。その際、人々は、それぞれの市場共同体の取引慣行（ルール）を突き合わせて、特定の取引慣行に偏らない共通のルールを形成する必要があります。そのために、この共通のルールに従って取引することが、それぞれの市場共同体における相互利益（業界とか日本株式会社における相互利益など）ではない、**より高次の相互利益**（より一般的で長期的な競争の利益）に適うことを主張する必要があります。これはフェア・プレイの精神の洗練された形態です。

この精神は、それぞれの市場共同体の壁を打ち破ろうとする人々の**企業家精神**によって形成されるとはいえ、それだけでは不十分です。まず、それぞれの市場共同体の間のオープンな競争のルールの形成には、それぞれの国家の間の協調が不可欠です。具体的には、国家は、それぞれの市場共同体における**規制緩和**を進め、人々の企業家精神を後押しする必要があります。その際、規制緩和によってリストラされた人々の再雇用のための、また、企業家精神を発揮してビジネスに失敗した人々に対して**セカンド・チャンスを与えるための、セーフティ・ネットの整備**も必要です。さらに、企業家精神とは異なる、冒険主義的投機主義的な経済活動の規制も必要となるでしょう。

③普遍的な市場と、そのもともとの基盤である生活共同体との「平和」とは、人間存在のアンビバレンス（両義性）を認識しつつ、**普遍市場**（グローバリゼーション）**の論理と生活共同体の論理を調整するルールの形成を志向する**ということです。これはいわば、グローバルな価値とローカルな価値の調整という意味でグローカリゼーションの段階です。（市場に参加する）人間は、人格のいわば地の部分を形成するためには共同体が欠かせない。と同時に、その人格をさらに発展させ視野を広げるためには市場が必要です。普遍市場と生活共同体を調整するルールの基礎にあるのは、相互利益の観念やフェア・プレイの精神とは異なるものです。それは、市場と共同体の違いに関する、次のような複数の認識です。まず、共同体は、人間の人格形成に直接関わる、顔の見える face to face な関係、地の関係であるのに対して、市場はより抽象的な、顔の見えない関係（これをメタ関係という）であるという認識があります。また、市場は失敗の繰り返しを許容するシステムであり、交換できるものによって成り立っているという認識があります。さらに、その一方では、世の中には「一度失敗したら取り返しのつかない」、「とっかえひっかえが利かない、かけがえのない」ものがあり、それらは共同体の生活関係と深く結びついているという認識があります。

こうした認識を基礎とする普遍市場と生活共同体の調整ルールとは、その具体的な形としては、**一方で、市場における自由競争を維持しながら、他方で、共同体を保護するためのセーフ・ガードを制度化す**

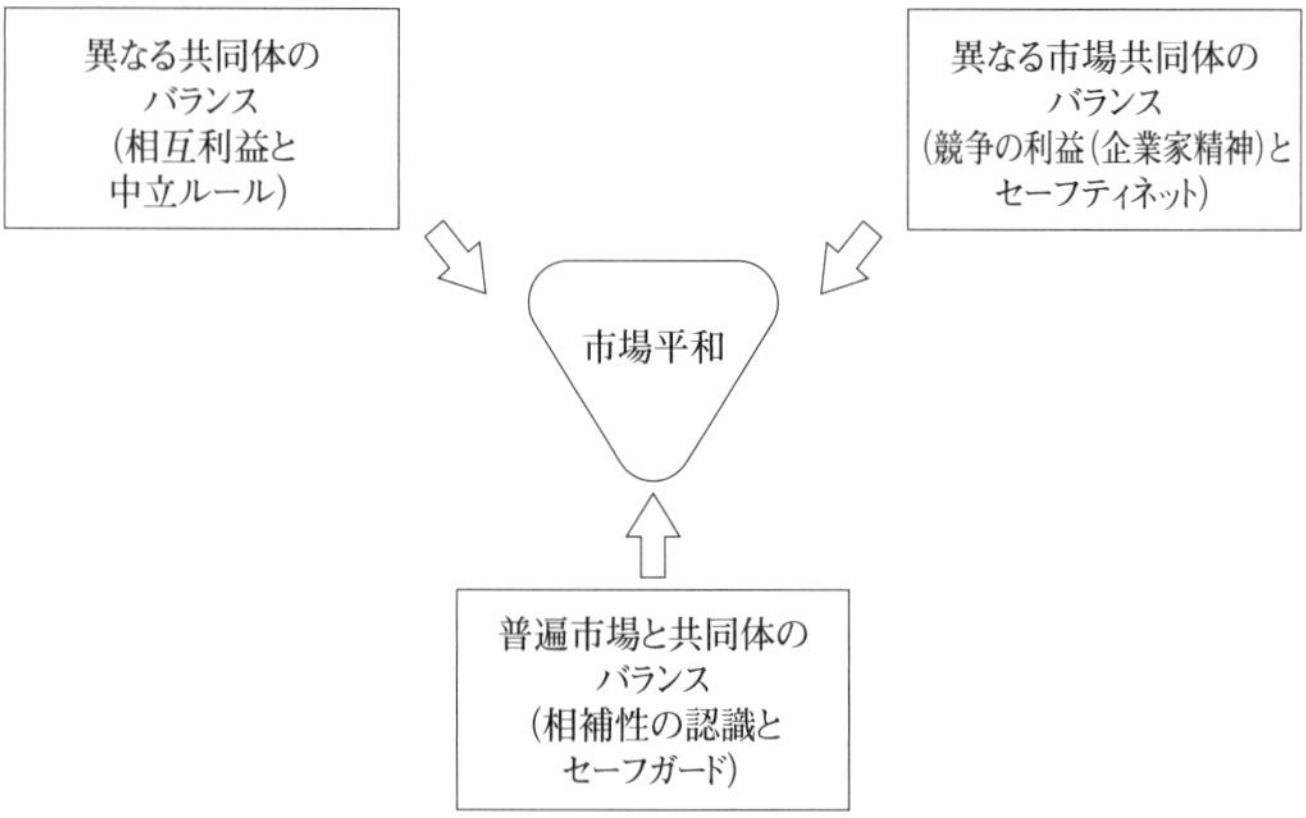

図5　市場平和（動態バランス）のイメージ

るというものです。セーフ・ガードというのは、一般にはＷＴＯ（世界貿易機構）が規定する制度のひとつで、自由貿易の枠組みのなかで、他国の生産物が短期的かつ大量に自国に流入して、自国の産業（市場共同体）が甚大な被害を被る恐れがある場合に、一種の緊急避難的な措置として、緊急輸入制限が認められるものですが、ここでは、**ヒトの生命や性、生活環境などの共同体の基本的価値が、市場の論理の浸透によって著しく損なわれることのないように、市場に制限を加える**ことを指します。

このようなグローカリゼーションとセーフ・ガードの制度化には、市場の自制だけでなく、共同体が基本的な生活価値を主張することによって、市場を牽制することも必要です。また、ヒトの臓器の売買や人身売買、自然環境や生活環境を著しく悪化させるような開発行為に対しては、そうした経済活動を国際的な取り組みによって規制する必要があるでしょう。

このイメージを示すとすれば、**図5**のようなものです。

市場は、このような三つの「平和」（動態バランス）を、国家および共同体と相補的な関係に立ちながら模索すべきであり、それが**市場の健全な姿**であると思います。

この健全な市場の比喩として、私は、やや突飛な言い方ですが、**ジャガイモ市場経済**と表現しています。それは次のようなものです。

ジャガイモ市場経済は、地表にでている花や葉っぱ（市場）が生き生きとしているほど、その根っこにはたくさんのイモ（共同体）が立派な実をつけます。また、花や葉っぱが病気にならないように、（国家の）手入れも必要です。ジャガイモ市場経済が、実際のジャガイモと違うのは、根っこについているイモが様々な形状で不揃いであるだけでなく、そこにはいろいろと種類の違うイモがついています。花や葉っぱの根っこには、ジャガイモもサツマイモもサトイモもというように、多種多様なイモ（共同体）が育っています。また、根っこにあるジャガイモやサツマイモやサトイモは、花や葉っぱのネットワークを通じて相互に関係を結びつつ、それがまた、新しい花や葉っぱ（市場）を咲かせるきっかけにもなるのです。

第八章　寛容

多文化状況で求められるもの

これまで公共哲学の基本問題を論じてきました。その中心となる問題関心は、経済的利害だけでなく様々な民族や宗教の多文化状況において利害対立が生じる場合に、裏切り（非協力）の誘惑や悪循環を克服して、いかにして他者と協力を達成することができるのかということでした。こうした観点から、他者との協力を調達する仕組みとして、民主主義と市場を考察しました。

問題とされた利害対立は、ゲーム理論が想定していたような、合理的で対等な当事者の間での経済的な利害の対立ではなく、宗教や民族が異なり、さらには言語や文化が異なる当事者の間での利害の対立であり、しかも当事者の間には、経済や知識、技術の面で大きな力の差が存在します。いわゆる宗教的、民族的、言語的マイノリティとしての他者の問題です。そこから、偏見や嫉妬さらには憎しみといった感情的で非合理的な要因が抜き難く生じています。これが、いわゆる冷戦以後の世界の多文化状況の特徴です。現在の民主主義と市場のシステムが、こうした深刻な利害対立を克服することができるかどうか、必ずしも楽観できる状況ではありません。そのためには、民主主義と市場が自己改革ないし自己変容を経験する必要があるでしょう。その兆しは少しずつみえ始めてはいますが。

もっとも、こうした慎重な見方に対しては、次のような楽観的な反応がなされるかもしれません。「現代の世界はグローバリゼーション（民主主義と市場経済のグローバル化）という流れのなかにある。そしてこれは、マスメディアや商業、金融といった分野だけでなく、文化の領域にも当てはまる。グローバリゼーションは地球規模での文化的な均質性を生み出しつつあり、現在の多文化状況は解消されつつある」。

確かに、一九八九年のベルリンの壁の崩壊からしばらくの間は、グローバリゼーションについてこのような考え方が支配的でした。つまり、**グローバリゼーションとは、世界が科学技術の面でも、商品流通や金融の面でも、そして文化的な価値の面でも標準化するということ**であり、そしてこの標準化の発信元はアメリカであるというのです。つまりグローバリゼーションとは**アメリカナイゼーション**のことであり、アメリカ型の民主主義や市場主義が世界に普及することであるというわけです。

しかし、こうしたアメリカ中心主義的なグローバリゼーションの観念は徐々に修正されつつあります。この新しい考え方によれば、**グローバリゼーションとは、均質化**（homogenization）**と多様性**（diversity）**をともに含む過程**です。一方で、主として欧米から発信される科学技術や欧米に起源をもつ民主主義や市場経済といった政治的経済的制度が世界全体に受容され、その意味で均質化しつつあります。

と同時に他方で、こうした均質化の動きがローカルな伝統や文化と出会うことによって、民主主義や市場経済の多様な形が生まれ、また、宗教や民族、あるいは国民性といったローカルな価値が、均質化の動きに触発されて、再認識されるようになるのです。

このように考えるならば、現代世界で生じているグローバリゼーションという動きと多文化状況という現実は、お互いに矛盾するものであるとしばしば考えられているけれども、むしろ本来的に相補うものです。つまり、**グローバリゼーションの進展につれて多文化状況も進展するというのは、健全な姿であるということです**。ただ、そのためには、科学技術の受容や民主化や市場経済化といった均質化が適切なスピードで進められ、それによって、宗教や民族あるいは国民性といったローカルな価値が、オープンな文化や伝統として、創造的な機能を果たすようになることが必要です。しかし現実のグローバリゼーションは、このような姿からしばしば逸脱し、それによって、オープンな多文化状況ではなく、閉鎖的で相互に排他的な多文化状況が生み出されつつあります。

したがって、現代のわれわれが直面している問題状況は、グローバリゼーション＝均質化と考えてそのスピードを速める、というような単純な発想によっては解決されません。それでは問題が深刻化することになりかねません。むしろ、この問題に対処するためには、均質化の動きを適切なスピードに戻しつつ、ローカルな文化や伝統（宗教や民族、あるいは国民性など）のオープンな自主性を育むことによって、現在の**閉鎖的で相互に排他的な多文化状況を、創造的な多文化状況へと変えていく**という、もっと複雑な操作が必要です。そのために、民主主義と市場そのものの自己改革や自己変容も求められています。そして、第六章や第七章で論じた民主主義と市場の自己改革や自己変容を支えるために、われわれに求められている精神的な態度が、**寛容**と呼ばれているものです。

したがって、本書は、多文化状況における他者の問題について、同化ではなく寛容の立場、不寛容ではなく寛容の立場に立っています。だが、「寛容とはなにか」、「それは同化ではないにせよ、（民主主義や市場の受容という意味の）均質化とどういう関係に立つのか」あるいは、「異質な他者に対して、なぜ寛容でなければならないのか」、「なぜ不寛容ではいけないのか」など、疑問が直ちに湧いてきます。そして、こうした疑問に、これまでわれわれは必ずしもきちんと答えてきたとはいえないのです。そこで以下では、こうした疑問に対して、これまでどのような議論がなされ、そこになにが欠けていたのかをみることにしましょう。

その前に、ひとつ注意しておきたいことがあります。それは、寛容が論理的に明瞭な観念ではないということです。つまり、一回の寛容な行為（原因）が良い結果を生むわけではないのです。そういう不確実な状況で寛容が求められるのです。例えば、寛容は、第五章で囚人のジレンマの克服を論じた議論と関わっていますが、他者との持続的なコミュニケーションという実践に含まれるものであり、また、寛容であるためには、勇気や好奇心を発揮することが必要です。そして、コミュニケーションとは、思いやりや心のふれあいではなく、お互いのジレンマ状況のイメージについての食い違いを擦り合わせるという作業であり、自分たちが、裏切りや非協力の誘惑にとらわれつつも、ともに協力を模索しているのだという共通の認識を得るという作業です。そのうえで、このジレンマ的なコミュニケーションを一回きりのものに終わらせるのではなく、継続的なものにすることが求められます。つまり、「協力を得たいけれども裏切られるかもしれない」という不確実な状況を、一回きりのものに終わらせるのではなく、「未来の影の中で自分たちの不安定な関係が続いていく」という持続的な不確実性へと転換させていく、一見すると矛盾したような作業が必要なのです。不安なジレンマ状況に一気に決着をつけるという独断的な理性の誘惑に身を任せるのではなく、むしろ**持続的な不確実性のなかで、われわれの限られた理性の能力を信じて、他者との関係性を築いていこうとする。寛容とは、こうした複雑で困難な作業を支えるバランス感覚ともいうべきものです。**

不寛容について

寛容という精神的な態度をこのように理解したときに、それを発揮することは決して容易なことではありません。実際、これまでの人類の歴史においては、異質な他者と多様な文化や伝統に対する不寛容が、秩序＝「公共性」を維持するための「公共哲学」の基本理念であったとさえいうことができるでしょう。もちろん、本書で主張される新しい公共哲学は、そのようなものではありません。しかし、この**人類の不寛容の歴史という事実**を前にして、われわれはただやみくもに新しい寛容の理念を説くのではなく、これまで人類がとらわれてきた不寛容の議論を改めて検討してみることが必要です。それによって、この不寛容の議論が、いかに現代のわれわれが直面している世界の状況にとって不適切なものであるかを示すことができるでしょう。そしてさらに、現代のわれわれが理解している寛容の観念が、特に欧米の宗教上の不寛容の歴史から生じてきたものであることを考えると、その不寛容の歴史を考察することによって、現代の寛容の観念の特徴とその限界を明らかにすることができるかもしれません。そしてそれは、**現代における新しい寛容の可能性**を開くことになるのです。

欧米の不寛容の歴史の特徴を一言で表現するとすれば、**同化主義と排除**（浄化）ということでしょう。これは、その極端な形では、戦前のナチスドイツのユダヤ人政策や最近の冷戦崩壊以後の東ヨーロッパにおける民族浄化の動きなどに現れています。もっと穏やかな形では、十九世紀以降ヨーロッパで成立した、国民国家における国語政策すなわち「ひとつの国民、ひとつの言語」という基本理念の下での、方言や少数言語の排除政策などにみることができます。そして、この同化主義と排除という不寛容の観念の歴史上の起源を、われわれは、近世のヨーロッパにおいて宗教改革の動きが出てきたときに、それに対する様々な反動が生じた十六世紀から十七世紀頃に、求めることができるように思われます。

この頃の寛容と不寛容の議論の特徴を最もよく明らかにしているものとして、**デビッド・ヒュームの『イングランド史』**における叙述を挙げることができます。ヒュームは、第四章で述べたように、モラルサイエンスの公共哲学の思想的起源であり、健全な懐疑主義の哲学者として、現実の不寛容の歴史を率直に見据えながら、しかし決してそれに悲観することなく、つねに前向きであった人です。その意味で、健全な懐疑主義の哲学者であり歴史家でもあった彼の叙述は、われわれにとって参考になるものです。それをここで紹介してみましょう。

メアリ女王治世の英国で、一五五五年に、新教徒に対する迫害政策が実施されるべきか否かについて、宰相ガーディナーと枢密卿ポールとの間で議論が戦わされました。この論戦の模様をヒュームは詳しく紹介しています。まず枢密卿ポールが、寛容を擁護する立場から、次のような趣旨の議論を展開します。

そもそも、**迫害というのは宗教上恥ずべきこと、スキャンダルである**。人間というものは、他のことではお互いに軽蔑しあったりしていても、基本的には冷静でいられるのに、宗教の対立のこととなると途端に敵意をむき出しにして狂ったようになってしまうのである。それをそのまま放置して、さらには迫害をあおり立てるのは、まともな政策としてなすべきことではない。

宗教上の迫害の政策、すなわち平和のためと称して、神への信仰という、人間の理性を越えた事柄について、その同質化を謀る企てほど不幸な結果を招くものはない。宗教上の信仰に関してひとつの意見が支配するというのは、無知と野蛮の結果でしかない。そのような状況においては、**迷信の恐怖が支配し、人々の新しいものへの好奇心は消え失せ、科学と技術の進歩も失われる**。こうした偽りの安心の状態に人々が置かれると、あたかも人間の健康な肉体が無菌状態で甘やかされた結果、ちょっとしたばい菌にも耐えられなくなるように、信仰上の疑問を許されずに盲目的に信仰する人々は、ちょっとした意見の違いにも我慢できずに怒りを暴発させるようになる。

そしてなにより、宗教的な弾圧は野蛮なだけでなく、信仰上の相違を消すことができないという点で、有効な政策ではない。迫害は異端者を頑なにさせ、彼らの信仰への炎を燃え上がらせる。**迫害による永遠の救済が処罰の苦痛を圧倒して、殉教の美学が新たな信者を生む**だけである。宗教上の寛容の政策によってこそ、憎しみは和らぎ、信仰への頑なさは減少する。人々は日常の仕事や生活の喜びを求めるようになり、迫害に殉じたであろう人々も自分の意見を改めたり、他の人々の意見に耳を傾けるようになるのである（Hume　1754–61　vol.3, pp.431–433. 強調は引用者）。

このような枢機卿ポールの寛容を擁護する主張に対して、宰相ガーディナーは次のような趣旨の徹底した不寛容の議論を展開します。

宗教上の寛容とか信仰の自由などというものは、神への最大の冒瀆（impiety）である。それは、宗教をないがしろにするものであり、救済の思想を空想の産物にしてしまう。神が人々に示した信仰は絶対であり、主催者が信仰の自由の名のもとにそれをゆがめることは、**人民の食物に毒を盛る以上の犯罪**である。

迫害によって信仰上の違いを消すことができないというが、迫害の目的は異端者を真に改宗させることではない。彼らの偽りの改宗であっても、それで十分である。彼らではなく、彼らの次の世代の子供たちが正当な宗教を信仰するようになれば、それでよいのである。**異端の信仰を放置して宗教上の意見の対立が深刻化すれば、無秩序になってしまう**。公共の秩序と平和のためには、積極的な弾圧によって宗教上の対立を排除するしかない。それは、人間の体が健康でない、つまり病気のときには、放っておくのではなく積極的な治療が必要なのと同じことである。社会が病んでいるときには、その原因を除去することが必要である。

また、われわれが不寛容であるというが、異端の宗教（プロテスタント）こそが不寛容であり、正当な信仰であるカトリックに対して、宗教上の迫害を行ってきたのである。われわれもそれに対抗しなければならない。

宗教上の迫害が認められるとすれば、**徹底的な迫害こそが有効である**。中途半端な投獄やムチ打ちの刑罰などは、かえって異端者の怒りを買うだけであり、あるいはさらに異端者を殉教の美学に駆り立ててしまう。火刑や車裂き、絞首刑などにより、異端者を根絶やしにすることによって、異端の信仰を完全に沈黙させ、異端者を服従させることができるのである（Hume 1754-61 vol. 3, pp.433-434. 強調は引用者）。

ヒュームは、このようにポールの寛容の主張とガーディナーの不寛容の主張を整理したうえで、結局この論戦で勝ちを占めたのは不寛容だったのであり、それ以後、英国は恐怖と悲惨に満ちあふれることとなり、カトリックは宗教の皮をかぶった復讐と残酷の象徴となったのであると述べています。

現代の不寛容について

現代の社会において、ガーディナーの主張以上に徹底して不寛容を擁護し、あるいは彼が示した以上の根拠によって、不寛容を正当化する議論はないように思われます。けれども、現代における不寛容という事態が止むことはありません。そしてこれについて、数多くの分析や考察がなされてきました。ここでは、その考察をいくつか紹介しましょう。

まず最初は、*On Toleration*（1987）と題された論文集の中で、北アイルランドのベルファーストのカトリック居住区で育ったフィット卿（Lord Fit）が、北アイルランドと不寛容の問題について論じているものです。彼は不寛容をめぐる二つの点について指摘しています。

ひとつは、**「二重のマイノリティ問題」**と呼ばれるものです。英国 United Kingdom の北アイルランド問題を例にとれば、北アイルランドにおけるカトリックはマイノリティでプロテスタントはマジョリティであるけれども、もし北アイルランドがアイルランドに併合されれば、カトリックはマジョリティとなりプロテスタントはマイノリティに転落する。つまり、**マイノリティ問題が入れ子構造になっていて、しかもその構造の中でマイノリティとマジョリティの関係が逆転する**というものです。

このような状況においては、様々な不安や恐怖が渦巻いています。マイノリティに転落するという恐怖、マイノリティの不満分子の脅威にさらされるという不安、自分自身の民族的アイデンティティや国民性が根絶やしにされるという恐怖などです。そして、これらの恐怖や不安から不寛容が生じてきているとフィット卿は指摘しています（Lord Fit p.68–69）。

この「二重のマイノリティ問題」は、現代の様々な不寛容という事態にしばしば共通にみられる構造です。例えば、冷戦後の一九九〇年代における、旧ユーゴスラビアのセルビア共和国によるコソボ自治州の民族浄化政策も、セルビア系住民とアルバニア系住民の「二重のマイノリティ問題」が様々な恐怖や不安を生み出したという背景がありました。

不寛容をめぐるもうひとつの論点は、不寛容の背後にあるいわば**「歴史のトラウマ」**とでもいうべき要因です。北アイルランド問題の場合、一方で、英国の歴史に根ざす深い反カトリック感情が存在します。これは、すでにヒュームの『イングランド史』の不寛容の議論が示しているとおりです。近世以降の英国の歴史は、カトリックとプロテスタントの間の抗争と不寛容に彩られている。こうした歴史の記憶は、英国のもうひとつの歴史の記憶である、リベラルな気風という伝統によって薄められているとはいえ、依然として存在しています。他方で、アイルランドの歴史は、英国による抑圧や一九二〇年のアイルランド分割、そしてその後の北アイルランドにおけるカトリックの人々の苦難に彩られています。この歴史は、少なくともおよそ三百年前の十七世紀に始まる英国からのプロテスタントの移住（植民）に由来するものであり、しかもこうした長い歴史の記憶は北アイルランドを含むアイルランドの人々の日常生活の現実でもあります。これら二つの相反する歴史の記憶とトラウマが生み出す認識のずれや偏見、そして憎悪を克服するために、寛容の精神が求められている。このようにフィット卿は指摘しています（Lord Fit pp.65–67）。

次に、Ｂ・ベッテルハイムとＭ・ジャノウィッツが、『社会変動と偏見』（一九八六年）で、不寛容についての社会心理学的な考察を行っています。彼らが指摘しているのも、不寛容と不安との結びつきです。自分の経済的将来についての不安や、自分の日常生活の安全が脅かされているという感覚は、不寛容の態度を生みやすい（ベッテルハイム＆ジャノウィッツ　二五六頁以下）。

ただ、経済生活の不安や生活の安全の不安だけでは、そこから直ちに不寛容の態度が生じるわけではありません。例えば、われわれの社会は自由経済によって成り立っているわけですから、われわれは誰でも少なくとも一生のうちに何回かは、「事業に失敗するかもしれない、職場を失うかもしれない」という不安、倒産や失業の不安にさらされるでしょう。しかしだからといって、われわれのみんながみんな、不寛容になるわけではない。むしろわれわれは、たとえ嫌々ながらであっても、「倒産や失業しても、自暴自棄になるべきではなく、セカンドチャンスを目指すほかはないし、そうすべきである」という社会規範を受け入れているように思います。同様に、われわれは、自分の生活の安全に対する不安だけで不寛容になるわけではありません。むしろわれわれは、民主社会あるいは法治国家の一員として、自分たちの身の安全を図るための自衛手段を講じたり、犯罪行為に対する法律のきちんとした適用を求めるでしょう。したがって、経済の不安や安全の不安だけでは、不寛容に結びつくわけではありません。

これらの不安に**集団的な要素**が付け加わるとき、不寛容の態度が生み出されます。例えば、**経済生**

活や日常生活の安全が特定の集団、例えば外国人労働者とか民族的マイノリティによって脅かされていると人々が感じるとき、人々は不寛容に陥りやすい。これは、不安の原因となる（脅威を与える）存在に集団的な要素が付け加わるときですが、同様に、不安を感じている（脅威を受ける）存在に集団的な要素が付け加わるときも、人々は不寛容に陥りやすい。これは例えば、自分の事業の失敗や失業ということを越えて、自分が働いている職場や業界、さらには自分の国の市場が経済的な不安（脅威）にさらされたり、自分が生活しているコミュニティの安全や社会全体の安全が脅威にさらされる場合です。

寛容の目的

なぜ寛容でなければならないか、つまり寛容の目的についての従来の議論は、大別して三つの立場に整理することができます。すなわち、賢慮ないし社会的利益の立場、真理ないし合理性の立場、そして自律と多様性の立場です。

賢慮ないし社会的利益の立場とは、寛容の目的を経済的発展や治世の維持などの社会的利益に求めようとする立場です。この立場は、近世のヨーロッパにおいて寛容が説かれ始めた頃からある議論です。先に述べたヒュームの議論も、基本的にこの立場を反映しているといえます。この立場は、次の二つの議論から成り立っています。

ひとつは、「自分たちとは考え方も価値観も異なる他者に対して寛容であるべきなのは、そうした**他者の異質な能力や発想**（商業の才能や数学的論理的な思考法など）**が社会に取り入れられることによって、経**

済的発展や科学技術の進歩といった社会的利益が得られるからである」というものです。こうした議論は、十七世紀のジョン・ロック（John Locke, 1632–1704）や十八世紀のヴォルテール（Voltaire, 1694–1778）などにもみられます。例えばロックは、『寛容についての書簡』（一六八九年）で、当時のフランスによる迫害から逃れたユグノーたち（プロテスタント）を受け入れることは、彼らの勤勉性と商業の才能を受け入れることであり、英国社会にとって利益であると論じました。また、ヴォルテールも、『寛容論』（一七六三年）で、トルコの皇帝やピョートル大帝の例を引きながら、彼らの異教徒に対する寛容な政策が当時の商業や農業にとって利益であったとしています。

賢慮ないし社会的利益の立場のもうひとつの議論は、**「異質な他者に対する不寛容や彼らを迫害することは、彼らの抵抗を引き起こし、社会不安や混乱という不利益をもたらす**から行うべきではない」というものです。この議論は、先述したヒュームの議論にみられるもので、またロックやヴォルテールにも見られます。例えばロックは、宗教上の理由や人種上の理由で差別された人々が、迫害されているという共通の境遇によって団結し、為政者にとって危険な存在となると述べています。また、ヴォルテールも、不寛容によってもたらされるものが殺戮の修羅場であることを繰り返し強調しています。

ただし、「不寛容が社会不安や混乱をもたらす」という主張は、「異質な他者を寛く受け容れることこそが、社会不安や混乱をもたらす原因である」という不寛容の主張と最も鋭く対立してきたものであり、現在までこの論争は決着がついていないだけでなく、しばしば不寛容の主張がこの種の論争において優勢となってきていることは、認めなければならないでしょう。現代においてもなお、「寛容か不寛容か」の論争が容易に「自由か秩序か」（「異質な他者に寛容であるのか、それとも公共の秩序の安定を優先すべきなのか」）という論争にすり替えられてしまうという現実があります。だが、真に問われねばならないのは、「自由と秩序」であり、**不寛容が本当に開かれた公共性を実現することができるのか**ということなのです。

寛容についての真理ないし合理性の立場とは、「不寛容が虚偽あるいは偽善を生み出すから、それは真理に反し不合理なものである」というものです。これには二つの種類のものがあります。ひとつは、ロックの寛容の主張としてよく知られているもので、「宗教的不寛容と弾圧によって異教徒たちの信仰を変えようとしても、外面的な服従が得られるだけで、人間の心の中の信仰まで変えることはできないのだから、それは真の改宗を生むのではなく、偽りの信仰あるいは偽善を生むだけであり、真理に反し不合理である」というものです。ただこれは、もっぱら宗教上の寛容のみを扱っていることと、神の存在の絶対性あるいは真の信仰を前提にしていることから、現代の寛容論において、それがそのままの形で援用されることはあまりありません。

現代において真理や合理性の立場から寛容を擁護するものとしては、J・S・ミルの『自由論』（一八五九年）における議論をあげることができます。これは、**人間の可謬性の承認とより良い真理の追求という立場から寛容を擁護する**ものです。つまり、人間は誤まりうる存在であって、人間の考えが絶対に正しいということはないのだから、自分の考え以外には認めない（不寛容）というのは、**人間が誤りを訂正する機会を閉ざし、真理の探求を妨げるから不合理である**というものです。

これはミルが、思想と討論の自由を論じたところで主張しているものですが、現代を代表する哲学者のK・R・ポパー（Karl Raimund Popper, 1902–1994）も、同様の立場から寛容を擁護しています。それは、**批判的合理主義**（可謬主義の相互承認と自由な批判がよりよき真理の追求を可能にする）という立場ですが、ポパーはこの考え方を民主主義理論に適用して、**ユートピアとしての寛容な民主主義**を説いています。彼は、論文集*On Toleration*に寄稿した論文で、「理想の民主主義とは、選挙において候補者が、自分がいくつ正しいことを述べたかではなく、自分がいくつ誤りに気づいてそれを訂正しようと努めたかを主張することによって、得票を得ることができるような民主主義である」という趣旨のことを述べています（Popper p.34）。

寛容の目的を**自律と多様性に求める立場**とは、「人間は自律した人格として自らを形成することで、自らの人間性を開花することができる。そして、人間の多様性を考えると、人間性の開花によって生み出されるそれぞれの人生も多様である。したがって、**われわれはお互いに、自律した人格とそれぞれの人生の多様性を尊重するために、寛容でなければならない**」と主張するものです。この立場から寛容を論じたのは、おそらくミルが最初です。彼はこの議論を、当時の大衆社会における同化と画一化の傾向に警鐘を鳴らし、それに対して人間の個性の価値を擁護するために用いています。彼は、『自由論』で、「人間の快楽の感じ方や苦痛の感じ方、また肉体的精神的要素など、人間の個性は非常に違うのであるから、そうした多様な個性に対応する生活様式の多様性とそれをお互いに寛容するということがない限り、本当の意味で人間性が開花することはない」という趣旨のことを述べています。

このミルの議論は、**現代のリベラリズムの寛容論**に受け継がれ、現代の寛容論のいわば主流を形成することになりました。ただ、ここで注意しなければならないのは、ミル自身は自律と多様性という価値を、他の価値と並ぶひとつの価値として、つまり賢慮ないし社会的利益という価値やより良い真理の追求という価値と並ぶひとつの価値として考えていたということです。

これに対して、ミルの考えを受け継いだ**現代のリベラリズムの寛容論は、自律と多様性という価値を、より高次の原理的な価値として考え、寛容の正当化根拠としています**。この立場は、自律と多様性は、よりよい真理の追究（自由な批判と討論）とほぼ重なり合うと考えていますが、社会的利益とはしばしば対立すると考えています。そこから、ある政策が、個人の自律と多様性という価値を実現しようとする場合には、たとえその政策が明らかに社会的な利益（例えば経済的な発展や日常生活の安全）に反していたとしても、正当化されることになり、逆に、ある政策が、経済的な発展や生活の安全、社会秩序の安定に資するものであったとしても、もしその政策が自律と多様性という価値を少しでも損なうものであれば、正当化されないことになります。いずれにせよ、現代リベラリズムの寛容論をめぐる主要な論点のひとつが、この**「自律と多様性か社会的利益か」**をめぐるものであることは疑いありません。

これまでの議論に欠けているもの

寛容について、これまでの議論を振り返ってみたときに、なにか欠けているものがあると私は感じています。それは二つあります。ひとつは、これまでの議論が、主に、**権力行使の正当化という文脈で**

寛容を論じてきたということです。いわば**上からの公共性という観点から寛容を論じてきた**のであり、その結果、下からの公共性という観点からの寛容の議論が不十分であったということです。

例えば、先述したヒュームの『イングランド史』における宗教的寛容をめぐる議論は、カトリックやプロテスタントという特定の宗教勢力と結びついた当時の国家権力ないし統一的権力が、対抗する宗教勢力にどう対処するかをめぐってのものでした。また、現代のリベラリズムの寛容論でよく引用されるJ・S・ミルの自由の原理も、**危害原理** harm principle **として、国家の権力行使の正当化根拠**と考えられています。ミルは『自由論』のなかで、「人類が、ある人の行動の自由に正当に干渉できるのは、自己防衛という理由に限られる。つまり、その人の行動が他人に危害を与えるからという理由である。本人のためだからという理由ではその人の自由を制限することを正当化できない」という趣旨のことを述べています。このミルの議論は、冒頭の人類という言葉を中立的な国家と言い換えて、「中立的な国家が、市民の行動の自由に正当に介入できる（不寛容でありうる）のは、その行動が他の市民に危害を与えるからという理由のみである。本人のためだからという理由では、国家の介入を正当化することはできない」と解釈されるのです。

これに対して、下からの公共性という観点から寛容を考えるとは、**多文化状況における他者とのコミュニケーションに必要な精神的な態度として、寛容を考える**ということです。この場合、寛容とは、公共的な権力が個人ないし社会集団（マイノリティ）に対して発揮するというよりは、**力の優劣の差があるとはいえ、対等な個人や集団の間でお互いに発揮される**ものです。それは、権力の正当化根拠ではなく、

お互い（の誤まり）**を許し合うバランス感覚**です。これを私は、**試行錯誤における寛容**と呼んでいます。この試行錯誤における寛容は、第四章「モラルサイエンスの公共哲学」で論じた公共性の生成あるいは自生的秩序としての責任倫理の議論とつながっています。つまり、コミュニティ倫理や経済倫理、政治倫理の生成には、試行錯誤における寛容という精神的態度が人々に共有される必要があるということです。そして、寛容のこの側面の考察が、これまでの議論には欠けていたように思います。

これまでの議論に欠けていたもうひとつのことは、いま述べたことと関連しているのですが、他者とのコミュニケーションという文脈で寛容が論じられる場合でも、それはお互い他者を他者として、相互に自律性を尊重するということで止まってしまう。お互いに他者に働きかけることによってお互いが変わってゆく、**相互変容という発想が見られない**ということです。

このことを象徴的に示しているのは、二十世紀を代表する哲学者の一人である**アイザイア・バーリン**（Isaiah Berlin, 1909–1997）の議論です。彼は、J・S・ミルの『自由論』に示された寛容の観念を念頭に置きながら、自律と多様性の相互尊重としての寛容について、次のように説明しています。

寛容とはある種の無視・不敬というものを含んでいる……他人の信仰や行動が非合理で愚かなものであると考えてはいるが、それでもそれらのものを容認する、といったことですが、ミルもおそらくこれに同意したでありましょう。……［ミルは］他人の意見を理解し容認するようにとは言いましたが、他人の意見を尊敬するなどということを求めたりはしませんでした。……〈理解する〉ことは必ずしも〈許す〉ことにはなりません。情熱や憎悪を込めて議論し、攻撃し、拒否し、排斥しても一向に構わないのです。がしかし、抑圧したり黙らしたりしてはいけない。それは悪しきものも善きものも破壊してしまうからであり、集団的な精神的知的自殺と等しいことになってしまうからであります（バーリン　四一一―四一二頁）。

バーリンによれば、寛容とは、自分の信念を保持し主張しながら、他者への偏見を抱きつつ、同時に他者という存在を承認するといった複雑な要素が入り混じった精神的態度です。**自分の信念、他者への偏見、他者の承認という三つの心理の混合物**なのです。

しかし、ここでひとつの疑問が生じます。すなわち、相互尊重といってもそれは**相互無関心ということではないのか**という疑問です。もちろんバーリン自身の主張は、相互無関心を説くものではありません。むしろ、自分が強い信念を持っているからこそ、他者への偏見や反感を抱き、しかもなお他者という存在を承認するという積極的な姿勢を、われわれに求めています。しかし人間は果たして、このような複雑で緊張関係を内に含んだ心理状態に長く耐えることができるのか。結局は、この緊張に耐えきれずに、しかし表立った争いを回避するために、相互無関心という道を選ばざるをえないのではないか。

†相互尊重と国家の中立性

この考え方は、すでに述べたように、現代のリベラリズムの寛容論と結びついていますが、政治哲学ないし法哲学の分野では、この考え方は、国家（あるいは共通の権力）に適用されて、**国家の中立性の理念**となりました。つまり、自分の信念であれ他者の信念であれ、どの信念も自律という理由を持っているのだから、国家はそれらの信念を等しく尊重しなければならない。それらの信念に対して中立的でなければならない。ただし、ある信念に基づく行為が他者の権利（自由）を侵害する場合にだけ、国家は介入することができる（いわゆるミルの「危害原理」）というわけです。そしてこの考え方に対しては、コミュニタリアニズムなどの立場から、「中立性とは無関心ということではないか、国家は中立性という理由から道徳的信念に対して無関心であるべきではなく、不道徳のものは不道徳であるというべきである」という批判がなされています。これについて、私の考え方は、どちらかといえば国家の中立性論の立場に近いものです。やはり国家は、特定の道徳的信念に肩入れするべきではない。ただ、国家はどんな場合でも当事者のコミュニケーションの努力に対して中立的であるのではなく、後に述べるように、当事者の相互変容の努力に対しては、相互に発揮される勇気や好奇心を積極的に評価するべきであると考えています。

ここで指摘した二つの論点、**「試行錯誤における寛容」および「相互尊重と相互変容」という論点**は、これまでの寛容論にはあまりみられないものです。その理由は、寛容が、従来、「介入しない」という意味で消極的な価値としてか、または、本当は好ましくないけれども必要なもの、必要悪として、取り扱われる傾向が強かったからです。

これに対して本書の立場は、公共哲学の中に寛容をより積極的に位置づけようとするものです。次章で述べるように、寛容は、「公」―「公共」―「私」の三分法の「公共」の精神（責任倫理）の生成変化をうながす触媒として、公共精神に密接に関わるものであると考えます。それによって、第九章で論じる公共精神のいわば構造転換が可能になると考えるのです。「試行錯誤における寛容」および「相互尊重と相互変容」という論点は、そのための導入部ともいうべきものです。そこで以下、これらの論点について、もう少し論じてみましょう。

試行錯誤における寛容

寛容は、利害の対立する囚人のジレンマ状況において、一回きりの応酬で発揮されるものではなく、試行錯誤を伴う継続的なコミュニケーションの中で発揮されるものです。この意味で、寛容はある種の習慣づけを含んでいます。ただしそれは、同じことの繰り返しという意味での習慣づけではありません。寛容は、その最初の場面では、相手に裏切られるリスクを引き受けなければなりません。そうしたリスクを何回か引き受けるという試行錯誤のなかで「勝ったり負けたり」を繰り返し経験し、そのプロセスのなかで、寛容という資質を徐々に身に付けるということです。この意味で、寛容とは、**「勝ったり負けたり」の習慣づけ**なのです。この試行錯誤における寛容、「勝ったり負けたり」の習慣づけとしての寛容の観念は、先に述べたように、これまで欧米の寛容論にあまりみられないものです。けれども日本では、これに近い考え方が近世以来共有されてきました。それは「ならぬ堪忍するが堪忍」ということわざにある堪忍の観念です。

例えばわれわれは、社会の様々な利害の対立に、民主的な選挙や議論によって、また市場における競争によって、対処しています。きちんと選挙や議論をして、あるいはしっかりと競争をして、物事に対処すれば、お互いにより良い結果が得られる。少なくとも、互いにいがみあったり足を引っ張りあったりしているよりは、ずっと良い結果が生まれる。この意味で、民主的な選挙や議論、そして市場における競争は、自由社会の協力の形です。しかし、きちんと選挙や議論をしたり、しっかりと競争することは、決して簡単ではありません。そのためには、**「勝っておごらず、負けてくさらず」という資質を、「勝ったり負けたり」の繰り返しによって、習慣づける**必要があります。

民主主義における堪忍あるいは「勝ったり負けたり」の習慣づけについて考えてみると、たとえば与党と野党が選挙し議論をする。あるときは与党が勝ちを占め、またあるときは野党が勝ちを占める。そして、野党が与党になり与党は野党になるというように、政権交代が行われる。こうした**政権交代が繰り返し行われて、民主主義の「勝ったり負けたり」が習慣づけられると、われわれの社会に民主政治の責任倫理と寛容な民主主義が根づく**ことになります。

しかし、こうした「勝ったり負けたり」の責任倫理や寛容な民主主義が容易でないことは、日本の民主主義の経験からも明らかです。ただ、日本の民主主義に政権交代が（ほとんど）みられないということは、日本の民主主義が不寛容であるということを必ずしも意味するわけではありません。世界の様々な民主主義を見れば、選挙の度ごとにテロリズムや不正が横行したり、政権交代がクーデターを誘発するといった例は珍しくありませんし、このことは、民主主義の先進地である欧米諸国においても例外ではありません。日本の民主主義の寛容さは、**与党と野党の政治的妥協の習慣づけ**によって、テロリズムやクーデターが回避されてきたところに求められるべきでしょう。その上で、日本の民主主義に政権交代と「勝ったり負けたり」の責任倫理が根づけば、日本の民主主義は、より一層寛容な民主主義に近づくことになります。

また、市場における堪忍あるいは「勝ったり負けたり」の習慣づけについて考えてみると、企業と企業が競争する。あるときはAという企業が収益を伸ばし、またあるときはBという別の企業が市場において優勢となる。従来は、ある企業がいったん市場において優勢になると、その企業はますます有利になり、他の企業を圧迫して独占化が進むと考えられたこともありましたが、現在では必ずしもそのように考えられていません。

むしろ、Aという企業がある商品によって収益を伸ばしている場合、そのことは別の企業にとっては、その商品よりも価格や性能の面でより優れた商品を開発するチャンスが与えられていることを意味します。つまり、Aという企業は、いわば当面の勝負において勝者となることによって、手の内をさらしているのであり、次の勝負においてハンディを背負うことになるのです。特に、自由競争のようにいわゆる新規参入の自由が認められている状況においては、既存の発想にとらわれている企業だけでなく、まったく新しい発想と商品開発力を持った企業が参入してくる可能性が常に存在するわけですから、現在の勝ち組であるAという企業が背負っているハンディもそれだけ大きいものとなります。

このことは、より純粋な形で競争が行われるスポーツ競技を考えれば、より一層明らかです。どんな競技でも、常に勝者であり続けることは難しい。その理由は、**勝者が、彼の弱点を突こうとする競争相手の圧力に、絶えずさらされる**からです。

こうして、**自由競争と新規参入の自由によって企業の間で「勝ったり負けたり」が習慣づけられると、われわれの社会にフェアプレイの責任倫理と寛容な市場経済が根づく**ことになります。しかし、寛容な市場経済は、寛容な民主主義と同様に難しいかもしれません。というのも、われわれは、経済的な利害が絡むと、武力に訴えたり政治権力を利用して、既得権益を確保しようとするからです。このことは、現代の世界経済において、既得権益擁護がいかに多くの経済的な利害対立を生み出し、その解決のために、いかにしばしば武力や政治権力の介入が求められてきたかを考えればわかるでしょう。世界がいま、基本的に自由経済の方向に進んでいるということは間違いないとしても、それが弱肉強食的な経済ではなく、フェアプレイの責任倫理と寛容な市場経済へと発展するためには、各国の経済競争において「勝ったり負けたり」の習慣づけが根づき、既得権益擁護のために武力や政治権力に訴えるのでなく、フェアな競争が行われる必要があるのです。

相互尊重と相互無関心

「なぜ相互尊重が相互無関心に陥らざるをえないのか。相互尊重の観念には、他者という存在についての強い前提が含まれているのではないか。問題は、相互尊重という考え方にあるのではなく、他者という概念にあるのではないか」。これは、先に述べたバーリンに限らず、一般に欧米における寛容の概念を考えるときに、必ずといっていいほど突き当たる疑問です。

例えば、第二章でも触れた『テロルの時代と哲学の使命』（二〇〇三年）という本があります。これは9・11の同時多発テロの後の世界情勢について、ユルゲン・ハーバーマスとジャック・デリダ（Jacques Derrida, 1930–2004）という現代を代表する哲学者が、それぞれインタビューに答えて発言しているものです。彼らはそれぞれ寛容についても発言していて、寛容をどう評価するかについては、彼らの哲学的な立場の違いを反映して、まったく異なるのですが、しかし、寛容という概念そのものについては共通の認識を持っています。つまり、**寛容というのは、異質な他者を、彼らの文化的あるいは道徳的な内容に触れずに、どう許容するかに関わる**ものなのです。

ハーバーマスは、寛容を肯定する立場から、次のように主張します。われわれは異質な他者として、「対話」を通じてお互いのパースペクティブ（ものの見方）の交換を行うことによって、「地平の融合」すなわち「憲法の原理」を見いだし、この共通の基準によって、**他の人々の信念を、その真理を受容することなしに、また他の生活様式を、その内在的価値を評価することなしに、寛容に扱う**ことができる。これに対して、デリダは、寛容を否定する立場から、次のように主張しています。寛容は優越感に立脚する許容であり、優越的な立場にあるものが、次のように述べていい顔をしているにすぎない。「私はお前に居させてやっているのだ。お前は我慢ならないものではない。私の家の中にお前の席を残してやってもいい。だがここが私の家だということを忘れるな」。そしてここからデリダが引き出す結論は、不寛容とは正反対の、**他者を**（自分とは異質な存在として）**純粋かつ無条件に歓待する**ことです（ハーバーマス&デリダ　六一―六二頁、一九七―一九九頁）。

ここにみられるように、欧米の寛容の観念には、異質な他者あるいは自分と他者の間の差異についての明確な意識があります。もうひとつ例を挙げるならば、現代アメリカを代表する政治哲学者の一人であるマイケル・ウォルツァー（Michael Walzer, 1935-）が、『寛容について』（一九九七年）という本のなかで、次のように述べています。すなわち、**寛容とは差異の寛容であり、文化的宗教的および生活様式のうえでの差異を、寛容に受け入れる**ことである。

彼は、この差異の寛容の可能性について五つのものを挙げています。ひとつは、異なるもの同士の殺し合いの果ての疲労困憊から生じる寛容、次に、差異に対する無関心としての寛容、その次は、いわば相互性の原理に基づく差異の認知・承認であり、さらには、差異への好奇心としての寛容であり、最後に、差異の熱狂的な是認としての寛容です（ウォルツァー　二五―二六頁）。

注目すべきことは、この**疲労困憊**、**無関心**、**原理的**（嫌々ながらの）**承認**、**好奇心**、**熱狂という寛容の五つの態様**が、いずれも他者の差異性を、ネガティブにであれポジティブにであれ、自分に関わりないものとみなすことによって成り立つという点です。最初の三つの態様、すなわち、殺し合いの果ての疲労困憊、無関心、いやいやながらの承認がそうであることはすぐわかります。そして、一見前向きにみえる好奇心や熱狂も、自分にはないものを持っている他者の肯定であり称賛であるにすぎません。

熱狂はデリダの絶対的かつ無条件の歓待に近いものでしょう。他者を熱狂的に肯定し称賛した（絶対的かつ無条件に歓待した）その先に、自分にないものを他者から取り入れ、それによって自分が変わってゆく（同様に、他者がなにかを自分から取り入れ、それによって他者が変わってゆく）という過程は、含まれていないのです。

欧米の寛容の観念には個人であれ集団であれ、**自分あるいは自分たちは、彼**（彼女）**あるいは彼らたちとは違う**（彼らはまだ……ではない）**という強い自覚**が含まれています。しかし、これでは相互理解にはならないのではないか。お互いに違うということを理解するだけで、お互いの意見や考えを理解することにはならないのではないか。そうではなく、多文化的な利害対立の状況のなかで、当事者が互いに勇気や好奇心を発揮して、互いに協力し、その繰り返しの中からなにか新しいものを生み出し、そうした過程を通じてお互いの価値観や考え方が変容していく。**寛容を、こうした協力と相互変容のプロセスと考えることはできないものか**。

下世話な言い方をすれば、欧米の寛容の観念は頑固なのです。それは、差異についての強烈な意識を含んでいます。その起源は、ひとつにはキリスト教という**一神教の伝統**における唯一神への絶対的な信仰であり、もうひとつは、特に近代以降の**合理主義的な個人主義**という考え方でしょう。それはよくいえば自律ということであり、悪くいえば容易には変わらない頑固さということです。寛容とは、差異とぶつかったときにその差異にどう対処するかということであり、かつそこまでで止まるのであり、その先の、差異をどう受け入れ、それによって他者とどう折り合いをつけ、自分がどう変わっていくかという問いは、それはもはや寛容論を越えたことであり、それは例えば、公正とかフェアなルールの問題なのです。

しかし、現代世界における欧米とイスラムのいわゆる一神教的な正義の対立の激化や南北問題の深刻さが、公正について深刻な疑念を生み出していること、そしてそこからテロリズムなどの様々な不寛容が生じていることを考えると、**寛容は他者性の認識であり、その先は公正やフェアなルールの問題であると主張することは、相互無関心と不寛容を再生産するだけになってしまうのではないか**。このような疑念をぬぐうことはできません。むしろ寛容の観念をより積極的に、**他者性の認識だけでなく、その先の、協力と相互変容のプロセスを含むものとして考えることはできないのか**。そう考えることができれば、現代世界に生じている**他者性の認識と不寛容の悪循環**を断ち切る糸口を見いだすことができるのではないかと思います。

第九章　公共精神

公共性と公共精神

最初に、公共精神という論点を公共哲学の基本問題のひとつに含めることについて、少し説明しておきたいと思います。戦後日本の社会科学において、公共精神が論じられることはほとんどありませんでした。その理由は、戦前の滅私奉公的な道徳教育の記憶もあって、公共精神といえば、保守的な政治臭の強い、いわば括弧つきの「公共精神」のことと考えられてきたからでしょう。本章で論じるのは括弧つきの「公共精神」ではないことを、まず断っておきます。

さて、日本の公共哲学という学問領域にとって重要なきっかけとなった、『公共哲学』シリーズ（全十巻、二〇〇一—二〇〇二年）は、公共哲学の諸論点を網羅的にしかも多様な観点から議論していますが、そこでも、公共精神あるいはそれに類する用語法が用いられている例はほとんどありません。公共精神という用語法に代わって、公共性というやや緩和された（中立的な）言葉が用いられています。

例えば、『日本における公と私（公共哲学第3巻）』（二〇〇二年）や『国家と人間と公共性（公共哲学第5巻）』（二〇〇二年）をみると、**市民的公共性**という言葉がよく用いられています。これは、行動的市民精神とも言い換えられています。また、これと対比される言葉として、国家を支える公共性とか、**国民国家的公共性**という表現が用いられています。これは、愛国心ともいわれます。さらに、これらの公共性の概念に対して、いまどきの若者の感覚を前提にした公共性を考えるべきであるとか、「国のために死ぬことが愛国心（公共精神）ではなく、国家に対する愛から国境を越えた愛へと昇華するコスモポリス的な公共精神が必要である」などの主張がなされています。

これらの議論が戦前の「公共精神」論と違う点は何かというと、ひとつは、公共精神が、市民的公共性とか国民国家的公共性とか、現代の（若者的）公共性とかコスモポリス的公共性というように、多様な仕方で考えられている点です。**公共精神の多様性**ということです。またもうひとつは、公共精神が、戦前の「公共精神」のように実体論的ないし実在論的に考えられていないということです。例えば、国民国家的公共性について、「愛国心が現代の大衆社会で自発的に育ってくることはありえないから、国家がフィクションとして育てるしかない」という認識があります。これに対しては、市民的公共性の立場から、「国家が愛国心を育てるのは時代錯誤であり、様々な市民の実践によって市民的公共心が育ちつつある」という認識があります。このいずれの立場を採るにせよ、そこに共通にみられるのは、公共精神とはせいぜいのところ約束事であって、しかもまだ合意がなされているのではなく、生成変化しつつあるという認識です。

このような**「公共精神は多様であり、また約束事として生成変化しつつある」**という公共哲学における認識が、実社会の公共精神をめぐる論議に十分反映されているかというと、必ずしもそうではないように思います。二〇〇〇年の教育改革国民会議の提言や二〇〇一年の文部科学省の「新しい時代にふさわしい教育基本法のあり方」についての中央教育審議会への諮問によって始まった、**教育基本法の改正論議**をみると、改正の方向性として、「愛国心・公共の精神」の重視がいわれ、また、日本人のアイデンティティとしての日本の伝統文化の継承と発展の必要性が説かれています。ここにみられるのは、公共精神をもっぱら愛国心、つまり国民国家の公共精神として考える姿勢です。

これでは、シリーズ『公共哲学』が示しているような、公共精神の多様性が覆い隠されて、市民的公共精神やコスモポリス的公共精神がみえなくなってしまいます。また、日本人のアイデンティティとしての日本の伝統文化についても、それを固定的なものと捉えるのか、生成変化するものと捉えるのか、さらに、それがそもそも何であるのかについて、曖昧なままです。もし、日本の文化伝統を大切にする心を公共精神と考えて、それをもっぱら国民国家の公共精神と結びつけてしまうと、日本の文化伝統といっても、明治以来の日本のナショナリズムと結びついた文化伝統という、偏狭で固定的なものにしかならない恐れがあります。

例えば、日本の文化伝統のうち、**日本人の宗教心**ひとつとってみても、明治元年の神仏分離令以来の日本人の宗教心と考えるのか、それとも、それ以前の、平安時代頃に始まる習合宗教に対する信仰を指して日本人の宗教心と考えるのか、どちらを考えるかによって、日本の文化伝統の受けとめ方が異なってきます。前者と考えれば、それは原理主義的で固定的なものでしょう。しかし後者と考えれば、明治から昭和の敗戦までの空白はあるものの、現在まで日本人の宗教心は多様であり、絶えず生成変化しつつあるものだといえます。日本の宗教の特徴である、宗教と祭祀の結びつきにしても、前者の観点から考えれば、国家神道と祭祀の結びつきという単一的で固定的なイメージですが、後者と考えれば、八坂神社と祇園祭や諏訪大社と御柱大祭などの例からもわかるように、**日本の祭りの多様性と生成発展というイメージ**と結びつきます。

以上の考察を踏まえて、本章では、公共精神について（公共性という用語法を用いないで）、「公共精神は多様であり、また約束事として生成変化しつつある」という観点から考察してみることにします。議論のポイントは、公共精神の多様性ということであり、また公共精神の生成変化ということです。多様性というのは、本書の基本的立場である、「公」―「公共」―「私」の三分法からすれば、「公」を支える公共精神だけでなく、「公共」を支える公共精神があるということです。（以下、それぞれ、「公」の精神、「公共」の精神ということにします。）また、生成変化というのは、「公」の精神と「公共」の精神の相補正と相互変容ということです。ここで、前章で論じた、相互変容としての寛容の精神との関わりが出てきます。寛容はこれまで、異なる価値観の相互尊重とか相互無関心を意味し、公共精神と無関係に論じられてきましたが、ここでは、寛容を公共精神に密接に関わるものと考えています。**寛容はいわば、「公」の精神と「公共」の精神の相互変容を通じて、公共精神の生成変化を促す触媒**であり、公共精神に不可欠なものです。

「公」の精神について

「公」の精神は、これまで、国民国家を支える国民の愛国心として理解されることがほとんどでした。この意味でそれは、ナショナリズムのエッセンスを表現するものです。国民国家の愛国心は、いくつかの規範的要素から成り立っています。ひとつは、**質実剛健**ということです。『日本国語大辞典』(第二版、二〇〇一年)によれば、質実剛健とは、「飾り気がなく、まじめで、強く、しっかりしていること」とあります。次は、**国を守る気概**です。ここから、極端な表現として、「愛国心とは、国のために死ぬことである」といわれたりします。そして、**ふるさと(共同体)を思う心**です。ふるさとは、一義的には自分の生まれ育った故郷ですが、それが、大きなふるさとである国民国家と直接的に結びついて観念されています。

国民国家の愛国心=公共精神の最も優れた思想的表現は、J・J・ルソーにみられるものです。彼は、『ダランベール氏への手紙』(一七五八年)において、いま述べた国民国家の愛国心の三つの規範的要素を論じています。まず、質実剛健について、彼は、大都会パリと彼の生まれ故郷の小さな都市国家ジュネーブを比較して、パリの虚飾と退廃を批判し、**ジュネーブの簡素と自主独立の精神**を賞賛しています。

小さな町には、……おそらく首都におけるような活発な動きは認められないでしょう……　しかしながら小さな町にはより多くの独創的な精神、より多くの創意工夫、より多くの真に新しいものが存在します。それは、そこでは人々は模倣を好まないし……人間精神が世俗的な意見のあいだに拡散し飲みこまれてしまうことが少ないので、孤独のなかで落ち着いて自己を練りよりよく発酵させることができるからであり、目に映るものが少ないので、それだけ多く想像することができるからであり、最後に、時間に追われることが少ないので自分の考えを展開し消化する時間がそれだけ多くとれるからです（ルソー　1758　七七―七八頁）。

ルソーは、この小都市国家ジュネーブの質実剛健の模範を、**古典古代のギリシャの都市国家スパルタの軍人精神**に求めました。彼は述べています。「美術品にとりかこまれたアテナイでも……スパルタ人は退屈して、素朴な祝宴や苦しい運動を熱心に求めました。……スパルタではもっとも骨の折れる仕事もリクリエーションとみなされており、……市民はたえず集まって、国家の重要事をなしているさまざまな運動競技に全生涯をささげていたのです。人々がこれらの競技の疲れを癒すのは戦争の時だけでした」（ルソー　1758　一六〇頁）。

ルソーによれば、この自由人の軍人精神を象徴的に表現しているのは、スパルタの軍事的祭典のありさまですが、それはまた、彼の子供の頃の記憶、**ふるさとジュネーブの祭り**のイメージと重なっています。これについて彼は、『ダランベール氏への手紙』の最後で、注を付して触れています。なかなかなか感動的な文章なので、引用してみましょう（ルソー　1758　一六三頁）。

私は子供の頃かなり素朴な光景に心をうたれたことを覚えている。むかしのことでその後いろいろなことがあったが、そのときの印象はいつまでも私の心に残っているのである。サン＝ジェルヴェの連隊が演習を行なった。……夕食後サン＝ジェルヴェの広場に集まって来て、将校も兵隊もみんないっしょに泉のまわりで踊りはじめた。……男たちのダンスなど、見てとくに面白いというものではないだろう。だが軍服を着た五、六百人の男たちの息がぴったりと合っていた。……太鼓の音、松明の輝き、楽しさのただなかにくりひろげられる一種の軍事的祭典。これらすべてがきわめて激しい感動を生みだし、人々はもはや冷静に振舞うことはできなかった。夜はふけていた。女たちは床についていたが、みんな起きだしてきた。……子供たちまで物音で目を覚まし、服を着るのもそこそこに急いで両親のもとに駆けつけた。ダンスが中断された。その後は抱擁、笑い、乾杯、愛撫であった。これらすべてのことを通じて、しみじみとした感動が全員にひろがっていった。私にはその感動を描きだすことができそうにない。それは、全体にゆきわたった歓喜のなかにあって、われわれに親しいもののただなかで、おのずと感じとられるものなのである。……父は私に言った。「ジャン＝ジャック、お前の故国を愛しなさい。あの善良なジュネーヴ人たちをごらん。みんな友達だ。みんな兄弟なのだ。この人たちのあいだには喜びと和合が支配している。お前はジュネーヴ人だ。お前もいつかは他の国々の人たちを見るだろう。だが……このような国民に出会うことはけっしてないだろう」

ルソーが理念的に述べた国民国家の公共精神＝愛国心はその後、しばしば絶対的かつ排他的な公共精神＝愛国心と曲解され、偏狭なナショナリズムと結びつくことになりました。ルソーの愛国心が、現代の「公」の精神として、そのまま通用すると考えることはおそらくできないでしょう。他方、現代の「公」の精神にとって、ルソーの理念が無用の長物かというと、それもそうではないと思います。理念は形として存続しつつ、内容が変容するということです。質実剛健はそのとおりだけれども、質実剛健とは何かが問われている。国を守る気概はそのとおりだけれども、保守とは何かが問われている。ふるさとを愛する心はそのとおりだけれども、ふるさととは何か（ふるさとの重層性）が問われている。この意味で、**現代の「公」の精神に問われているのは、ルソーの理念の変容**だと思います。

†現代の「公」の精神の変容について

「公」の精神の変容が必要だということについては、そうした認識がされ始めています。たとえば、『国家と人間と公共性（公共哲学第5巻）』でも、坂本多加雄と大沼保昭が、それぞれ異なる立場から、変容の必要性に言及しています。まず、坂本は、「公」を天皇制ないし皇民共同体と理解したうえで、次のように述べています。

「皇民共同体」だからただちに一民族国家なのかどうかということは考え直さなければいけない。また逆にいえば、**「天皇の伝統」といっても、これもまた今後もつくられていくもの**であって、閉鎖的なものとして天皇統治を考えるべきではない。……江戸時代の水戸学は「国体」に関する一解釈学説であった。この「水戸学的国体論」が明治国家の憲政下、強力に働いた。それ自体は非常に重要な学説ではありますま。しかしこれは一学説なのであって、……**「国体」というのを非常に狭く取って水戸学的な解釈で一貫させる必要はない**（佐々木・金（編）二一一—二一二頁。強調は引用者）。

これに対して、大沼は、ドイツにおけるハーバーマスの「憲法パトリオティズム」を念頭におきつつ、立憲主義的な愛国心を擁護する立場から、次のように述べています。

在日も含めて新たな公共性を作っていくうえで、我々は何らかの「物語」が必要ではないか。……やはり**歴史を通底する物語を、将来に向かって作っていかなければだめでしょう。**それが文化的共同体の統合としての天皇制に結びつくかどうかについては、私は困難だと思うし、また個人としても反対です。他方で、新たな「物語」として、**憲法パトリオティズム的なものを言うだけでは、不十分ではないか**とも思います（佐々木・金（編）一九八頁。強調は引用者）。

こうした坂本と大沼の議論が示しているのは、「公」をナショナリズムによって理解するにせよ立憲主義的に理解するにせよ、国際社会も含めたわれわれの社会の変化のなかで、「公」の精神（愛国心）のあり方が変容せざるをえないという認識です。

「公共」の精神について

「公共」の精神の観念は、これまではっきりと意識された形で論じられてきてはいません。そもそも、「公」と「私」の二分法から、「公」—「公共」—「私」の三分法へと公共性の枠組みが変化してきたのは、最近です。それに伴って、「公共」の精神を議論する環境が生じました。

この観念は、すでに述べたように、**市民的公共性という用語法**で、主に論じられています。つまり、市民が持つべき公共精神として理解されているのです。では、それは何かというと、「公」の精神とは異なるという点を除けば、それほど明確な観念だとはいえません。私の理解では、市民的公共性には、『公共哲学』シリーズで論じられていた、現代の（若者的）公共性とかコスモポリス的公共性も含まれています。一義的ではなく多義的な観念であるという点が、「公共」の精神の特徴です。そしてそれは、**市民という存在の多義的な性格**を反映しています。市民とは、「公」に対して批判的精神を発揮する人であるだけでなく、家族や友人とそしてコミュニティで生活する人であり、しばしば国境を越えたマーケットで経済活動をする人です。私は第八章「寛容」で、「公共」の精神を責任倫理と表現しましたが、「公共」の精神とは市民の責任倫理です。市民は生活や経済や広い意味の政治のそれぞれの場面で、それぞれの責任倫理を発揮するのです。

「公共」の精神を、「公」の精神と対比すると、それはまず、質実剛健というより、**フェアな社会実践の勧め**です。次に、国を守る気概ではなく、**国を開く気概**です。そして最後に、何かひとつの大きなふるさと（共同体としての国家）を思う心というよりも、**それぞれの**（自分の生まれ育った）**ふるさとを思う**

心です。

フェアな社会実践とは、自由で平等な社会実践です。それは、政治的文化的言論活動、親しい人々の間やコミュニティにおける活動、また経済活動において、様々な人々の自由で平等な生き方を相互に尊重することであり、多様な自由と平等の尊重ということです。自由といっても、信仰の自由や言論・表現活動の自由、経済活動の自由など、様々です。これらの多様な自由をそれぞれ尊重するということです。また、平等といっても、機会の平等もあり結果の平等もあります。前者は、平等なルールの尊重に結びつき、後者は、平等な福祉の尊重に結びつきます。フェアな社会実践とは、こうした多様な自由や平等を「自分たちなりに」尊重し合うということです。

国を開く気概とは、自分たちの思いや欲求を、内にこもって自分たちだけで享受するのではなく、外に向かって世界に広げてゆくということです。これはいわゆるグローバリゼーションの流れと結びついていますが、注意しなければならないのは、グローバリゼーションにも二つの流れがあるということです。ひとつは、いわゆるグローバルエコノミーの展開です。もうひとつは、グローバルな民主的統治（democratic governance）、すなわち、ＮＰＯ活動やＮＧＯ活動のグローバルなネットワークの形成ということです。前者は、利己主義的な欲求を世界に広げてゆく姿勢と結びつき、後者は、利他主義的な思いを世界に広げてゆく姿勢と結びついています。このうち、後者は「公共」の精神を表現するものとして広く認められつつあります。また、前者は、先進諸国と発展途上国との経済格差を生み出しているという事実や弱肉強食的なイメージと結びつき、グローバルな公共精神に反するものと考えられていますが、ここでは、後に述べる商業精神として、「公共」の精神のひとつのあり方と考えます。

それぞれの（自分の生まれ育った）**ふるさとを思う心**とは、フェアな社会実践や国を開く気概の基礎にあって、それらを中味のある、有意義なものにする姿勢です。したがってそれは、偏狭で排他的な共同体主義や民族主義と結びつくものではありません。それは標語的にいえば、'Think globally' act locally' ということであり、global と local の造語である **glocal（グローカル）の概念**と結びついています。glocal とは何かについて、はっきりした定義はまだありません。山脇直司『公共哲学とは何か』（二〇〇四年）によれば、「地域の文化的歴史的多様性を顧慮しながら、また文化や歴史の多様なコンテクストに根ざしながら、同時に、平和、正義（公正）、人権、福祉、貧困、科学技術、環境、安全保障、文化財保護など、地球規模で対峙する必要のある問題を考えていく」姿勢と考えられているようです（山脇　二〇九頁）。地域の多様性を重視する現場主義に根ざしつつ、普遍主義的に物事を考えていく姿勢といってもよいでしょう。

「公共」の精神を、フェアな社会実践、国を開く気概、グローカルな姿勢から成ると考えた場合、これが市民的公共性ということです。ただそれは、一方で、博愛主義ないしヒューマニズムの観点から理解されると同時に、他方で、商業主義ないし功利主義的な観点からも理解される必要があります。**「公共」精神としての市民的公共性は**、いわば、**地に足の着いたヒューマニズムであると同時に、現場に根ざした商業精神でもある**のだと本書は考えます。このうち、地に足の着いたヒューマニズムが「公共」

の精神であることについては、異論はないでしょう。これに対して、現場に根ざした商業精神が「公共」の精神であることについては、少し説明する必要があるでしょう。

商業精神が「公共」の精神であることを明確に示した思想家としては、ヒュームがいます。彼は、市場における商業活動（私的利益の追求）が公共の利益に適うことを指摘しただけでなく、そうした**商業活動が人間精神の洗練化を伴っている**と主張しました。彼は、政治経済論集『市民の国について *Political Discourses*』（一七五二年）において、その主張を展開しています。これについて、坂本達哉『ヒュームの文明社会』（一九九五年）は、文明社会における人々の奢侈の追及が社交性と道徳性の成熟を伴っている、とヒュームが考えていたことを指摘して、次のように述べています。

> 文明社会の発達は消費欲求の一層の洗練と多様化を生み、それはともすると、利己主義的な快楽のなりふりかまわない追求をもたらさないとは言えない。しかし、文明社会の発展の推進力である製造業の成長は、後に見るように、種々の学問・技術の進歩を支える広範な生産者大衆の知性の洗練と結び合っており、同時に、商品交換の展開は人々の社交性と道徳性とをますます成熟させていくから、ヒュームの見るところ、そこにおける感覚と欲求の洗練が道徳的悪徳を生む客観的可能性は、経験的にも理論的にも、むしろ減少するであろう。……奢侈は勤労大衆の洗練された消費生活一般として、またそうした大衆の消費欲求を刺激する技術の洗練として把握され、勤労と奢侈、勤労と富裕とのあいだのマンデヴィル的二元論が根本から否定されることになる（坂

本　二二四頁）。

この引用の最後で触れられているマンデヴィルとは、バーナード・マンデヴィル（Bernard de Mandeville, 1670–1733）のことです。彼は有名な『蜂の寓話、私人の悪徳、公共の利益』（一七一四年）のなかで、私的利益の追求は悪徳だけれども公共の利益である、と主張しました。これに対して、ヒュームは、私的利益の追求は悪徳ではなく、公共の利益に適うと同時に、欲求や知性の洗練化という公共精神（商業精神）の形成につながっていると主張したのです。

「公共」の精神について、以上のようにみるならば、それが、フェアな社会実践、国を開く気概、グローカルな姿勢という共通の特徴を持ちながらも、地に足の付いたヒューマニズムに向かうこともあれば、現場に根ざした商業精神に向かうこともあるというように、多様な方向性を有する精神であることが明らかになります。これらの精神は、お互いに基本的な関心が異なり、それゆえにぶつかり合うでしょう。地に足のついたヒューマニズムが、それでも理想主義的にみえたり、現場に根ざした商業精神が、それでも貪欲に感じられることがあるでしょう。

そう考えると、「公共」の精神には、**ぶつかり合うことへの信頼**が含まれていなければなりません。多様性への信頼、そして多様なもののぶつかり合いから何かが生まれてくるという、生成への信頼です。これは、前章の最後で触れた、**相互変容としての寛容**ということです。相互変容としての寛容は、公共精神そのものではありません。むしろ、多様な公共精神に相互変容を促し、**ぶつかり合いのなか**

から「公共」の精神（責任倫理）が生成するための触媒なのです。

共生の思想について

相互変容としての寛容、あるいは触媒としての寛容の観念は、前章で述べたように、欧米にはあまりみられないものです。欧米では、寛容は他者性の認識までであり、その先の、他者とどう協力し秩序を作るかは公正やフェアなルールの問題であるという考え方が強いのです。これに対して、**触媒としての寛容という考え方には、自己と他者の間にある差異を差異として認めつつ、他者とどう折り合いをつけ、それによって自分がどう変わって行くかという問題関心が含まれています。**

これを私は、**共生という言葉**によって理解しようとしてきました。共生という言葉が日本のアカデミズムにおいて用いられるようになったのは、比較的最近のことであり、一九九〇年代以降といってよいでしょう。そして、これとほぼ時期を同じくして、合意形成ということがいわれるようになりました。私も、共生や合意形成について、共同研究の成果を世に問うたことがあります。それは、ひとつは『共生への冒険』（一九九二年）であり、もうひとつは『カオスの時代の合意学』（一九九四年）です。これらの共同研究に共通して認められるのは、次のような考えです。すなわち、「寛容というのは、お互いに相手の考え方を認めて、そこから自分の考え方が変わっていくということ、これまでにない新しい考えが生まれるということである」。

これは、『カオスの時代の合意学』では、「当事者の判断・意味付けの枠組み（フレーム・オブ・レファレンス）の組替え」と表現されています（合意形成研究会　vi―vii頁）。

合意とは、当事者の抱える判断・意味付けの枠組（フレーム・オブ・レファレンス）を、当事者自ら組替えることによって、新たな関係をつくりだしていく行為である。……交渉の焦点は「理解」であり、新しい認識枠組の獲得に置かれている。

『共生への冒険』は、この「判断・意味付けの枠組みの組替え」や「新しい認識枠組の獲得」について、次のように述べています（井上・名和田・桂木　二四―二六頁）。

生態学的均衡としての「共棲（symbiosis）」は、……閉じた共存共栄のシステムである。それは一応、異なった種を含んでいるが、それらの間には安定した利害の一致に基づく緊密な協力関係があり、生存様式を異にする別の種が、この関係に参入する可能性はない。……これに対して、われわれのいう《共生》とは、……生の形式を異にする人々が、自由な活動と参加の機会を相互に承認し、相互の関係を積極的に築き上げてゆけるような社会的結合である。……われわれの《共生》の理念は、不協和音やきしみを、社会的病理としてではなく、健康な社会の生理として捉え直す。利害と価値観を異にし、多様な生の諸形式を実践する人々が、対立し、論争し、「気になる存在」として誘惑しあうことによってこそ、人々の知性と感性は拡大深化され、人間関係はより多面的で豊かになり、人生はもっと面白くなる。

こうした共生とか合意形成という観念が、学問的にみていまだ未熟であること、少なくとも欧米を中心とした学問的な風土のなかで十分に評価されているとはいえないことは、認めなければならないでしょう。しかしこのことは、これらの観念が無意味であるということを意味するものではありません。近年、日本の政策の現場で多文化共生という言葉が徐々に用いられるようになっています。また、現代世界に噴出する対立や矛盾に対して、従来の社会科学が反省を迫られているということや、社会科学の新しい枠組みのもとで、政治や経済、社会の諸問題を分析し解決策を模索する必要性が認識されつつあることを考えると、共生や合意形成の観念が、新しい社会科学にとって持つ意味は少なくないと思います。

相利共生と相乗共生について

共生という言葉が、日本のアカデミズムで用いられるようになった一九九〇年代の初め、野村総合研究所が『共生の戦略――グローバル共生企業のマネジメント革新』（一九九二年）という本を出版しました。九〇年代の初めといえば、日本企業が、アジア諸国において本格的に経済活動を展開しつつあった頃で、経済的にその国に入っていくということはその国の文化や伝統にぶつかることでもあるということを経験し始めた時期にあたっています。戦前の日本が武力を背景としてアジア諸国に進出したときには、日本は露骨な同化政策をとりました。軍事力を背景として、日本的な文化や価値観を押しつけようとしました。これはアジア諸国の大きな反発を生み、現在に至るまで、日本のイメージを大きく損なうものとなっています。こうしたことに対する反省もあり、また、現代の自由貿易体制のなかで、それぞれの国の文化や伝統を尊重しつつ経済活動を行うとはどういうことかを模索したときに、共生ということが考えられたわけです。

この書物で、**相利共生と相乗共生という区別**がなされています。まず、**相利共生についてですが、お互いに利益となる形で共存するということ**です。その際に、**自分の価値基準で相手の利益を判断しないことが重要**です。例えば、日本の企業がアジア諸国で経済活動を展開し、相利共生を模索したときに、最初、「誠意を持って」その国の人々に対処しようとしました。しかし、アジア諸国にそれが通用するのか。「誠意」というのは日本的な価値観です。そうした内輪のしかも曖昧な価値基準によって、アジア諸国の利益を判断することは、かえって誤解や反発を生み出します。

そこで相利の判断基準として、**グローバル・フェアネス**（公平）ということがいわれるようになりました。これは、自分の国だけにあるいは相手の国だけに通用する基準ではなく、世界のどの国にも通用する公平な基準という意味です。そのような基準が果たして存在するのかについては疑問もあり、それは結局は欧米流のフェアネス（公正）ということではないかという批判もあります。しかし、「誠意」というような価値基準を採用することはできないこと、また、**より一般的でより多くの国々に通用する基準（ルール）によってお互いの利益を判断すべきこと**については、共通の理解が得られつつあります。

さて、相利共生を目指す日本企業が、「誠意」という漠然とした価値観（つまり、「これこれのことをすれば、相手も喜んで、こちらを受け入れてくれるだろう」という漠然とした思い込み）で対応しようとしたのが、「フェアネス」という考え方（明確なルールという考え方）を受け入れて、さらに、グローバルなフェアネスという価値基準を模索しつつあると、仮に考えてみましょう。その場合、そこには、日本の企業の行動様式が内側から変わるという契機が生まれているでしょう。そして、相乗共生というのは、この行動様式が内側から変わる、自己変容という契機が、当事者それぞれに、より明瞭に表れた形での共生のあり方であるということができます。

相乗というのは、**相乗効果**という表現があるように、**当事者がお互いに良い点を刺激し補いあって、高めあう**という意味ですが、共生も最終的にはそういうところまで行くはずである、あるいは、行く必要があるというのが、相乗共生の考え方です。これには二つの要素が含まれています。ひとつは、さきほどふれた**自己変容ということ**、もうひとつは、**相互性ということ**です。たとえ自己変容ということが生じても、一方の当事者は何も変わらずに、ただ他方の当事者だけが変容を迫られるというのであれば、それは相乗共生とはいえません。

相乗共生について、『共生の戦略』では、次のように説明しています。

もっとも望ましい共生の状態は、お互いが異なった文化の持ち味を活かして、個々別々では形成できない知的創造を共同して行うことにより、より優れた経営環境を形成する「相乗共生」の状態である。グローバルな交流により異文化と出会い、**我が国と外国の優れた技術・研究資源を結合させ、互いに協力しながら**、まったく新しい発**想によりコンセプトを生み出すことが**、グローバル共生企業がねらう相乗共生の段階である。日本人だけによる創造活動にこだわらず、異文化リン**クによる新技術・新商品・新システム・新事業の創造**を行っていくべきである（野村総合研究所　二五八頁。強調は引用者）。

ここで述べられているのは、企業の経済活動という文脈における相乗共生ですが、それに限らず、より一般的な相乗共生の特徴をみて取ることができます。例えば、強調を付した、「我が国と外国の優れた技術・研究資源を結合させ……新しい発想によるコンセプトを生み出す」という表現を「我が国と外国の優れた文化や伝統を結合させ……新しい発想によるコンセプトを生み出す」という表現に置き換えてみる。あるいは、「異文化リンクによる新技術・新商品・新システム・新事業の創造」という表現を「異文化リンクによる新しい文化や新しい伝統の創造」という表現に置き換えてみる。そうすると、相乗共生が相互変容であるということのより一般的な意味がはっきりしてくるでしょう。つまり、異なった文化や伝統（宗教や言語を含む）のぶつかりあいのなかから、文化や伝統についての新しいコンセプトが生まれ、それを当事者が互いに受け入れ、それぞれの既存の文化や伝統の上に積み上げて行くということです。**文化や伝統**（宗教や言語を含む）**の重層性をお互いに認識し受容すること**、それが相乗共生であり、相互変容ということでしょう。

相乗共生という考え方は、現代世界において民族紛争や宗教戦争、言語をめぐる争いなどが多発しているという現実からすれば、確かに楽観的であるといえます。しかし、ここでは、この考え方の当否を問うのではなく、むしろ、どこからこうした観念が生まれてきたのかを問うてみたいと思います。すでに述べたように、このような観念は欧米の寛容の概念にはみられないものです。また、戦前の日本の国家神道に象徴される、同化主義と不寛容の精神に由来するものでないことは明らかでしょう。そう考えたときに、私にはひとつの仮説が頭に浮かびます。それは、**「相乗共生という観念が戦後の日本の経験を反映しているのではないか」という仮説**です。

戦後日本の経験とは何かといえば、**〈平和と民主主義〉という精神**を生み出したことでしょう。私の考えでは、この〈平和と民主主義〉は、特定の知識人たちや特定の政治勢力、ましてや特定のイデオロギーによって生み出されたものではありません。むしろこの精神は、様々に対立し矛盾する諸力のぶつかり合いから、相乗的に生まれてきたのです。この戦後日本の経験が、相乗共生という観念には反映されているのではないでしょうか。

これに関連して指摘しておきたいことは、この戦後日本の経験は、日本の歴史に照らしても、決して特異なものではないということです。**われわれの文化や伝統そのものが、相乗的重層的であり、シンクレティズム**（Syncretism: 哲学や宗教において様々な学派や宗派が混じり合って統合されること）**である**ということです。明治以来の国家神道を別にすれば、日本の神道は習合神道であり、日本の八百万の神々や仏教の神々、中国の道教の神々との習合であることは明らかですし、明治の神仏分離令以前の日本の仏教も同様に、神道や修験道、陰陽道などとの習合宗教の形を示しています。さらに、民間信仰として古い歴史を持つ、お稲荷さんや七福神などの福神信仰も、その多くは習合信仰です。この**習合という発想**は、終戦直後のGHQの指令による国家神道の廃止などもあり、また戦後の自由な雰囲気のなかで、再び力を得て、社会の様々な場面で影響を及ぼしてきたように思います。こうした日本の歴史や伝統に根ざした発想が、相乗共生という観念の背後にあるのではないでしょうか。

そこで以下では、戦後日本の「公共」の精神としての〈平和と民主主義〉について、および、相乗共生という観念の歴史的背景としての習合信仰について、論じてみましょう。

〈平和と民主主義〉について

現代日本の「公共」の精神とは何かと問うて、〈平和と民主主義〉であると答えたときに、それに対して異議を唱える人はそう多くはないでしょう。ただし、ここでいう〈平和と民主主義〉とは、丸山真男や「思想の科学」、べ平連（「ベトナムに平和を市民連合」）に象徴される戦後知識人によって作り出された思想ではありません。むしろそれは、こうした左派のリベラルな思想家だけでなく右派の保守的な思想家の言論、政治家や官僚、経営者の活動、そして一般市民の生活実践といった、矛盾する諸力のぶつかり合い（相乗共生）から生まれてきたのであり、現在も生成しつつあるものです。〈平和と民主主義〉は、いわば戦後日本における市民の責任倫理の標語的表現なのです。

〈平和と民主主義〉とは、ジョン・ダワー『敗北を抱きしめて』（一九九九年）が次のように述べたときに意味したものに近いものです。

こうして結局、戦後日本には保守的な政府が出現したが、にもかかわらず、平和と民主主義という理想は、日本に根をおろした。借り物のイデオロギーでも押しつけの未来図でもなく、生活に根ざした体験として、そしてまたとない好機を生かした成果として。平和と民主主義の理想は、みごとな、そしてしばしば不協和音を奏でる様々な声となって現れ出たのである（ダワー 1999 上巻六頁）。

ダワーが描いているのは、終戦直後からサンフランシスコ講和条約により日本が主権を回復するまでの時期に、日本社会に生み出された〈平和と民主主義〉です。それは、現代のわれわれが共有している〈平和と民主主義〉と同じものではありません。しかし、それが矛盾する諸力のぶつかり合い、つまり相乗共生を触媒として生成する点については、終戦直後の混乱の時期であるだけに、いっそう明瞭に認められるように思います。

ダワーはまず、〈平和と民主主義〉について、それが、**上からの権威主義的支配、天皇制の受容、下からの多様な自発性という矛盾した諸力のぶつかり合い（相乗共生）によって、生み出された**と論じています。彼自身の表現によれば、「一方に命令と説得があり、他方に真の協力と自発性とがあって、両者が腕を組んで複雑なダンスを踊っている」というわけです。

　このうち、上からの権威主義的支配とは、GHQによる上からの民主的改革の推進であり、ダワーは、GHQが採用した日本統治の権威主義的手法について、検閲民主主義と呼んでいます。GHQは、民主主義を推進する占領当局を批判する報道や表現活動に対しては徹底して検閲し、規制を加えました。その結果、

　壊滅した広島と長崎の写真が一般国民の前に示されたのは、占領も終わり、原爆投下からちょうど七年たった、一九五二年八月だった。このように、唯一の核戦争体験国の国民は、原子爆弾のもたらす結果について、それを体験していない国の人たちよりも無知なまま、その意味を公に語ったり討論したりする自由を持たないまま、核時代の初めの何年かをすごしたことになる（ダワー 1999 下巻二一〇頁）。


また、GHQは、「政府の上の政府」として、「法律に基づく命令ではないが命令と同等の強制力を持ったもの」という巧妙な技を用いて日本統治を行い、それが後の日本の官僚制における行政指導の起源となったと、ダワーは述べています。

　天皇制の受容とは、GHQによる天皇制民主主義の擁護ということであり、天皇制を存続させ、天皇を日本国民の民主的統合の象徴とするために、GHQが主導的役割を果たしたということです。こ

れについてダワーは、マッカーサーが、天皇の戦争責任に関して、アイゼンハワー陸軍統合参謀総長に宛てた極秘電報を紹介しています。

マッカーサーは、天皇を「日本国民統合の象徴」であるとし、もし天皇が告発されるようなことになれば、国民は「深刻な動揺」によって「ばらばらになり」、……近代的な民主主義を導入する望みはすべて消え、占領軍が去ったあとには、「ばらばらになった大衆のなかから、おそらく共産主義の路線に沿った強力な統制が生まれてくるだろう」と警告した（ダワー　1999　下巻七六—七七頁）。

こうした上からの民主主義革命は、しかしながら、日本人の希望に火をつけ、日本人の想像力を刺激し、予想できなかったほどの民衆の自発性と活力を生み出しました。このいわば下からの民主主義について、ダワーは実に多彩な視点から描いています。

それはまず、民衆の言葉への渇望であり、言論出版活動の爆発的な増加となって現れました。ダワーはその一例として、出版ラッシュを挙げています。

無味乾燥にみえる統計数字によっても、人々がいかに活字に飢えていたかをうかがい知ることができる。戦争が終わった時点で、日本には約三〇〇の出版社があった。その八ヵ月後には、二〇〇〇社ちかくまで増えている。そして一九四八年にはピークに達し、四六〇〇社となったが、翌一九四九年にはじまった不況で、その半数以上が姿を消した。しかし、占領が終わりに近づいた一九五一年の時点でも、約一九〇〇社が出版業をつづけていた。この数は一九四五年八月の敗戦時にくらべて、約六倍である（ダワー　1999　上巻二二七頁）。

こうしたいわば理性的な民衆の自発性や力と並んで、ダワーは、社会の周辺部分における民衆の猥雑な自発性と活力についても注目しています。それを彼は、三つの重なり合うサブカルチャーである、売春婦の世界、闇市、カストリ文化からなると述べています。まず、パンパンと呼ばれた売春婦は、国際的偏見や人種的偏見を越えて、白人や黒人の区別なく占領軍兵士を文字どおり体ごと受け入れました。彼は述べています。

パンパンの生活は派手で安っぽいものであったが、彼女たちの存在は、抑圧されてきた肉体的快楽の解放と結びついていた。……パンパンたちの自堕落な肉欲肯定は、かつて軍国主義者たちが押しつけた耐乏と自制に対する、およそ考えうるうちでも最も鮮明な否定であった（ダワー　1999　上巻一六〇頁）。

闇市は、自由市場とは名ばかりの、ほとんど食うか食われるかの弱肉強食の世界でしたが、それは同時に、日本人の経済活力と生への執着心を表現していました。

一九四五年十月までに、全国の大都市を中心に、推計一万七千の野外市場が生まれた。わずか数ヵ月後には、東京だけで七万六千もの露天が出現し、一軒あたり一日平均四〇人の客があった。……東京では、闇市の縄張りがかなり厳格に決まっており、新橋は松田組、浅草は芝山組、銀座は上田組、池袋は関口組、そして新宿は尾津組と和田組が仕切った（ダワー 1999 上巻一七〇頁）。

カストリ文化は、放蕩とエロチシズムの民衆的表現であり、カストリ焼酎の匂いのする場末の酒場やストリップショーに象徴されるものでしたが、そこには坂口安吾『堕落論』の次のような考えが表現されています。「退廃し不道徳であることこそが真実であり、最高に人間的なことなのであり、堕落に対して謙虚になり、落ちるところまで落ちることによって、みんなゼロからの出発となり、そこから本物が生まれる。」

ダワーが示したのは、日本の終戦から占領期に生まれ出た〈平和と民主主義〉が、民主主義を推進する権威主義と、理性も猥雑さも含んだ民衆の活力と自発性とがぶつかり合いダンスを踊った結果であるということです。そしてこのことは、現代のわれわれが共有している〈平和と民主主義〉についても、同様に当てはまると思います。**ダワーの描いた占領期の〈平和と民主主義〉は、現代のわれわれの〈平和と民主主義〉の縮図**なのです。もちろん両者は、その内容を同じくするものではありません。

〈平和と民主主義〉は、占領期から現在に至るまで、絶えず生成し発展し続けています。

これに関連して、ケネス・ルオフ『国民の天皇——戦後日本の民主主義と天皇制』（二〇〇三年）は、ダワーの指摘した天皇制民主主義が、占領期以後の戦後の日本の歴史のなかで、どのように生成発展したかを論じています。ルオフは、天皇の戦争責任と謝罪の問題やその反動としての民族派の復古主義の動きに触れながらも、松下圭一の「大衆天皇制論」（一九五九年）に依拠しつつ、**天皇制が戦後の民主主義をくぐりぬけながら、大衆天皇制として発展してきたこと**を指摘して、次のように述べています。

「大衆天皇制」論者は、天皇制の持つおびただしい象徴的機能を承認しているが、同時に戦後の天皇制を長い歴史における皇室制度の新たな発展ともとらえている。大衆天皇制を説明上の工夫として採用する学者は、概して文化的な象徴としての天皇が古代から変わらぬ役割を持ち続けているという主張には与しない。天皇制はとこしえの伝統という見かけがあるにもかかわらず、松下の説は天皇制を常に変わり続けている制度として正しく位置づけている（ルオフ　三三九頁）。

現代日本の「公共」の精神としての〈平和と民主主義〉が、矛盾する諸力のぶつかり合いから生成発展しつつあると考えることは、それが多義的であり争われる精神であることを意味しています。もしそれを論理的整合性や一義的明瞭さという観点から評価するならば、曖昧さを含んでおり、その評価は否定的にならざるをえないでしょう。しかしそれは、われわれの社会の矛盾する諸力のぶつかり合いから生まれた「公共」精神として、多様性への信頼や、他者とのぶつかり合いと生成への信頼を生み出しつつあります。そしてそれが、欧米の思想にはみられない、相乗共生の観念や触媒としての寛容の観念につながっている。現代日本の「公共」の精神としての〈平和と民主主義〉は、相乗共生や触媒としての寛容の実践によって発展すると同時に、〈平和と民主主義〉の実践が日本人の相乗共生や寛容の観念を強化するのです。

もちろん、現代の〈平和と民主主義〉や他者とのぶつかり合いと生成への信頼の感覚（触媒としての寛容の観念）がいまだわれわれに十分身に付いているとはいえません。例えばダワーは、〈平和と民主主義〉の重要な要素である〈平和主義〉について、それが矛盾する諸力のぶつかり合いから生成発展したものであると同時に、依然として**「日本人にとっての平和」という閉鎖的な観念にとどまっていると**指摘しています。

ダワーによれば、〈平和主義〉は、ナイーブに平和を希求するものではなく、戦争責任の観念、勝者のダブルスタンダード、被害者意識などの矛盾する諸力が複雑にぶつかり合って形成されたものです。一方で、東京裁判を通じて、日本人がアジアに対して行った数多くの戦争犯罪が明らかにされ、日本国民に強く反省を促したこと、戦前の弾圧に屈して国家権力に追従したことが、いわゆる戦後知識人のあいだに悔恨と自己批判を生み、それが戦後のアカデミズムを形成する出発点となったこと、こうした流れのなかで、戦後の日本の平和と民主主義の教育が行われたことなどは、〈平和主義〉が戦争責任の観念と深く結びついていることを示しています。

他方、ダワーによれば、〈平和主義〉は、これとは別の要因によっても形成されてきました。そのひとつは、勝者のダブルスタンダードであり、国際法と公正な手続きによって「人道に対する罪」と「平和に対する罪」を裁くという司法の理想主義と、この同じ罪が、東京大空襲などのアメリカによる空襲爆撃や広島、長崎の原爆使用には適用されないという、あからさまな勝者の裁きとの矛盾が、戦争そのものへのさめた見方、「誰の責任でもなく、戦争そのものが悪いのだ」という観念、「平和がいかにもろいものであり、しかしそれゆえに大切なものである」という観念を生み出し、それが〈平和主義〉と深く結びついていることです。そしてもうひとつは、被害者意識であり、「日本人は完全な敗北と悲惨な被害を被り、気高い犠牲を払った」という意識です。それによって、多くの日本人が、自分たちの悲惨さだけに目を奪われ、自分たちが他者（アジアの人々）に与えた苦痛を無視しがちになりました。それが、「戦争そのものが悪いのだ」という意識とあいまって、「日本人は戦争の犠牲者だ」とか、「平和な日本を建設することが戦争で死んだものに報いる道である」といった閉鎖的な戦争観を生み出し、それもまた、〈平和主義〉を形成する重要な要因となっています。

このように考えるならば、われわれは、**戦後日本の経験から生み出された〈平和と民主主義〉を、日本という文脈の外へ広げつつ、他者とのぶつかり合いと生成への信頼の感覚（寛容）をより強化することによって、さらに発展させる必要がある**でしょう。われわれは、例えば東アジアという、より広い文脈における他者との矛盾する諸力のぶつかり合いから〈平和と民主主義〉の生成と発展に努め、相乗共生の観念や触媒としての寛容の観念をよりしっかりとしたものにしてゆく必要があるのです。

日本の習合信仰と相乗共生の観念

本書のように、戦後日本の〈平和と民主主義〉が様々に対立し矛盾する諸力のぶつかり合いから相乗的に生まれてきたものであり、その経験が相乗共生という発想に結びついていると考えたとき、私は、こうした思考方法が、戦後日本に生まれた突然変異のようなものではなく、もっと日本人の思考様式や文化伝統に根ざすものではないかと感じています。そう考えて身の回りを見渡したときに気づいたのが、**日本の宗教の特徴である習合信仰**です。日本人は宗教心がないとよくいわれますが、それはそうではない。無神論ではありません。無宗教なのです。この無宗教という信仰の形は、日本の八百万の神々や仏教の神々、中国の道教の神々といった矛盾する諸力のぶつかり合いから相乗的に生み出されてきました。この習合信仰への理解を深めることによって、相乗共生の観念をより自覚化し、戦後日本の〈平和と民主主義〉をより堅固でより普遍的なものにすることができるのではないかというのが、現在の私の考えです。そこで以下、日本人の宗教心の特徴である習合信仰について考察してみましょう。

最初に誤解を避けるためにいっておけば、**習合信仰は現代日本の「公共」の精神ではありません。**現在では、それはあくまで一人一人の信仰の形であり、その信仰の程度も千差万別です。ただそこには、以下にみるような相乗性と寛容性が含まれている。それを自覚化することによって、触媒としての寛容〈相乗共生〉の実践をうながし、戦後日本の〈平和と民主主義〉をより開かれたものにすることができるのではないかということです。

さて、日本人の習合信仰の核にあるのは神仏習合の観念です。この観念は、**本地垂迹説（権現思想）**と結びついて発展してきました。岸根敏幸『日本の宗教』（二〇〇四年）によれば、「本地垂迹」とは「本地＝本体が迹（あと）を垂れる」ということで、仏や菩薩が日本古来の神々の姿となってこの世に現れると説くものであり、このような発想の原型はインドの大乗仏教思想にみられるようです。

たとえば『法華経』「如来寿量品」にある、歴史上で様々な姿をとって現れる仏は教化のための方便として現れた仮の姿であって、本当の仏は時空を超越して永遠不滅の存在であるという……また『大日経』も、毘盧遮那仏はこの世に生きる者たちを救済するためにあらゆる姿に身を変えて現れてくると説いている。このような考え方が中国や日本などのように独自の聖人や神々を信仰している地域に伝播されると、これらの聖人や神々が実は仏の仮の姿なのであるという発想を生み出してゆくのである。これが本地垂迹説であり、特に日本において、平安時代中期以降から広がっていった（岸根　一一一頁）。

また、久保田展弘『日本多神教の風土』（一九九七年）は、権現思想について次のように述べています。

神仏の融合がさらに広くゆきわたる十一世紀以降には、神を権現の尊号をもって呼ぶことも盛んになった。天照大神はもとより、八幡神など、日本の代表的な神々は、その本地は仏であるが、日本の人々を救済するために権（かり）に神となって現われたとみなす本地垂迹説である。ここでは、たとえば春日権現とか熊野権現、また白山権現、蔵王権現などと、神を権現号をもってよび、仏教寺院の建築様式をとり入れた神社建築が権現造りの名でよばれもした（久保田　九三頁）。

このような神仏習合の観念によって、日本人の習合信仰は実に多様な展開をみせてきました。ここではその代表的な例として、祇園信仰と福神信仰についてみてみましょう。

祇園信仰は、京都の八坂神社（祇園社）を中心とする信仰であり、その例祭である祇園祭は、日本の代表的な祭りとしてあまりにも有名です。八坂神社は、明治初めの神仏分離によってその名称を改められたもので、それ以前は祇園社または祇園感神院と称されていました。この祇園信仰について、真弓常忠『祇園信仰』（二〇〇〇年）は次のように述べています。

> 祇園の神であるスサノヲノミコトは、インドの釈迦の生誕地に因む祇園精舎の守護神である牛頭天王ともされていました。……さらにインドの密教や陰陽道の信仰とも混じりあって、神仏習合の形で祇園信仰が広まりました。つまり祇園の神といえばわが国固有の神道と、インドに成立した仏教と、中国の道教等の習合によって生み出された、まことに国際的な神様です（真弓　二八頁）。

この祇園祭と祇園信仰について、真弓は**日本的シンクレティズム**（重層信仰）と特徴づけ、「不均衡の中の均衡、不調和の中の調和」であるといい、そこに日本文化の柔軟性と包容力をみています。そして、この日本的シンクレティズム（重層信仰）と日本の庶民信仰の特徴である「ご利益」の観念を結びつけて、興味深いことを述べています。

およそ宗教というものは、多くは物質的欲求の動機であるとか、精神的悩みの解決であるとか、いずれにしましても、人生の岐路に際して右にしようか左にしようか迷ったとき、何らかの安心を求めて、また日々の生活の指針を得るために何らかの示唆を得ようとして宗教に、神に頼ろうとします。……幸いを得たい、幸せになりたいという功利的動機から脱却して、いかなることがあろうとも安心していける、その安心を得させる、……そういう力を持っているかどうか、そこに当該宗教の価値が懸かっています（真弓　一三三―一三四頁）。

ここでは、**単なる功利的動機と、日々の安心を得たいという欲求とが区別**されています。そして、祇園信仰によってもたらされるご利益（りやく）とは、後者の欲求に応えるものであるとされます。そして、祇園信仰は、日本の神道やインドの仏教（密教）、中国の陰陽五行説や道教と習合することによって、それを信仰する人々に対して、単なる個々の具体的な利益（りえき）ではなく、それを越えて、日々の生活の指針と安心というより一般的なご利益（りやく）を得させる力を発揮するというのです。ここには、習合信仰に特徴的な考え方、すなわち、**異なる宗教の出会いは、反目と破壊を生むのではなく、お互いの力を出し合ってより大きな力を生み出すという考え方、寛容性と相乗性の観念**が認められます。

次に、**福神信仰についてみて**みましょう。福神信仰の例としては、稲荷信仰つまりお稲荷さんや恵比寿信仰、七福神信仰などがありますが、これらはいずれも習合信仰の形を示しています。稲荷信仰が習合信仰であることはよく知られています。直江広治（編）『稲荷信仰』（一九八三年）によれば、稲荷信仰の形としては、

一つに田の神という農民の伝統的神格と習合する方向があり、他方土地神から旧家の同族団の鎮守神に昇華する方向があった。そしてこの後者の場合の稲荷は、さらに鎮守神の枠を超えて、里社という村全体の祭祀を受ける地域神に昇華していく。……さらに関与した宗教者の性格、とりわけ真言宗系の寺院や修験の影響を背景に、さらに地域を超えた信仰圏をもつ流行神として、稲荷が展開するのである（直江　一四八頁）。

また、関西で盛んな**恵比須信仰**は、日本の記紀神話の蛭子神や事代主神と、海のかなたからやって来る豊漁と豊穣をもたらす異邦の神（来訪神）の習合であり、また、鎌倉初期の辞書『伊呂波字類抄』は、夷（えびす）の本地仏を毘沙門天としています。さらに、習合信仰としての福神信仰の典型が、

七福神信仰です。これは、七つの神のそれぞれが習合的性格を持っているだけでなく、七神がお互いに習合し合ってひとつの信仰となっています。七福神は、一般に、恵比須、大黒、毘沙門、弁財、福禄寿、寿老人、布袋の七神とされ、この信仰は室町の頃から京都で広まり、それが徳川の時代には江戸にも伝播し盛んになったといわれています。梅原猛はこの七福神信仰について、**平和共存遊び曼荼羅**と呼んで、次のように述べています。

[七福神はインドからの] 毘沙門、大黒、弁天の三神に、中国産の寿老人と福禄寿と布袋それに日本の固有神恵比須が加わるのである。福神は正にインド三、中国三、日本一の割合で選ばれているのである。……七福神も一つの曼荼羅思想であるが、この日本の民衆が生み出した曼荼羅は、たいへん独創的である。ここでは三国の神々が楽しく遊ぶ曼荼羅である。平和共存遊び曼荼羅とよぶべきかもしれない。そこに古くからインドや中国の文化を偏見なく取り入れ、自己の文化を作ってきた日本の精神の歴史が現れている。同時にここには、普通の曼荼羅のような主神がいないのである。七福神はみな平等なのである（望月・佐和・梅原　一三九―一四〇頁。[　] は引用者）。

こうした福神信仰の特徴は、ひとつは、出自を異にする神々がお互いの力を出し合ってより大きな力を発揮するという**相乗性**です。もうひとつは、海のかなたからやって来る異形の神が幸福をもたらすという**寛容性**です。恵比須は既に述べたように来訪者であり、七福神は宝船に乗ってやってきます。

また、稲荷神は、稲荷という言葉からもわかるように、農耕神の性格を有していますが、もとは秦の始皇帝の子孫で朝鮮から渡来したといわれる秦氏が祀った神でもあり、さらに、東北から北陸の日本海沿岸では漁業神として祀られています。

祇園信仰や福神信仰などの習合信仰は、**ご利益**（りやく）**の観念**と深く結びついています。ご利益（りやく）は、すでに述べたように、個々の具体的な利益を指すのではなく、もっと**一般的な利益、不確実性や迷いの中で生活の指針や安心を与えるもの**です。ご利益（りやく）は、欧米の功利主義における利益（interest）や経済学における効用（utility）などの概念とは違います。例えば、ご利益（りやく）として普通考えられている「無病息災」、「家内安全」、「商売繁盛」などは、確かに個人の利益と結びついていますが、「お金が欲しい」とか「あれが欲しいこれが欲しい」といった私利私欲の対象とは異なっています。後者の場合、お互いにそれを追求すれば私利私欲がぶつかり合うことになりがちですが、「無病息災」、「家内安全」、「商売繁盛」を求めることは、人々の対立や争いを招くというよりむしろ、人々の信頼や社会の安定をもたらすでしょう。この意味で、ご利益（りやく）の観念には社会性が含まれています。

このご利益（りやく）の社会性に関して、指摘しておきたいことは、ご利益（りやく）をもたらす神が、もともとは災いをもたらす神、畏怖すべき神であるということです。これは、祇園信仰についていえば、蘇民将来の説話として知られているもので、祇園社の縁起として語られています。すなわち、昔、武塔天神（スサノヲノミコトまたは牛頭天王）が南海を流浪していたときに、兄の蘇民将来は貧しく、弟の巨旦将来は富み栄えていたが、武塔天神が宿を乞うたときに、巨旦は貸さず、兄の蘇民将来は快く貸してもてなした。やがて、武塔天神は再び来訪して、蘇民とその家族には茅の輪をつけて疫病から逃れさせたが、他の者たちはことごとく死に絶えたという話です。実際、祇園祭はもとは祇園御霊会と称し、怨霊を鎮め厄病退散を願ったものが、のちに町衆による山鉾巡行が盛んになり、京都の文化と経済の発展を願う祭りとなったものです。

このご利益（りやく）をもたらす神と災いをもたらす畏怖すべき神の両義性は、福神信仰ではより一般化され、疫（厄）が福を内包し福もまた疫（厄）を内包するというように、福神と疫神（厄神）とは相互に内包的な関係にあると理解されるようになりました。これは疫神（厄神）が転化して福神になるということで、たとえば、福神である稲荷神の本地が恐るべき鬼神の荼吉尼天（人の死を六ヶ月以前に知り、その心臓を取って食うといわれる）であるというようなことです。恵比須信仰および七福神信仰については、宮本袈裟雄編『福神信仰』が、次のように述べています。

七福神の恵比須神は、海に棄てられて、漂着したのである。忌避される水死体が、豊漁をもたらすエビスとされるように、蛭子もまた忌避され、流された神であったのである。七福神を乗せる宝船についても同様のことがいえよう。折口信夫は、宝船は室町時代には節分御船などと呼ばれ、悪夢を流すためにあったものが、近世に至って、初夢を守るためのもの、宝船となったと説き、本来は有形無形の「畏まるべき物・忌むべき物・穢はしい物」を祓うためのものであったとする。悪夢を流し去る節分の船が、福徳をもたらす宝船となったと説いている（宮本袈裟雄（編）八二頁）。

この福神と疫神（厄神）の両義性の他にも、七福神の大黒天や毘沙門天がもとは恐るべき軍神、憤怒神であるといった福神と憤怒神の両義性も存在します。いずれにせよ、こうした両義性が示しているのは、**ご利益**（りやく）**を求める際にわれわれに必要とされる、謙虚さ**ということです。そこには、私利私欲をむき出しにして利益を追求するだけでは災いを招くだけで、ご利益（りやく）は得られないとか、ご利益（りやく）を得るためには、自分を超越した存在に対して畏敬の念を祓わねばならないという、**ご利益**（りやく）**の倫理性**ともいうべき観念が含まれています。

再び、誤解を避けるためにいっておけば、**習合信仰は「公共」の精神ではありません**。それは一人一人の信仰の形であり、また信仰の程度も内容も多種多様です。ただ、習合信仰には、相乗性、寛容性や、ご利益（りやく）の観念に認められる謙抑性が含まれている。これらの要素が、触媒としての相乗共生の実践をうながし、**現代日本の「公共」の精神である〈平和と民主主義〉がより普遍的でより開かれたものとなるきっかけを与える**のではないか、というのが私の問題意識です。これら相互関係を図に示せば、**図6**のようなものになります。

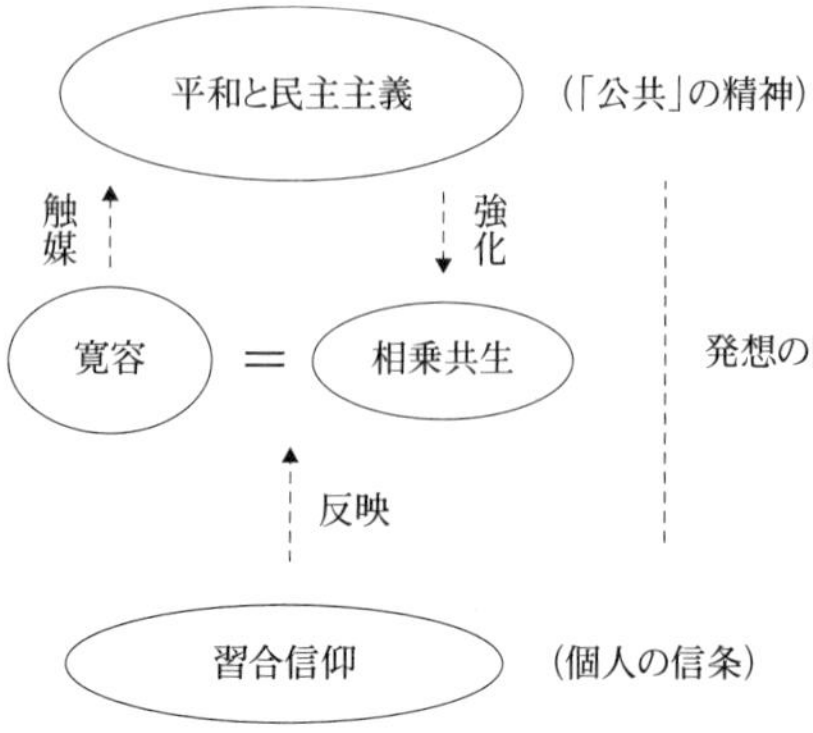

図６　平和と民主主義―寛容―習合信仰

†日本の「公」と習合宗教について

日本人の習合信仰と相乗共生の観念という論点とはまったく別の論点として、日本の「公」と制度としての習合宗教の関係という論点があります。

明治以前の日本の「公」は、歴代の天皇であれ徳川幕府であれ、あるいは室町幕府や鎌倉幕府であれ、その精神的支柱を制度としての習合宗教に求め、また、習合宗教の側も、「公」と一体化することを求めてきました。この観点からは、習合信仰を広めるのに大きな役割を果たした本地垂迹説は、ときの政治権力の正当化原理です。ただ、それは、国家の正当化原理として、フィクションとしてもいかにも胡散臭いものでした。

例えば、国家守護神として朝廷を支え、軍神として武家政治を支えた八幡神は、神仏習合神の最古層に属するといわれますが、その八幡信仰の中心である石清水八幡宮の縁起には次のような話があります。八五九年に奈良大安寺の僧行教が九州大分の宇佐八幡宮に参詣し、大乗経真言を誦したところ、八幡神があらわれて都に移って国家を守ろうとの託宣があり、そのときに阿弥陀仏が現れたというのです。これについて、臼井史朗『神仏分離の動乱』（二〇〇四年）は、新たな都である京都になんとか足がかりを得ようとした奈良の僧侶たちの苦肉の演出であったとして、次のように述べています。

わざわざ宇佐八幡宮まで、仏教僧侶が参籠に行くこと自体がおかしいし、神の前で、大乗経典真言を誦したというのも不可解である。その結果、三衣の中に阿弥陀仏があらわれて、王城の地の近くに行って朝廷をまもり国家安泰を祈りたい、と、神のおつげがあらわれた、というのだから、こんな無茶な話はないと言わなければならない（臼井　四七頁）。

この習合宗教と日本の「公」との関係は、明治期を境にして一八〇度転回します。明治時代になって、欧米列強からの脅威に対して、日本が主権国家として独立を維持する必要に迫られたときに、根拠が曖昧で矛盾すら含んでいる習合宗教は、国家の正統化原理として否定されました。それに代わって、国家の統合と一体化を強力に推進するために、「純粋で矛盾のない」正統化原理が求められたのです。こうして、明治初期のいわゆる神仏分離の動乱の時期を経て、国家神道が新たな国家権力の正統化原理として立てられました。しかし、それもまたフィクションとして、しかもかなり強引に生み出されました。

国家神道のフィクション性については、子安宣邦『国家と祭祀』（二〇〇四年）が、国家神道を象徴する、伊勢神宮の内宮参道の幽玄な自然と崇高な神宮との一体化に言及しながら、次のように述べています。

［だがこの内宮参道の自然とは、］神宮神域固有の、古くからの趣であるのだろうか。江戸時代の絵図で見るならば、五十鈴川にかかる宇治橋を渡って内宮正殿にいたる参道の風景は現在とまったく異なっていることを知るだろう。そこでは宇治橋を渡ってもなお民家が軒を連ね、門前町をなしているのである。万治元年（一六五八）の火災までは、「現在の神楽殿や斎館のあるあたりまで民家があり、このあたり

は宇治の上館、中館、下館町とよばれていた」と西垣晴次はいっている。江戸時代、万治、天保年間に民家が撤去されたが、現在のような神域になるのは明治20年の民家の最終的撤去によってであると西垣はいう（子安　五〇頁、［　］は引用者）。

これからもわかるように、国家神道とは、イデオロギーとしてもまた事実としても、近代日本が生み出したフィクションでした。その国家神道も第二次世界大戦における敗戦によって否定され、現在の日本国憲法では国民主権と象徴天皇制が採用されて今日に至っています。現代日本の「公」は、いかなる習合宗教とも結びつくものではないし、また、国家神道と結びつくものでもありません。それは、立憲主義と国民主権に基づく象徴天皇制という新たな基本的枠組みとして成り立っています。

索引

あ

い

う

か

き

た

ち

と

の

は

ひ

参考文献

あ

網野善彦, 1978,『無縁・公界・楽』(平凡社).
網野善彦, 2000,『「日本」とは何か』(講談社).
アリストテレス, 1961,『政治学』(山本光雄訳, 岩波書店).
アーレント, ハンナ, 1958,『人間の条件』(志水速雄訳, 中央公論社, 1973年).
アーレント, ハンナ, 1963,『イェルサレムのアイヒマン』(大久保和郎訳, みすず書房, 1969年).

い

井上達夫, 1999,『他者への自由』(創文社).
井上達夫・名和田是彦・桂木隆夫, 1992,『共生への冒険』(毎日新聞社).
猪木武徳, 2001,『自由と秩序』(中央公論社).

う

上田辰之助, 1950,『蜂の寓話――自由主義経済の根底にあるもの』(新紀元社).
ウェーバー, マックス, 1921,『社会学の基礎概念』(阿閉吉男・内藤莞爾訳, 恒星社厚生閣, 1987年).
ウォーラーステイン, イマヌエル, 1995,『アフター・リベラリズム』(松岡利道訳, 藤原書店, 1997年).
ウォルツァー, マイケル, 1997,『寛容について』(大川正彦訳, みすず書房, 2003年).

ヴォルテール，1763，『寛容論』（中川信訳，現代思潮社，1970 年）.
臼井史郎，2004，『神仏分離の動乱』（思文閣出版）.

か

桂木隆夫，1988，『自由と懐疑――ヒューム法哲学の構造とその生成』（木鐸社）.
桂木隆夫，1995，『市場経済の哲学』（創文社）.
桂木隆夫，1998，『新版自由社会の法哲学』（弘文堂）.
桂木隆夫，2002，『自由とはなんだろう』（朝日新聞社）.
桂木隆夫（編），2003，『ことばと共生』（三元社）.
川崎修，1998，『アレント　公共性の復権』（講談社）.
姜尚中，1990，「公共性の再興と対話的合理性――ユルゲン・ハーバーマス」藤原保信・千葉眞（編）『政治思想の現在』（早稲田大学出版部）.
カント，イマヌエル，1974，『啓蒙とは何か』（篠田英雄訳，岩波書店）.
カント，イマヌエル，1785，「人倫の形而上学の基礎づけ」『カント：世界の名著』（野田又夫訳，中央公論社，1972 年）.

き

岸根敏幸，2004，『日本の宗教，その諸様相』（晃洋書房）.

く

久保田展弘，1997，『日本多神教の風土』（PHP 研究所）.
栗本慎一郎，1981，『法・社会・習俗』（同文館）.

こ

合意形成研究会（編），1994，『カオスの時代の合意学』（創文社）.
古賀勝次郎，1994，『ヒューム体系の哲学的基礎』（行人社）.
子安宣邦，2004，『国家と祭祀』（青土社）.
ゴルデル，ヨースタイン，1991，『ソフィーの世界』（須田朗監修，池田香代子訳，NHK 出版，1997 年）.

さ

齋藤純一，2000，『公共性』（岩波書店）.
佐伯胖，1980，『「きめ方」の論理』（東京大学出版会）.
坂本達哉，1995，『ヒュームの文明社会』（創文社）.
佐々木毅・金泰昌（編），2001～2003，『公共哲学』シリーズ 1～10（東京大学出版会）.
佐々木毅・金泰昌（編），2002，『公共哲学第 3 巻　日本における公と私』（東京大学出版会）.
佐々木毅・金泰昌（編），2002，『公共哲学第 5 巻　国家と人間と公共性』（東京大学出版会）.

し

シュンペーター，ヨーゼフ，1942，『資本主義・社会主義・民主主義』（中山伊知郎・東畑精一訳，新装版，東洋経済新報社，1995 年）.

す

スミス，アダム，1759，『道徳感情論』（水田洋訳，筑摩書房，1973 年）.
スミス，アダム，1776，『諸国民の富』（大内兵衛・松川七郎訳，岩波書店，1959 年）.

せ

盛山和夫・海野道郎（編），1991，『秩序問題と社会的ジレンマ』（ハーベスト社）.
セン，アマルティア，1992，『不平等の再検討』（池本幸生ほか訳，岩波書店，1999 年）.

そ

曽根泰教，1984，『決定の政治経済学』（有斐閣）.

た

ダール，ロバート，1963，1991，『現代政治分析』（高畠通敏訳，岩波書店，1999 年）.
ダワー，ジョン，1986，『人種偏見』（猿谷要監修，斎藤元一訳，TBS ブリタニカ，1987 年）.
ダワー，ジョン，1999，『敗北を抱きしめて――第二次大戦後の日本人』（三浦陽一・高杉忠明訳，岩波書店，2001 年）.

と

トクヴィル，アレクシス，1835―1840，『アメリカの民主政治』（井伊玄太郎訳，講談社，1987 年）.

な

直江廣治（編），1983，『稲荷信仰』（雄山閣）.
中谷猛・中谷真憲，2004，『市民社会と市場のはざま』（晃洋書房）.

の

ノージック，ロバート，1974，『アナーキー・国家・ユートピア』（嶋津格訳，木鐸社，1992 年）.
野村総合研究所（編），1992，『共生の戦略――グローバル共生企業のマネジメント革新』（野村総合研究所）.

は

パウンドストーン，ウィリアム，1992，『囚人のジレンマ――フォン・ノイマンとゲームの理論』（松浦俊輔ほか訳，青土社，1995 年）.
ハーバーマス，ユルゲン，1990，『公共性の構造転換第 2 版』（細谷貞雄・山田正行訳，未來社，1994 年）.
ハーバーマス，ユルゲン＆デリダ，ジャック，2003，『テロルの時代と哲学の使命』（藤本一勇・澤里岳史訳，岩波書店，2004 年）.
バーリン・アイザイア，1971，『自由論』（福田歓一ほか訳，みすず書房，

1971年).
ハリントン，ジェームズ，1656，「オシアナ」『ホッブズ　ロック　ハリントン：世界大思想全集』(田中浩・水田洋訳，河出書房新社，1962年).
ハルダッハ，ゲルト&シリング，ユルゲン，1980，『市場の書――マーケットの経済・文化史』(石井和彦訳，同文館，1988年).

ひ

ヒューム，デビッド，1752，『市民の国について』(小松茂夫訳，岩波書店，改版1982年).

ふ

ブキャナン，ジェームズ，1975，『自由の限界』(加藤寛監訳，秀潤社，1977年).
ブキャナン，J. &ブレナン，J., 1985，『立憲的政治経済学の方法論』(深沢実監訳，文眞堂，1989年).
福澤諭吉，1875，『文明論之概略』(岩波書店，1995年).
藤原保信，1991，『20世紀の政治理論』(岩波書店).

へ

ペイトマン，キャロル，1970，『参加と民主主義理論』(寄本勝美訳，早稲田大学出版部，1977年).
ベッテルハイム，B. &ジャノウィッツ，M., 1964，『社会変動と偏見』(高坂健次訳，新曜社，1986年).
ベンサム，ジェレミー，1789，「道徳と立法の諸原理序説」『ベンサム　J・S・ミル：世界の名著』(山下重一訳，中央公論社，1967年).

ま

真弓常忠，2000，『祇園信仰――神道信仰の多様性』(朱鷺書房).

み

宮本袈裟雄，1987，『福神信仰』（雄山閣）．

ミル，ジョン・スチュアート，1859，「自由論」『ベンサム　J・S・ミル：世界の名著』（早坂忠訳，中央公論社，1967 年）．

ミル，ジョン・スチュアート，1861，「代議政治論」『ベンサム　J・S・ミル：世界の名著』（山下重一訳，中央公論社，1967 年）．

も

望月信成・佐和隆研・梅原猛，1965，『続仏像――心とかたち』（NHK 出版）．

森川輝一，2002，「ハンナ・アレント」『20 世紀の政治思想家たち』（富沢克・古賀敬太編著，ミネルヴァ書房）．

森村進，2001，『自由はどこまで可能か――リバタリアニズム入門』（講談社）．

水野雅央，1992，『標準語の現在』（葦書房）．

や

ヤーギン，ダニエル＆スタニスロー，ジョセフ，1998，『市場対国家』（山岡洋一訳，日本経済新聞社，1998 年）．

山崎純，2002，「ドイツ生命政策はルビコン河を渡るか？」（『創文』2002．1-2，No.440）．

山脇直司，2004，『公共哲学とは何か』（筑摩書房）．

よ

米本昌平，1987，「遺伝病スクリーニングと優生学の狭間」『メタ・バイオエシックス』（長尾龍一・米本昌平編，日本評論社，1987 年）．

り

リップマン，ウォルター，1955，『公共の哲学』（矢部貞治訳，時事通信社，1957 年）．

る

ルオフ，ケネス，2001，『国民の天皇――戦後日本の民主主義と天皇制』（高橋紘監修，木村剛久・福島睦男訳，共同通信社，2003 年）．

ルソー，ジャン・ジャック，1758，「ダランベール氏への手紙」『ルソー全集第 8 巻』（西川長夫訳，白水社，1979 年）．

ルソー，ジャン・ジャック，1762，「社会契約論」『ルソー：世界の名著』（井上幸治訳，中央公論社，1966 年）．

ルソー，ジャン・ジャック，1765，「コルシカ憲法草案」『ルソー全集第 8 巻』（遅塚忠躬訳，白水社，1979 年）．

ロ

ロック，ジョン，1689，「統治論」『ロック　ヒューム：世界の名著』（宮川透訳，中央公論社，1968 年）．

ロック，ジョン，1689，「寛容についての書簡」『ロック　ヒューム：世界の名著』（生松敬三訳，中央公論社，1968 年）．

A

Axelrod, Robert, 1984, *The Evolution of Cooperation*, Basic Books（松田裕之訳『つきあい方の科学――バクテリアから国際関係まで』ミネルヴァ書房，1998 年）．

D

Dryzek, John S., 2000, *Deliberative Democracy and Beyond*, Oxford University Press.

E

Elster, John, 1982, “Sour Grapes, utilitarianism and the genesis of wants”, in Sen, Amartya & Williams, Bernard (eds.), *Utilitarianism and Beyond*, Cambridge University Press.

G

Gutmann, Amy & Thompson, Dennis, 1996, *Democracy and Disagreement*, Harvard University Press.

H

Hausman, Daniel M. & McPherson, Michael S., 1996, *Economic Analysis and Moral Philosophy*, Cambridge University Press.

Hume, David, 1739–1740, *A Treatise of Human Nature*, ed. by Selby-Bigge, Oxford University Press, 1978（木曾好能訳『人間本性論 1 知性について』法政大学出版局，新装版 2011 年，石川徹・中釜浩一・伊勢俊彦訳『2　情念について』法政大学出版局，2011 年，伊勢俊彦・石川徹・中釜浩一訳『3　道徳について』法政大学出版局，2012 年）.

Hume, David, 1757, *The Natural History of Religion*, ed. by H. E. Root, Stanford University Press, 1956.

Hume, David, 1754–1761, *The History of England, from the invasion of Julius Caesar to the Revolution in 1688*, in 6 volumes, Liberty Classics, 1983.

L

Lord Fit, 1987, 'Toleration in Northern Ireland,' in Mendus, Susan & Edwards, David（eds.）, *On Toleration*, Clarendon Press, Oxford.

P

Popper, Karl, 1987, 'Toleration and Intellectual Responsibility,' in Mendus, Susan & Edwards, David（eds.）, *On Toleration*, Clarendon Press, Oxford.

R

Radin, Margaret Jane, 1996, *Contested Commodities*, Harvard Univer-

sity Press.

Rapoport, Anatol, 1960, *Fights, Games, and Debates*, University of Michigan Press.

Rawls, John, 1971, *A Theory of Justice*, Harvard University Press（川本隆史・福間聡・神島裕子訳『正義論　改訂版』紀伊國屋書店，2010 年）.

Rawls, John, 1993, *Political Liberalism*, Columbia University Press.

S

Sandel, Michael, 1996, *Democracy's Discontent: America in Search of a Public Philosophy*, Harvard University Press（金原恭子・小林正弥監訳『民主政の不満：公共哲学を求めるアメリカ〈上〉手続き的共和国の憲法』勁草書房，2010 年，小林正弥監訳『民主政の不満：公共哲学を求めるアメリカ〈下〉手続き的共和国の憲法』勁草書房，2011 年）.

Schelling, Thomas C., 1960, *The Strategy of Conflict*, Harvard University Press（河野勝監訳『紛争の戦略――ゲーム理論のエッセンス』勁草書房，2008 年）.

Schuerkens, Ulrike, 2004, *Global Forces and Local Life-Worlds*, Sage Publications.

Sen, Amartya, 1999, *Development as Freedom*, Random House（石塚雅彦訳『自由と経済開発』日本経済新聞社，2000 年）.

著者略歴

1951年東京都生まれ．東京大学大学院法学政治学研究科博士課程修了．学習院大学法学部教授（公共哲学・法哲学）．法学博士．『市場経済の哲学』（創文社，1995年），『新版自由社会の法哲学』（弘文堂，1998年），『自由とはなんだろう』（朝日新聞社，2002年），『ハイエクを読む』（編著，ナカニシヤ出版，2014年）ほか．

公共哲学とはなんだろう［増補版］
民主主義と市場の新しい見方

2005年 9月10日　第1版第1刷発行
2016年12月10日　増補版第1刷発行

著　者　桂《かつら》　木《ぎ》　隆《たか》　夫《お》

発行者　井　村　寿　人

発行所　株式会社　勁《けい》　草《そう》　書　房

112-0005 東京都文京区水道 2-1-1 振替 00150-2-175253
（編集）電話 03-3815-5277／FAX 03-3814-6968
（営業）電話 03-3814-6861／FAX 03-3814-6854
理想社・松岳社

ISBN978-4-326-15442-5　　Printed in Japan